未来名师在这里成长

——上海市中等职业教育名师培育工作室纪实

竺建伟　主　编

周齐佩　副主编

图书在版编目(CIP)数据

未来名师在这里成长：上海市中等职业教育名师培育工作室纪实 / 竺建伟主编. —上海：同济大学出版社，2020.10

ISBN 978-7-5608-8462-2

Ⅰ. ①未… Ⅱ. ①竺… Ⅲ. ①中等专业学校—师资培养—上海 Ⅳ. ①G718.3

中国版本图书馆 CIP 数据核字(2019)第 033766 号

未来名师在这里成长

——上海市中等职业教育名师培育工作室纪实

竺建伟 主编　　周齐佩 副主编

策划编辑：高晓辉
责任编辑：高晓辉　宋　立
责任校对：徐春莲
装帧设计：陈益平

出版发行　同济大学出版社　www.tongjipress.com.cn
（地址：上海市四平路 1239 号　邮编：200092　电话：021-65985622）
经　　销　全国各地新华书店、网络书店
排版制作　南京文脉图文设计制作有限公司
印　　刷　常熟市华顺印刷有限公司
开　　本　787mm×1092mm　1/16
印　　张　20.75
字　　数　518 000
版　　次　2020 年 10 月第 1 版　　2020 年 10 月第 1 次印刷
书　　号　ISBN 978-7-5608-8462-2
定　　价　88.00 元

《未来名师在这里成长——上海市中等职业教育名师培育工作室纪实》编委会

前　言

百年大计，教育为本；教育大计，教师为本。教师是国家大厦的基石，教师素养关乎国家未来。历史的使命赋予每一位教师，伟大的时代呼唤更多优秀教师。优秀教师是师德的表率、育人的楷模、教学的专家、科研的能手，是学生喜爱、家长放心、同行佩服、社会尊重的教育工作者。是什么造就了未来名师？怎样才能涌现出更多的优秀教师？这是一个值得关注的时代课题。

为贯彻落实《国务院关于加快发展现代职业教育的决定》(国发〔2014〕19 号)，培养造就党和人民满意的高素质、专业化、创新型教师队伍，落实立德树人根本任务，培养德智体美劳全面发展的社会主义建设者和接班人，进一步加强上海市中等职业学校优秀教师队伍建设，不断完善优秀教师管理和培养机制，2015 年，在上海市教育委员会职业教育处的指导下，正式启动上海市中等职业教育名师培育工作室项目试点，47 个以主持人姓名命名的中等职业教育名师培育工作室进行试点，实际招收学员 180 名，涵盖加工制造、信息技术、财经商贸、医药卫生、农林牧渔、体育健身等 13 个专业大类。

名师培育工作室是以名师为品牌和引领，吸引同一专业(学科)教师组成的教学与科研等学习共同体形式的能力培育组织，旨在通过名师引领、自主自助、同伴共振，立足课堂、聚焦教学、实践反思，观摩研讨、岗位实践、案例分享、课例研究、教学反思等一系列内涵丰富、形式新颖的培育活动，探索优秀人才成长机制，培养具有教育思想和教学风格的专业领军人才和优秀教师。

上海市教委教育技术装备中心作为此项工作的具体组织管理者，为确保此项工作扎实高效开展，本着梳理需求、聚焦发展、整合资源、搭建平台、促进成长的理念，基于学员实际和发展诉求，指导工作室主持人为每位学员私人订制个性化带教方案和学员发展规划，并以专业大类为抓手，组建五个协作组，同时聘请五位职教专家一对一全程跟踪指导，搭建交流学习、资源共享、头脑碰撞、成果培育、共同提高的平台。

立足课堂，聚焦教学。工作室将课堂作为师资培养的主阵地，通过“说、听、评、磨”等不同环节，对学员的课堂教学进行细致地分析指导。科研引领，课题驱动。通过课题申报、开题、研究、结题的全过程指导，串联起课堂教学、社团展示、参观研讨等丰富多彩的活动；跨界学习，开阔眼界。通过跨域交流，就课程建设、课堂教学、学生实习与就业、校本教材建设等内容进行研讨，拓展带教思路，明确带教重点。专家把脉，个性诊断。邀请知名专家组成专家团队，通过辅导报告、个性诊断、实地参与等形式，对活动开展情况进行指导，及时发现亮点，找出问题，提出建议和意见。组间交流，优势互补。各协作

组通过共同评课、头脑风暴、专题研讨、个性诊断等不同形式，进行思想碰撞，利用本组的专业优势实施辐射，相互启发，取长补短。

试点两年期间，已有相当一部分学员在专业教学、教育科研、技能大赛等诸多领域崭露头角，表现出良好的发展潜质，成为学校学科带头人及重点培养对象，据不完全统计，试点两年内，名师培育工作室主持人和学员累计获得区级及以上奖项、荣誉、发明专利等700余项，呈现出成果"井喷"现象，成长加速度明显，一批具有潜力的年轻教师脱颖而出，为打造上海职教师资人才高地，进一步提升上海职业教育水平提供了充足的人才储备，着力培育更多的职教名师，打造上海职教师资高地，保持上海职业教育在全国的示范引领地位，助推上海职业教育的创新发展。

为总结推进此项工作，在工作室实践基础上，挖掘整理了相关工作室典型案例，这些案例均是工作室主持人和学员的实践智慧、教育思想结晶，对于相互学习、借鉴、提高具有重要意义。同时，在此项工作的组织服务过程中，上海市教委教育技术装备中心撰写了相关工作专报，这些专报既呈现了工作室的发展进程，又呈现了工作室的阶段性成果，也算是工作室的点滴记录和成长见证。

职教名师培育工作室是一项刚刚探索起步的工作，尽管目标高远，但路途尚有荆棘和磨砺，作为此项工作的组织者、管理者和推进者，我们将与包括工作室主持人、中职学校等所有关心支持此项工作的人士一起继续努力！

不忘初心、牢记使命、方得始终！

编　者

2020年8月

目　录

工作室专报篇

典型案例篇

名师引领　精彩纷呈

陈珺烹饪名师培育工作室

为加快优秀教师培养,探索优秀人才成长机制,培养具有教育思想和教学风格的专业领军人才和优秀教师,2015 年,在上海市教委职业教育处的指导下,上海市教委教育技术装备中心整体规划、系统设计、试点启动 47 个上海市中等职业教育名师培育工作室,陈珺烹饪名师培育工作室就是其中的典型代表之一。

由上海市劳动模范、高级教师、高级技师陈珺主持的烹饪名师培育工作室以先进的教育教学理念为指导,以加强专业教学教研团队建设为纽带,搭建了促进青年骨干教师成长及名师自我提升的发展平台,将工作室打造成为培养高水平、出成就、有影响的西点品牌教师的摇篮。

工作室根据学员需求量身定制了 40 多次形式多样、内容丰富的活动,让学员有更广阔的发展空间。学员在教法研究、微课制作、课程建设、教材编写、辅导竞赛等活动中,取得了令人瞩目的成绩,提升了烹饪专业教学能力,促进了课程改革和专业建设与发展。这些成绩为确立上海市中职烹饪专业尤其是西点制作教学在全国职业教育中的领先地位增光添彩。

一、量身定制,构建学习共同体

两年来工作室从学员的实际需求出发,以学员的发展为目标制订了工作室培育计划,并以此开展不同种类与形式的各色活动 40 余次,月均活动 2 次,为学员全方位的提升奠定扎实基础。学习共同体的建立使学员与带教老师都得到了全方位的提升。

1. 制订个性化培育方案和活动计划

主持人对学员情况进行了全面分析和准确诊断,对学员需求的梳理力求精准到位,充分考虑到每名学员的自身基础、特点、专长和需求,结合专业特点和发展方向,为每名学员量身定制个性化、有针对性的带教方案和活动计划,实施精准培养,促进其个性化成长。

2. 构建学习共同体

在带教方案和活动计划实施过程中,主持人与学员以完成共同的学习、活动任务为载体,以促进学员成长为目的,通过相互沟通、交流和分享各种学习资源而相互影响、相互促进,共同进步,构建了真正的"学习共同体",实现了名师与学员双赢、学员个性化发展与工作室共同目标达成的完美统一。

二、聚焦课堂,探索教法改革与创新

两年来,工作室紧跟教改的步伐,不断探讨适合中职学生西点教学的方法,除了每学期工作室学员听课评课活动外,观摩了与其他3个名师工作室联合举办的说课大赛;聆听了商贸旅游学校李校长的"如何当一名教师""如何上好课"的讲座,以及原曹杨职校的陈校长关于"教学资源库的建设课题的设立"的讲座;学习了关于微课制作的讲座;参与了特色教师的培训;体验了信息化教学——慕课设计与实施;还参加了烹饪专业教学及信息化应用的交流等活动。这些活动让学员们开阔眼界,在教学手段上有很大提升,在教学理念上有了更深入的思考,使之更积极主动参与教法改革实践,并取得了以下成果。

1. 完成5个微课制作

教学观念的转变带动课堂教学形式发生质的变化,信息化教学手段运用,推动教学方法和效率的提升。在主持人指导下,工作室每名成员都独立完成了从教学设计、脚本编写到拍摄的微课(西点制作)制作任务,并在课堂使用中获得学生的好评。

2. 参与课题研究

工作室为学员教师课题研究提供了帮助,指导学员申报课题以及进行课题研究。目前《基于体验学习圈理念的"AREE"教学模式在综合实训课程中的应用与实践研究》已结题,《基于微信公众平台的微课程在中职西式面点制作课程中的实践研究》已进入结题阶段。

三、立足专业发展,提升课程建设水平

1. 开展高技能专业培训

工作室成立以来一直立足于教师的专业发展,从西点专业特色出发注重学员教师专业技能与教学能力的提升。两年中,专业技能培训共10次,平均每学期2~3次;聘请上海市最顶尖西式面点大师来到现场,累计制作了国内外最新甜点30多个,学员们大开眼界,专业技能有了飞速的提升,学员辅导学生的技能大赛频频获奖。

2. 开展体验式培训

工作室注重学员教师与学生的沟通以及技能传授能力的培养。两年来,工作室与

鹏威教育培训机构合作，分别开展了为期四天的培训活动，通过体验式教学让学员教师体验学生的学习过程，从而改进教师原有的教学模式与方法，以此来提高教师与学生心与心的距离，真正提升教师教学的有效性。

3. 提升课程建设水平

(1) 参与课程标准的制订和修改工作

工作室中有 2 名学员参加了上海市中等职业学校西餐烹调专业教学标准和中餐烹调专业课程标准的制订与修改工作，并成为面点制作、西烹课标中式面点制作课程标准执笔人。

(2) 编写西点教材《美味旅行记——西点篇》

工作组经调研发现，当今市场上并无适用于中职学生的西点教材，工作室集全组成员之智慧与力量，用整整一年的时间编写了图文并茂的西点教材《美味旅行记——西点篇》，并为教材中 45 个西点品种拍摄了制作视频。教材的编写提升了学员的综合能力，更是工作组成员两年学习工作成果的结晶。

四、名师引领，成为合格的工匠之师

“树匠心、做匠人、为匠师”是工作室全体成员为之不懈努力的目标，两年来，在名师引领下，陈珺烹饪培育工作室主持人及成员收获丰硕果实，都成了合格的工匠之师。

主持人陈珺 2016 年指导学生参加第四届“中华杯”西式点心职业技能竞赛获一等奖，同年获得上海市“技师创新工作室”领衔人称号；2017 年获得全国第五届“黄炎培职业教育奖”，同年指导 3 名学生参加第七届星光杯技能大赛分别获西点项目一等奖、二等奖、三等奖。

学员彭艳妮的西点操作课“奶油花纹裱挤的应用”荣获 2016 年上海市中等职业学校信息化教学大赛二等奖；同年指导学生参加上海蓝带法式甜点制作邀请赛获得三等奖等。学员朱莉被评聘为高级教师，2016 年获第七届教师教学法改革交流评优活动优胜奖，同年获上海市职业体验日优秀项目二等奖等。学员王晓琳 2017 年获第五届上海市“中华杯”教师职业技能竞赛中式点心项目二等奖等。

虽然名师工作室两年的培育工作已经完成，但工作室全体成员将不忘初心，凝心聚力，继续前进！

聚焦名师培养目标　打造上海师资培养特色

陈明宏教育教学专项研究名师培育工作室

2015年,在上海市教委职业教育处的指导下,上海市教委教育技术装备中心试点了47个上海市中等职业教育名师培育工作室。每个工作室从各自的工作目标出发,采用不同的培育路径,探究多种培养方式,为上海市职业教育培养了一批有良好教师职业素养、具有开创精神、热爱职业教育的准职业名师。

陈明宏教育教学专项研究名师培育工作室(以下简称陈明宏工作室)在两年的实践中努力探究名师培养方式,实施精准培养、立体培养、务实培养、科学培养的培养方式,取得了一系列的实效,形成了自己独特的培养模式。

一、用心思考,潜心实践

1. 定目标,精准培养

陈明宏工作室成立伊始,主持人根据装备中心的要求,具体分析了每名学员的专业特点和优势,把如何引导他们并使之走得更高、更远,真正有获得感,有增量,有质的提升,从优秀教师向学者型教师转变,继而成为上海市中职教育的名师,便成了工作室的首要问题。主持人聚焦每个人的发展需求,围绕以业定教的主线,切实为每名学员量身制订培养目标与培养方案。可以说,培养目标明确,因材施教,各得其所。

2. 多路径,立体培养

工作室确定了一条主线,即"以业定教",工作室活动以此为依据,采用多种路径,对学员进行立体培养。

走访企业,校际交流:工作室组织学员走访企业,进行多次校级交流,访问学生,探究行业企业发展动向。学员之间注重交流分享,资源融合,互助成长。

主题分享,多样学研:每名学员既当学员,又当教员;既当士兵,又当将军。在这里,人人是学生,人人是导师,各展其长,教学相长。

每月一书,学习专著:提高理论水平,夯实科研根基,以"用革命的理论,指导革命的实践"。

3. 多维度,务实培养

广泛学习:向书本学、向同伴学、向名师学、向其他工作室学。

人人担当：每名学员都有任务、有课题、有专项，如学员韩的《德艺融合，职业素养提升》项目，学员成的《MOOCs背景下的中职校精品课程开发的实践研究》项目，学员武的《"以业定教"课程开发的实验探索》项目，学员张的《数控专业市级技术标准测评》课题，等等。

埋头科研：工作室工作围绕"一个课题、一个实验、一本专著"展开。"一个课题"即《中职校"以业定教"课程开发的实践研究》，"一个实验"即围绕课题进行试验班级的实践，"一本专著"即就课题研究完成一本专著。这一由理论研究到实践探索的"理实"一体工程，吸引导师和学员为之孜孜矻矻，殚精竭虑，全力合作。

追求实效：工作室年度计划逐项落实，每月活动纪要推送，课题专著落实出版。活动中不搞盆景艺术，不做表面文章，扎扎实实，务求有益学员成长。

二、实效突出，硕果颇丰

1. 学员科研能力显著增强

两年的时间，主持人与学员在科研方面进步明显，成效显著，除工作室成员共同出版《以业定教》专著外，每名工作室成员均主持或者作为核心成员参与了各级各类课题，公开发表7篇论文。

2. 教学成果丰硕呈现

主持人与学员取得了丰硕的教学成果。在课堂教学方面，工作室学员开出8节校级及以上公开课；在开发教学资源方面，工作室学员累计开发出1项市级数控技术应用专业教学标准、2项市级"双证融通"课程标准、2项市级中本贯通课程标准、21节微课、2个教学案例、2本校本教材；在教学比赛获奖方面，特别是在教学法评优活动中，工作室学员获得了一个二等奖、一个三等奖。指导学生参加国家级、市级比赛，成绩优异，学生累计获得全国竞赛奖项2个、市级竞赛奖项4个、教师个人奖项1个。

3. 双师素质明显提升

整个工作室非常重视培养以"业"为引领的双师素质提升，通过组织走访企业、参加各类职业证书的培训，提升自己的双师素质。学员张取得了全球教师发展项目机电一体化项目教学培训师证书，学员韩取得了茶艺师和西式面点师的资格证书，学员成在美国参加了FAA项目培训。

4. 示范辐射大力延展

工作室主持人及成员非常注重"以业定教"的理念传播与延展，不断扩大辐射半径。首先，将"以业定教"理念融入校内实验班建设，落到实处，在学校内、区域内进行宣传，

并通过名师培育工作室协作组的共同研讨，延展交流；其次，通过对口帮扶项目、外省市交流活动，扩大“以业定教”辐射半径；最后，学员还纷纷将“以业定教”理念带出国门，走向世界。

三、科学培养，特色创新

定位准：将学员分别定位为研究型、学者型、特色型教师，使之不满足于“这样教学”，而要研究“为什么这样教”“怎样教才更有效”，这样的定位，大大调动了学员教、学、研的积极性，带着追求潜心研究，怀揣梦想积极实践。

路径优：工作室带教工作以《中职校“以业定教”课程开发的实践研究》为载体，三年攻一题，关注职业，思考职教，规划课程，验证实践。任务实，压力大，分工细，思路清，导师学员“齐下水”，人人都有责任田，这本身就是优质的“课程”。

起点高：师资培训中心文件所列任务和标准，工作室在制订“两年行动规划”时，视为“规定动作”，属于“普及”部分，而面对学员实际和职业教育的课程建设诉求所确定的研究课题，则是系统工程，为“提高”板块。

目标大：名师工作室由名师引领有培养前途的青年教师上路奋进，其健康成长是中职师资队伍建设的工作所需，而培养教科研带头人又是中职师资队伍建设的焦点所在，正是瞄准了这一目标，工作室才勇担责任，竭力而为。

陈明宏工作室的做法正是上海职教聚焦名师培养目标，更多地培养优秀的职业教师，搭建良好的职业教师发展路径的一个探索实例，必将为打造上海师资培养特色模式提供更多的启迪和借鉴。

聚焦教改定目标　搭台交流助成长

陈志红国际商务名师培育工作室

2015年，为加快优秀教师培养，在上海市教委职业教育处的指导下，上海市教委教育技术装备中心通过整体规划与系统设计，选拔设立了47个上海市中职教育名师培育工作室，以培养具有现代职教理念的专业领军人才和优秀骨干教师。该项目启动以来，名师培育工作室主持人积极领会有关精神，积极师徒结对、聚焦教改、搭建平台、教研交流，助力骨干教师快速成长。陈志红国际商务名师培育工作室就是其中的典型代表。

陈志红国际商务名师培育工作室试点期间，紧紧围绕职业教育发展热点，指导学员聚焦中职教改，确定研修规划，并积极搭平台、聚资源，以教育教学实践研究为重点，组织学员们开展多种形式的教学研修活动，力促学员在各校国际商务专业建设中发挥示范辐射作用，取得了一系列可喜成绩，为上海市中职国际商务专业发展增光添彩。

一、聚焦课改，理需求定规划

1. 梳理分析学员需求

经过全市甄别遴选，工作室录取了5名学员。为帮助各名学员制订切实可行的个人发展规划，主持人邀请了教育专家和学员学校的领导，围绕每名学员的基础、优势、短板及发展期盼，逐一梳理分析了学员的个性化需求，并围绕学校内涵建设和专业发展提出了建设性意见。

2. 指导修订学员规划

“预则立，不预则废”。主持人从有利于提升参培学员的个人专业发展出发，结合现代中职教育对教师发展的要求以及学员学校国际商务专业的内涵建设需要，分别指导学员修改制订个性化发展规划，助力学员明确个人成长方向。

3. 协商制订带教方案

“三人行，必有我师”。主持人从建设高效学习型组织的目标出发，聚焦国际商务专业特点，共同分析影响个人发展的关键因素，明确团队智慧的力量，透过集体思考和分析，找出个人弱点，强化团队向心力，凸显教学相长，围绕学员发展规划，一起协商制订有针对性的带教方案。

二、规范运行，定机制讲要求

1. 建立运行机制

“没有规矩，不成方圆”。为规范工作室运行，调动学员学习积极性，促进学员成长，主持人注重建立健全运行管理机制，严格带教管理，发挥教学相长和团队协作作用，做到工作室活动有制度、有机制、有计划、有目标、有记录、有总结、有考核。

2. 强化具体要求

“纪律是达到一切雄图的阶梯”。主持人要求每名学员必须聚焦学校内涵建设与教学改革、聚焦上海市综合课改，严格遵守工作室规章制度，认真出勤每次活动，强调在工作中学习，在学习中工作，让学习成为工作新的形式，努力建设学习型组织。

三、搭建平台，整资源育名师

1. 搭建研读交流平台，探讨教育教学思想

“学而不厌，诲人不倦”。主持人注重搭建研读交流平台，采用集中学习和自主学习相结合的办法开展研读活动，积极探讨教育教学思想。其中集中学习采取问题研讨、专题讲座等方式展开，整合校企资源，举办“我与企业专家面对面”等活动，交流职教会议精神、行业发展趋势、职教改革方法和改革焦点。自主学习采取研读专业专著、研读教育理论、参观企业、学历提升等方式，由工作室定期检查学习笔记，并将检查结果纳入“名师工作室学员考核标准”。

2. 搭建教学交流平台，探讨课堂教学方法

“学然后知不足，教然后知困”。借助上海市中职商贸类专业中心组和工作室协助组的力量，搭建教学交流平台，进一步聚焦课堂，开设校级、区级、市级等各类公开课，通过“备课分析、说课评价、课堂展示”等教学教研活动，探讨教学教法，提高教学水平，提高课堂教学效果，发挥示范辐射作用。

3. 搭建课题研究平台，探讨专业建设策略

以国际商务专业发展规划制订、国际商务专业人才培养方案编制、国际商务专业内涵建设项目申报、上海市中等职业学校物流专业和电子商务教学标准开发等课题为抓手，探讨专业建设策略，指导学员教师撰写调研报告，制订专业发展规划，编制专业教学方案，进一步推进学员教师转变教育观念，提升课题研究和分析能力。

4. 搭建资源开发平台，探讨课程建设路径

围绕学员学校国际商务专业精品课程建设、网络课程建设、微课建设、教材建设等课程资源开发为抓手，通过共建共享，探讨课程建设路径，提高教学资源开发能力。

四、师徒相长，展风采结硕果

工作室在为期两年的建设中，教研活动丰富多彩，全体成员扎根学校，扎根课堂，加强团队合作，加强教学实践历练，以课堂为舞台，以课题为载体，以资源开发为手段，在各项修炼中互补、互哺、共生、共长，辐射效应逐渐显现。

学员们在各自的岗位上展风采结硕果。如开展问题研讨 5 项，聆听专题讲座 16 次，人均学习笔记不少于 1 万字；2 名学员取得了硕士学位；1 名学员取得了澳洲 TAFE 教师职业资格证书；工作室共获国家级奖项 2 个、市级奖项 7 个、区级奖项 4 个，其中主持人获得上海市首届黄炎培杰出教师奖；主持或参与校本课题 8 项、市级课题 2 项；完成 5 个微课建设任务；完成校本教材编写 11 本，其中已出版发行 6 本；与上海市中职商贸类专业中心组联合开展教学研讨活动 3 次，与松江区教育局开展联合教学交流活动 1 次，与其他工作室开展联合说课比赛 1 次，前来听课的老师累计达 225 人次，覆盖全市 18 所学校……

学员们在专业建设上遇到的各种问题和困惑，有了同伴的互助和工作室主持人的帮助，有了与教师同行、与行业企业专家和职业教育专家切磋教学技艺的机会，启迪了智慧、拓宽了视野、更新了观念、弥补了不足、拥有了新思路、获得了新进步，为今后在教育、教学、科研上取得新进展奠定了基础。

协作凝聚智慧　平台助力培育

董文良美术类名师培育工作室

2015年在上海市教委职教处指导下，在上海市教委教育技术装备中心组织实施下，为了谋划职业教育站得更高、做得更好，上海成立了47个中等职业教育名师培育工作室，选拔性地对各专业领域的中职骨干教师开始了为期两年的“名师培育工程”。董文良美术类名师培育工作室作为全市47个名师培育工作室之一，开始了在美术类教育领域的探索和实践。

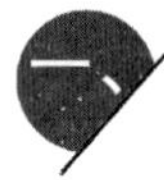

一、国际视野，本土培育

工作室在成立之初，就制订了依托平台功能、建立工作机制、凝聚团队力量、整合导师资源、壮大培育气势、促进专业发展、提高培育活力、共促培育效能的工作指导方针。

在两年的培育过程中，工作室一直紧紧围绕当前在信息化背景下，职业教育教学改革在课程建设、教材建设、实训中心建设上将要发生和正在发生的变化来进行研究和突破。

工作室把培育和职业教育的发展趋势、职业教育的课程教学改革紧紧地结合起来，运用国际化的视野和国际化的教学理念，实现信息化背景下学校教学的物理空间、教材和学材、教学方式上的变革。并以此为抓手，加速学员的内涵发展，提升他们的教育教学能力，为新一代名师的形成提供先进的思想和工作的依据。

工作室采用国际化的视野、本土化的培育模式，打破学科界限，用导师团队合作的形式，走出有美术类职业教育特色的培育新方式。

1. 依据培育主线，导学双方确立工作目标

明确定位，导师学员共同锁定培育的目标和任务；制订计划，确立培育过程要完成三类学习的课程；头脑风暴，让学员在问题中思辨，形成学员提出问题、分析问题、解决问题的能力。

2. 导师团队协作，开发三种培育的课程

基于需要，开发公共平台课程、工作室课程、个性化课程三个层级的课程。

公共平台课程是由职教理论和教育教学实践组成的通识性课程，如“课题的立项和论文撰写的常见病分析”“信息技术条件下，校本教材的开发与运用”“课堂教学理论与

实践的案例分析”等，这些课程不分专业，是作为名师培育必须完成与掌握的职业教育通识性课程。

工作室课程是由导师围绕学员的发展需要而设计的专门化方向的课程，这些课程是由工作室的导师根据达成目标的需要来设定，具有较强的专业特征。

个性化课程是根据学员个体的发展需要，导师和学员间建立的一对一课程。这种课程机动性、针对性强更强，要求导师针对学员完成项目中的问题开设相关的学习课程，对学员进行个别化、个性化、专业化的辅导。

这三种课程长短结合，通识性、专业性、个性化共存，让学员能够在协作组的平台上共享优质的培育资源，实现培育效能最大化。

3. 注重培育过程，促进学员理论实践全面发展

工作室把培育不仅仅看成是一个导师的个体行为，还是以导师团队协作的形式，跨学科地对学员进行集体诊断和集体施教的过程；工作室建立教学资源共建共享，每个学期的中期和结束阶段，组织学员在协作组的平台上做阶段汇报或研究过程的答辩活动，由导师对学员完成的课程、实训空间、教材和学材建设进行精细化辅导验收，并对这些成果在课堂教学的运用进行跟踪指导。这样的培育方式，信息量更大，针对性、科学性、先进性、实践性更强，也形成了更大的培育气场，不仅壮大了培育的气势，也起到了跨域交流、相互学习、互相促进的作用。

二、协作培育，彰显成效

两年来，工作室在“资源共建共享、导师协作培育、学员均衡发展、导学共同进步”的指导方针下，全方位指导学员进步，以教育信息化为主线，在课程建设、教材建设、教学资源建设、实训空间建设等方面取得了很大的成效。

5 名学员共编撰各类正式出版的纸质、电子教材 7 本，主持市级以上信息化课题或撰写论文 5 篇。两年来，工作室申请了上海市市级信息化重点课题两个、建立信息化背景下的实训中心 2 个、指导学生参与各类区级以上比赛，并获得各类奖项 58 项、教师获国家、市级奖项 22 人次。这充分说明，工作室的培育抓住了现在职业教育的热点问题，取得了积极的培育效果。

董文良美术类名师培育工作室宽视野、高起点；以项目任务为引领、凝聚团队力量；整合导师资源、壮大培育气势，这样才能促进专业发展、提高培育活力，才能把上海市名师培育的工作做细、做好，为上海市骨干教师的培养贡献上海中等职业教育的智慧和力量。

依托名师培育工作室　引领高技能人才培养

范瑞琪平面媒体印制技术名师培育工作室

为贯彻落实《上海市中等职业学校专业建设创新提升评估实施方案》文件精神，切实加强高技能人才队伍的建设，2015 年，在上海市教委职业教育处的指导下，上海市教委教育技术装备中心整体规划、系统设计、试点启动 47 个上海市中等职业教育名师培育工作室。

范瑞琪平面媒体印制技术名师培育工作室于 2015 年 12 月启动了学员培养工作，经过名师培育工作室两年的建设，进一步加强"校企合作"，充分发挥工作室的引领示范作用，以工作室的发展，推进教师专业成长，促进行业发展，并为促进全市的职业教育发展和提高教学质量起到积极作用。

一、分析需求，个性化培养学员

1. 分析学员情况

工作室通过学员发展探讨，根据实践情况制订好学员的个性化培养计划；落实好个人成长记录袋，包括个人基本情况、专业成长的发展计划、学习日记、教育教学业绩成果等。

2. 丰富培养方式

工作室在培育过程中应做到：①发挥引领、示范、辐射三个作用；②做好教研、培训、竞赛三件事；③抓好团队活动、教育研究及对外交流三个任务。要求工作室以课题为载体开展各项活动，做好中职课改工作，加强与行业、企业的合作，并在各项工作的开展过程中迅速成长。

二、多元活动，项目引领个人成长

名师培养工作室通过名师的示范带教、岗位实践与职场体验等方式来培养高技能人才，一方面帮助学校年轻骨干教师提高教育教学、教科研、育德等能力；另一方面将自身的绝活和发明创造推广和传授给学生，通过培训世界技能大赛选手等手段，培养高技能人才。

1. 理实一体，改革教育教学方式

工作室实现以理论、模拟和实际操作相互结合授课，对学员课程安排以分组轮换不同科目替换的学习方式，从而更充分地了解每名学员的学习状态，再根据每名学员的实际情况调整教学方法和管理方案，让所有学员都能学到更多的技能知识。

2. 深化改革，进行项目课题研究

工作室通过组织学员参与"双证融通"试点项目建设、上海市示范性品牌专业建设工作、构建任务引领型课程体系、引入行业专家深度参与教育教学评价、优化实训资源建设、市级课题研究等方式，提升学员教育教学水平，取得丰厚成果。

3. 关注前沿，开展国际交流合作

工作室通过举办平面媒体印制技术专业建设国际交流会、与德国汉诺威多媒体学校开展国际交流，开拓学员视野，交流了解国外先进印刷技术和教育教学方式，促进了工作室培育方式的改革。

4. 依托行业，组织培训交流学习

工作室通过组织参观学习、调研第六届中国国际全印展、调研北京国际印刷技术展览会，组织富士施乐数字印刷讲座、世界技能大赛《印刷媒体技术》项目专家指导会、海德堡 CIP4 及印刷机培训、国际化培训等方式提升专业教师技术技能水平。

5. 聚焦课堂，组织课程教学展示

组织工作室学员录制展示课程，观看这些教学录像，使讲课人变成听课人，通过讨论分析，找出自己不足，有针对性地进行改正，帮助形成自己的课堂风格。

6. 全面推进，提升专业服务水平

工作室还通过参与开发出职业技能鉴定方案、职业技能培训和鉴定、"职业体验日"活动、"深度对口帮扶"活动、"教学法评优"活动、"信息化教学大赛"，提升了名师培育工作室的专业服务水平，扩大了专业影响力，为行业提供了培训服务，充分发挥出工作室的示范作用。

三、师徒共进，培育成效显著

1. 创新模式，形成规范的名师培育工作室运行制度

工作室创新了教师培育模式，丰富了培训途径。名师培育工作室直接把校企合作

平台嵌入学校实训中心,工作室成员不仅可以学习到主持人的现有技术,还能接触到技术攻关前沿的课题,培育过程的科技含量更高,人才培育质量有较大提升。

2. 接轨国际,国际交流促进专业教育教学改革

通过组织国际化培训、交流学习,工作室将国际化培训的成果应用到教育教学改革中,进行实训指导教学,将世界技能大赛印刷媒体技术项目考评标准应用于教育教学中。

3. 专注发展,引领高技能人才培养

经过两年在"名师培育工作室"中的学习,学员的专业能力都有极大的提升。工作室学员获评高级技师职业资格 1 人、高级讲师 1 人,撰写论文 3 篇,参编校本教材 2 本,出版《上海市中等职业学校平面媒体印制技术专业"双证融通"改革试点教学文件》,完成课题研究 3 项。

4. 育人为本,以培养质量提升扩大专业品牌影响

工作室指导学生闫姚磊参加第 44 届世界技能大赛"印刷媒体技术"项目全国选拔赛,入选"印刷媒体技术"项目全国集训队,获得全国第五名。闫姚磊同学参加上海市平版印刷技能大赛,取得上海市第一名的成绩,并获得技师职业资格证书,被授予"上海市技术能手"和"上海市印刷技术能手"荣誉称号。

工作室在市教委装备中心的大力支持下正在稳步推进,将进一步创新和完善中职学校优秀教师成长的机制和平台,提升教师教育教学能力与水平,根据实际情况有针对性地因材施教,并且以多样灵活的形式来充分激发学员的主动性和积极性,从而更好地培育出更多更强的专业技能人才。

技术提效　科研增力　做旅游教师专业发展赋能者

冯国群旅游服务与管理名师培育工作室

2015年，在上海市教委职业教育处的指导下，上海市教委教育技术装备中心整体规划、系统设计、试点启动47个上海市中等职业教育名师培育工作室。上海市中职冯国群旅游服务与管理名师培育工作室的成员来自不同学校、不同的专业教学环境和实际工作背景，互通有无、分享共赢成为他们共同成长的基石。

两年多来，工作室以互联网和信息化运用为手段，提高工作室团队成员沟通和协作效率，提升工作室培育资料共享的效果；以教育科研课题和项目为抓手，赋予学员不断适应和学习旅游行业升级创新时代的能量，赋予学员独立探析专业教学问题和拓宽教育视野的能力，摸索出一套适合中职旅游专业名师工作室的优质培育方案。

一、运用信息化技术，提升工作室效力

工作室日常培育素材是大量的、碎片化的、随时随地产生的，它们的整理、传递、存储和分享都给工作室运作带来了极大的挑战；加上工作室成员的日常工作是跨时空的，普遍忙碌而缺少协调一致的培育时间，因此工作室定制的专属平台(fengguoqun.yxt.com)，使得成员可以轻松地建设个性学习资源库，并实现远程视频会议功能。

1. 个性学习，共享资源

工作室成员都可以利用平台中的知识上传、课件录制和互动课件设计工具，快速创建和上传各类知识，有效地解决了工作室知识资源的分类、整理、传递、积累和分享的问题。主持人不仅能够根据不同目标指派学习任务、分配学习资源，而且可以根据不同学员的个体学习需求有针对性组织培训。在培训中，学员能够在移动端在线和离线学习，学习进度与效果都可以在“云工作室”上完整展现。

2. 远程培育，突破时空

工作室成员利用现有的信息技术工具，实现了面对面的视频会议沟通，使得交流和培训可以忽略彼此的空间距离。比如课题进展状况的交流、教学资源开发方面遇到的问题、教学实践过程当中的同伴互助，都可以轻松地把工作室成员召集起来，凝聚在虚拟工作室空间里，不仅节省交通和时间成本，并且大大提高了工作效率。

二、实施阶梯化引领，提升科研执行力

独立的教学科研能力是学员进入工作室前普遍的专业发展短板，如何助力推动学员实现自我突破，成为工作室两年来的重要培育工作内容之一。

1. 牵手跟随

2015 年下半年，正值主持人主持的市教育信息技术应用项目进入结题阶段，工作室成员共同回顾了课题的初期申报、中期小结、调查问卷、文献比较、应用实践、信息整合等前期工作。在完成对课题研究的整体流程之后，两名学员又参与了成果梳理和结项的收尾操作流程，对课题研究运作流程有了比较完整的理解。

2. 放手促推

进入工作室之前，学员基本都是学校科研项目参与者的角色，缺乏全局观念和整体执行力。为了大幅提高担任主持人的角色的教科研能力，在主持人的指导下，学员们在 2016 年都独立申请了市旅游职教集团的研究项目。两个课题项目选题都来自各自的教学实际问题，聚焦点小，实践意义大，素材收集整理难度小，独立研究可行性强。2017 年课题圆满结题，两名学员在结题报告的基础上，进一步提炼理论经验，梳理文字，终于各自有了第一篇正式发表的期刊论文。

3. 携手同行

2017 年学员的课题虽然完成了，但是工作室在教科研方面的努力丝毫没有松懈。工作室不仅申报了市旅游职教集团课题，共同着手研究中美旅游专业教学标准的国际比较，而且开始策划撰写一本属于工作室的中职旅游专业教学方面的专著，总结主持人和学员在旅游专业课堂教学实践方面的经验。

两年多来，工作室成员一直以“教而不思则罔，思而不教则殆”鞭策自己，在教学中研究，在研究中教学，结出了众多科研的硕果，一共完成了 1 本工作室专著、2 本教材、4 个市级教学资源和标准开发、4 个市级课题和 5 篇科研论文。

三、拓宽国际化视野，提升职业竞争力

工作室带教之初，学员们都缺乏对课程标准的研发经验和深入理解的能力，缺少对专业课程体系的全局认识，对旅游行业国际化领域涉足不多，对旅游专业教育的国际比较和借鉴没有接触。因此在工作室带教方案中，将“双国际化”作为成员“双师型”素质提高的目标。

1. 众多的国际化地域培训内容拓展行业视野

旅行定制师和领兼地导游已经成为这两年旅游业界的岗位新宠，对这些行业岗位工作内容的学习成为工作室培训的重要内容。工作室组织了近 15 个国家地区企业的旅行专家证书的学习，参加了多个国家"领兼地""全兼地"的海外领队知识培训，考出了"旅游计调师"高级证书，学习了"旅游定制师"的相关业务知识。

2. 德美两国专业教学标准探究拓展职教视野

工作室邀请了远在德国的访问学者为成员以远程视频会议的形式，教授了德国旅游从业者的培训条例和知识能力要求。主持人利用美国研修一个月的时间，带回了 10 多份美国旅游职业教学方面的专业教学标准，工作室成员共同翻译了其中 5 万余字的内容。这些都为他们借鉴欧美发达国家的先进职教经验提供了丰富素材。

两年来，名师培育工作室突破了区县和学校专业教研的局限，为全市的本专业学科教师提供专业化的学术交流、咨询和指导服务。未来，期待工作室走出更多的职教名师。

明“理”善“事” 精培“名师”

韩如伟制冷和空调设备运行与维修名师培育工作室

为加快优秀教师培养，探索优秀人才成长机制，培养具有师德素养优秀、职教理念先进、教学风格鲜明、专业业务精湛的专业带头人和优秀教师，2015 年，在上海市教委职业教育处的指导下，上海市教委教育技术装备中心整体规划、系统设计、试点启动 47 个上海市中等职业教育名师培育工作室。该项目启动以来，名师培育工作室主持人搭建平台、整合资源、立足课堂、聚焦教学、精选项目、精细指导，帮助青年教师快速成长。韩如伟制冷和空调设备运行与维修名师培育工作室就是其中的典型代表。

韩如伟制冷和空调设备运行与维修专业名师培育工作室试点期间，实现了示范引领、资源共享、智慧生成、全员提升，促进了中青年教师专业成长以及名师自我提升。

工作室根据学员发展需求量身定制了 40 多次形式多样、内容丰富的活动，聚资源、搭平台，让学员有更广阔的发展空间。学员们在课堂教学、课题研究、专业建设、技能大赛、资源开发等活动中，屡创佳绩，推动了制冷和空调设备运行与维修专业教育质量的提升，促进了专业建设与发展，确立了上海市中职制冷和空调设备运行与维修专业在全国职业教育中的领先地位。

一、匹配需求，定制计划

1. 剖析需求

结合学员的工作实践，分析学员的基础、优势、短板、困惑等，分别制订了个性化的“带教方案”及“学员发展规划”。

2. 培育路径

以“一堂课”“一个专业培养方案”“一项技能比赛”“一组教学资源”为载体，开展培育工作。以教育科研为先导，以项目实施为载体，使学员的专业建设能力、课程建设能力、教师教学方法的创优创新能力、实训室建设能力及指导全国技能大赛能力得到提升。

二、广收博采，修身明“理”

1. 铸师魂，修师德，强师能

走院校、听讲座、聚焦名师素养、组织“怎样成为当代职教名师”及院校交流等专题活动。导师、学员和专家充分研讨，聚集典型案例，畅谈名师成长心得，分享成果与经验，树立榜样标杆，提高学员师德师能，取长补短，互进共长。

2. 树理念，明事理，晓方法

共同探索职业教育改革策略，提升专业教学标准及人才培养方案制订、内涵建设及执教能力、信息化课改资源建设与应用等教育科研能力。

3. 学技术，升能力，善转化

进企业，学习“四新”技术，将新技术、新工艺、新设备转化为课程内容，提升专业建设能力。

4. 借平台，促交流，拓视野

借助专职委平台，与全国的高职、中职学校进行了广泛的交流，贡献上海经验，学习各校专业建设的先进经验，开拓职业教育的眼界。

三、项目研习，修业善“事”

两年来工作室聚资源、搭平台、组织活动、精选项目、精细指导、精准培育，学员在“做中学”，导师在“做中教”，学员和导师在实践中教学共相长。

1. 聚焦课堂教学，打磨精品课

(1) 探技术，勤转化

结合企业考察和实践活动学习，了解了业界典型制冷设备生产的最新资讯；了解了业界的新技术、新工艺、新设备，售后及员工培训的相关多媒体资料；提供微课案例参考和制作范本，由工作室转化为课程的教学资源建设，提升了课堂教学的成效。

(2) 研教法，重活动

举行教法研讨活动，针对公开课案例，企业专家、教育专家、同行及学生共商共研，深化信息技术教学手段与课堂教学融合。进行教学方法的应用和教学过程的研究活动，重活动、重实操，提升了课堂学习绩效。

(3) 观好课,摩优课

结合第七届教法评优项目,组织教研活动,解析课题,指导学员如何确定教学目标,设立工作任务,研究教学重点,分析教学难点的突破,创设教学情境;指导如何运用信息化的教学手段,合理组织教学形式;指导如何加强教法研究,观好课,摩优课,从课堂中来到课堂中去。学员教学能力有质的飞跃,通过开设校级、市级公开课,展示了工作室的带教成果,取得了良好的示范效果。

2. 执掌技能大赛,成就好成绩

结合全国职业院校技能大赛、全国机械行指委技能大赛、世界技能大赛的参赛经验,曾获全国技能大赛优秀指导教师、上海市金牌教练的工作室导师,聚集相关资源,组织行业专家指导、带教和技术交流,制订学员训练方案、确定训练内容、优化训练策略。

学员集训针对性强、成效优,提升了大赛培训的质量,同时将竞赛的核心技能融入专业培养方案,竞赛的工作任务嵌入专业课程。工作室指导学员根据典型工作任务和典型设备的操作手册编写校本教材,让技能大赛从精英培养惠及全体专业学生,强化学生实践动手能力的培养。

3. 推广联合国制冷良好操作项目,增强辐射力

实施并推广联合国环境开发署和生态环境部"制冷维修行业良好操作培训"项目,工作室主持人带领学员和教师全情投入,推动了校企合作、师资成长、课程建设和实训室建设,提升了制冷专业建设能级,增强了对企业辐射力。

4. 实施教委项目,提升科研力

为聚集学员教科研能力的培养,结合上海市中职校制冷专业教学标准修订项目的实施,主持人指导学员制订调研计划、进行任务与职业能力分析、设置课程、编制教学安排表、编写课程标准等。结合上海市中职校制冷专业双证融通试点项目,指导学员进行双证融通试点方案设计,完成双证融通试点课程的课程设置、课程标准、课程考核方案及考核题库等。在项目进行的过程中,学员的专业建设能力和教科研能力有了较大的提升。

四、站在高地,一起飞翔

两年来,名师培育工作精准对接学员发展需求,更新了理念,拓展了视野;立足新课堂,创新了方法,提升了效能;研究新赛项,带赛能力、成绩双提高;实践新项目,教研、科研出精品;树立新标杆,辐射专业建设。

学员们的辛勤付出结出丰硕的果实,工作室老师获得市级各类奖项共计 7 项,完成市级各类项目共计 6 项。学员担任世赛和国赛的主教练,工作室主持人当选杨浦区第

十六届人大代表、杨浦区第十六届人大内务司法委员会委员；担任全国制冷空调类专业指导委员会副主任委员、中国制冷学会继续教育委员会委员、2017年全国机械行业职业院校技能大赛“三向杯”制冷设备安装与调试技能大赛裁判组组长等职。

名师培育工作室搭建了平台，展示了风采，为老师们骄傲、喝彩。职业教育需要一批爱岗敬业的教师的辛勤付出，需要一批教育专家的呵护提携。站在高地，一起飞翔……

用心教学创佳绩　潜心科研出成果

洪李萍会计名师培育工作室

为进一步发挥上海市中等职业学校优秀教师的示范、引领辐射作用，培养一批具有教育思想、教学风格的专业领军人才和优秀骨干教师，为本市中职教育的科学发展提供强有力的师资保障。2015年，在上海市教委职业教育处的指导下，上海市教委教育技术装备中心整体规划、系统设计、试点启动47个上海市中等职业教育名师培育工作室，该项目启动以来，名师培育工作室主持人通过组织理论学习、聆听讲座、交流考察、聚焦课堂、课题研究、资源建设、企业实践等方式，促进全体学员的快速成长，洪李萍会计名师培育工作室就是其中的典型代表。

洪李萍会计名师培育工作室试点期间，全体成员脚踏实地，用心教学、潜心科研，凝心聚力，携手前行，共同成长，学员们从"小比拼"走向"大研磨"。在实现工作室目标的同时，成员们也各自实现自己的小目标。

一、依托平台聚合力，谋篇布局定目标

作为名师培育工作室，工作室为学员成"名"搭建平台，整合资源，创造机会，为学员施展才智提供舞台，为学员的脱颖而出创造环境和条件。

1. 问诊问题，制订方案

为切实做到针对性、个性化带教，主持人会同专家对学员逐一进行把脉，梳理每名学员的基础、优势、短处、困惑、发展需求和培养方向，结合学员的发展规划，制订突出针对性、个性化和可操作性的带教方案和两年的活动计划。并根据实际情况的变化及时调整，培育活动丰富多样、活动过程记录详实、培育成效明显。

2. 培育思路和方法

名师培育除了教学和科研上的"传帮带"，更重要的是对待工作一丝不苟的态度和精益求精的工匠精神。通过对学员情况的精准把脉，工作室带教方案内容包括理论学习、聆听讲座、走访名校、公开教学、科学研究等，形式多样，活动丰富。具体分解成聆听专家讲座提升素养之心、走访交流学习博采众长之路、阅读经典书籍博闻创新之灵、系列新闻报道聚焦影响之力、"同课异构"打造精彩课堂、精益求精修标准，千锤百炼出成果、组织星光项目研讨，分享专家独家"技艺"等。

二、多径培育重实效，系列宣传聚影响

1. 聆听专家讲座，提升素养之心

为提升成员们的专业素养和信息化水平，工作室组织、聆听了15场讲座。与名家的零距离接触、面对面交流，对提升工作室成员的职教理论和方法、信息化水平，拓展科研能力等方面发挥了积极的作用。

2. 走访交流学习，博采众长之路

为拓宽眼界和思路，工作室组织学员走访了12所学校，与财经中心组织共同活动7次，通过交流相互学习、博采众长，在相互交流学习中促进提升。

3. 阅读经典书籍，博闻创新之灵

为满足学员的专业化发展、提高信息化教学水平和职教理论的需要，工作室为学员购买书籍、订阅杂志、申报网课。学习开阔了学员们的视野，更新了观念，增加了底蕴，提高了素养。

4. 系列新闻报道，聚焦影响之力

为有效地宣传工作室的做法，扩大工作室的影响，工作室组织学员撰写活动报道，通过上海商业会计学校网站、上海职成教网、教师专业发展网发表新闻42篇，并通过工作室微信公众号进行宣传。

三、栉风沐雨砥砺行，春华秋实满庭芳

1. "同课异构"打造精彩课堂，相聚共享课的盛宴

教学的课堂永远是教师的主阵地，聚焦课堂是工作室不变的主题。工作室的每一名成员，以"匠心"的执着坚守着自己的课堂。市级同课异构活动中，龚如彦、陆炜渊等学员以自己扎实的教学功底为在场的老师们奉上了一顿教学大餐。

继"市级同课异构"后，工作室进一步携手上海市中职财经中心组、广州市商贸职业学校联合组织"跨省同课异构"教研活动，在上海和广州，吸引了100多名专业教师的观摩，反响巨大。

2. 纸上得来终觉浅，绝知此事要躬行

在信息化、智能化、互联网日新月异的今天，为了使会计课堂教学更贴近企业实践、

更接地气，工作室组织学员走访了10多家企业，为会计专业标准修订提供了第一手资料，收集了教学素材案例，形成了2万多字的企业调研记录。

3. 精益求精修标准，千锤百炼出成果

工作室推荐全体学员参加上海市会计专业教学标准的修订，让学员能够站在更高的舞台上。在一年零九个月的时间里，学员们参加18次研讨会，撰写、修改职业能力分析，完成9门课程标准。过程是艰辛的，学员们成长和收获也是巨大的。

4. 组织星光项目研讨，分享专家独家“技艺”

为配合上海市“星光计划”第七届职业院校技能大赛会计项目的备战工作，工作室“闻风而动”，积极备战“星光计划”，组织企业经营沙盘项目训练研讨会，请专家传授独家“技艺”等。

两年来，名师培育工作以聚焦课堂、注重科研为主线，用心教学创佳绩，潜心科研出成果，获教学成果奖一等奖、上海市信息化教学设计大赛一等奖、上海市中等职业学校第七届教学法评优三等奖、上海市学生职业体验日最佳项目设计二等奖，指导学生参加国赛、星光计划比赛等，并获奖。

工作室结业考核的结束意味着两年试点工作告一段落，但对于工作室的5名学员来说，职教之路还很漫长。工作室将不忘初心，砥砺前行，绘制出上海市中职校会计专业的新蓝图。

立足港湾　名师从这里起航

胡桂军机电设备安装与维修名师培育工作室

2015年，在上海市教委职业教育处的指导下，上海市教委教育技术装备中心整体规划、系统设计、试点启动47个上海市中等职业教育名师培育工作室。作为具有鲜明港航特色的胡桂军机电设备安装与维修名师培育工作室自成立以来，以服务行业、辐射专业为己任，采取“量身定制的个性化培养模式”“以教学能力培养为工作之本”“立足企业实践、深入推进校企合作”“主持人与导师之间教学相长”等措施，陆续开展了近80次形式多样、内容丰富多彩的活动，使学员在全国信息化大赛、上海市教学法比赛、教学能力提升、强化科研能力、深化校企合作等方面交出了一份不俗的成绩单。胡桂军机电设备安装与维修名师培育工作室立足港湾，为上海职业教育事业培育人才，为学员扬帆起航开拓了一条宽阔的航道。

一、量身定制的个性化培养模式

在工作室对学员培育的两年学习时光里，主持人给予每名学员一个量身定制、各自独特的培育方式。学员定时与工作室主持人以及其他学员分享心得、共同进步。

1. “双师型老师的精准塑造”——对沈阳老师的培育重点：企业实践

沈阳老师的教学专业及研究方向偏向于港航背景，且在科研方面颇有心得。工作室积极帮他联系港口企业，安排与企业专家以及一线员工进行交流，发掘企业中实际存在的各种技术问题。

2. “精心耕耘课堂”——对栾东来老师的培育重点：教学能力

栾东来老师有良好的实训教学背景。工作室通过企业实践帮助其将实训过程更加深入到企业，与企业紧密相连；同时安排校际公开课，聘请校内外行业专家、专业教师帮助其扩充教学理论知识。

3. “夯实专业理论基础”——对冯健明老师的培育重点：提升理论素养

工作室对冯健明老师的培养重在夯实其基础理论和专业知识，提升基本的教学技能，改善教学方法，扩展现代职教理论，熟练地应用于教学实践上。工作室还鼓励该学员参加全国信息化教学大赛、开设校级及以上的公开课等。

二、抓住教学能力培养之根本

工作室在培养学员教学能力的过程中，采取“聚焦课堂”“以点带面”等方式，重点在改进教学方法、提升教学效果等方面对学员进行培育。

1. “以赛促教”——栾东来老师参加 2016 年上海市第七届教学法比赛的带教

《千分尺的识读》是钳工实训的基础课题之一，对于机电专业学生来说，千分尺是控制测量精度的一个重要工具。在栾东来老师参加上海市第七届教师教学法比赛的备赛过程中，工作室安排了一次研讨、两次企业实践活动，目的是让栾东来老师能够深入了解千分尺在企业的真实应用场景。

多日的艰辛换来了成功的喜悦，栾东来老师荣获上海市第七届教学法比赛优秀奖，也是这名年轻老师第一次站到了市级的领奖台上。

2. “虚拟现实”——冯健明老师参加 2017 年全国信息化实训教学比赛的带教

工作室在利用冯健明参加全国信息化教学比赛(钳工组)的备战过程中，开展了两次专题活动。冯健明老师此次参赛作品是“平面挫削”，荣获 2017 年全国职业院校信息化教学大赛中职组信息化实训教学比赛三等奖。这次比赛也探索出了一条将现代信息技术嫁接到传统课程教学之路。

三、企业实践是职业教育立足之本

除了聚焦课堂，工作室主持人利用自己在企业工作 20 多年的有利资源，带领学员深入企业，参与企业实践、开展深度校企合作，使学员能够掌握最新的专业技能，为教学提供前沿性的教学案例、知识及技能。

1. “立足企业岗位”——企业实践模式探索

工作室先后 8 次组织学员到上海振华重工集团、上海国际港务集团、上海沪东船厂等与专业有关的大型骨干企业开展企业实践活动。学员在企业实践过程中也表示，会对专业中现有的一些教学内容进行反思与改进，包括课堂教学案例撰写、培训成果收集整理等，积极将最先进的生产作业要求、方式等带回课堂，以便与企业需求进行进一步对接。

2. “他山之石”——企业特聘兼职教师做讲座

为了更好地对学员进行企业实践能力的培养，工作室先后邀请了上海振华重工集团、上海国际港务集团等单位的资深专家给学员开设专业讲座。这些专家分别介绍了

自动化码头、大型港机总装作业风险控制措施等方面的技术进步与科研成果。企业专家的亲身经历、现身说法使学员学到了在书本上、网络上看不到、听不到的第一手素材，为学员们的工作和学习奠定了更好的基础。

四、通过本专业科研活动反哺教学

工作室主持人为了满足学员的人生规划以及职业发展需求，也设计了许多的科研、学术论文及教材编写研讨活动。主持人叮嘱学员做科研、写论文，一定要从实际问题出发，紧密定位到企业或者行业中真正需求的，能真正帮助解决实际问题的地方。

2016 年 12 月 28 日，以主持人为项目负责人、学员为科研小组成员的“基于微课的‘港机液压技术’翻转课堂在线资源应用研究”获得中国交通教育研究会 2016—2018 年度教育科学研究重点课题。

五、“教学相长”，师生共同成长

两年多的带教时间虽然有些紧张，但工作室主持人与学员、学员与学员之间“守望相助”“共同成长”结出了丰硕的带教成果。

学员获得全国教学大赛三等奖 1 项、上海市教学比赛优秀奖 1 项；集团或校级个人荣誉 10 项；完成各类科研成果 12 项，发表论文或著作 10 篇，其中沈阳老师还发表了 SCI 论文 2 篇。

两年多来，主持人胡桂军先后荣获首届上海市黄炎培职业教育奖杰出教师奖、上海海事大学 2016 年度“刘浩清”教育优秀奖、上海海事大学第九届“师德标兵”暨“我心目中的好老师”等光荣称号。

名师引路促成长　服务职教当先锋

胡玉娟中式面点名师培育工作室

名师是稀缺资源，职业学校的发展需要职教名师的感染力，需要职教名师的学术氛围的熏陶。2015 年，在上海市教委职业教育处的指导下，上海市教委教育技术装备中心整体规划、系统设计、试点启动 47 个上海市中等职业教育名师培育工作室，胡玉娟中式面点名师培育工作室积极开展各项工作，通过自身的示范带教、学员的岗位实践与职场体验等方式培养学员，提高学员的教育教学、教科研、育德等能力，培养一支职教优秀教师队伍。

一、计划详实，精准培养

工作室成立伊始，对工作室成员进行准确定位，精准培养。主要从四个方面进行定位，烹饪技能的提升、教学及带赛能力的提升、教科研能力的提升、教师综合素养的提升。根据不同学员实际情况有针对性地选择和确定培育内容，明确目标。

二、一条主线，形式多元

工作室以提升烹饪专业教师的专业技能为主线，拓宽学员眼界、提高操作能力、拓展理论知识，了解流行趋势，学习创新菜点，致力于培养一支优秀的烹饪教师队伍。培养形式多元翻新，培育过程引人入胜。

1. 引进行业大师，面对面专业指导

两年期间，工作室积极引进邓修青等行业大师 5 名，通过大师进校园，将行业的先进技术引进来，无论是原理、技巧、成形、成熟还是装盘装饰，事无巨细，学员不仅可以学习，还可以当场操作，提高了学习的成效。

2. 参加职业技能培训，提升技能等级

工作室积极鼓励学员参加上海市烹饪协会组织的职业技能培训，通过理论系统学习、技能专门指导，学员可以集百家所长，提升自己的综合水平，很好地提高了学员的职业技能等级。

3. 组织教师企业实践活动，拓宽视野

烹饪行业更新换代比较快，为了更好地拓展专业教师视野、学员学习先进的技能工艺。利用暑假工作室组织学员下企业实践并制定目标，督促企业实践成效，每名学员收获颇丰。

4. 教育教学研讨会，互助讨论中提高

工作室为学员间的学习交流搭建了良好平台，每名学员都是各个学校的烹饪专业教师，在技能方面也是各有专长。工作室为学员搭建了一个舞台，让每名学员都能分享自己的特长和操作经验，通过面点实战展示、技能探讨会、创新菜点分享会等，让学员在交流中相互学习，共同提高。

三、聚焦教学，成果丰硕

1. 关注课堂——勇于实践教材教法改革

工作室注重对教材教法进行深入研究与实践，与时俱进地选取更适合现代烹饪专业课堂的教学方法，在课程教材教法改革实践中，将任务贴近职业岗位。

工作室学员参加上海市中等职业学校第七届教师教学法改革交流评优活动，许老师获得二等奖，王老师获得优秀奖。工作室成员许老师在教师中华杯技能大赛中获得了第一名。

2. 创新教学——充分运用信息技术手段

工作室积极思考创新教学方式，鼓励工作室成员充分运用现代信息技术手段，促进课堂教学效果的最优化。组织学员先后参加了微课资源建设培训、烹饪专业信息化培训，引导学员利用网络资源创建新型教学结构，建设教学资源库，丰富课堂教学的方法，开展多种丰富多彩的学科教学活动。

主持人带头制作微课资源，鼓励学员制作微课，参加各类信息化比赛。学员王老师获得全国职业院校信息化教学大赛中职组信息化课堂教学比赛二等奖、上海市中等职业学校教师信息化教学大赛一等奖和超星杯慕课及移动教学大赛一等奖。

3. 发挥优势——有效提升教师带赛能力

工作室本着“以赛促教，以赛促训，提升教师教学能力”的理念，鼓励工作室学员多带学生参加各类大赛。主持人在各省市的各类大赛中有充足的带赛经验，把经验做法传递给学员，通过指导实践、耐心疏导、技术探讨，开展“赛前指导、赛中点评、赛后总结”，使学员在带赛中也取得了不俗成绩。

4. 科研引领,切实提升教学能力

工作室通过开展校本教材开发,提高教师对教学资源的开发能力。工作室要求每名学员从开发教材入手,研究学生的学习需要,确定对学生有用的知识与技能。工作室活动中将分头的结果汇总,聘请专家,集体讨论精选对学生终身学习必备的基础知识与技能,通过展开研究总结撰写论文,提升课堂研究能力。

工作室要求每名学员从教学和教育的角度出发,要有求知的积极心态,努力学习专业理论知识,拓宽自己的知识领域。学员以调整教学思想和教学手段,立足课堂,将科研意识引进课堂,教学任务作为引子,学生的学习行为作为研究对象,把研究性学习方式引进课堂教学。学员共发表论文 16 篇。

5. 成果推广,积极扩大辐射半径

工作室与聋哑学校的烹饪教研组合作开展爱心公益课活动,旨在以名师工作室的教师资源为基础,为特殊学生提供优质的教学服务,同时希望力所能及地做一些有意义的事来回报社会。

为进一步深化沪遵对口支援,帮助当地乡村旅游业发展,培训农家乐厨师规范化操作技能,提高当地人民生活水平,工作室学员开展支教贵州道真乡村旅游厨师培训。针对中式面点的技能教学、实战演示、服务规范、农家乐接待服务流程等展开培训,农民学员们受益匪浅。

四、个人成长,团队共进

在工作室两年的活动中,主持人和学员一起成长,相互学习,共同进步。胡玉娟中式面点名师培育工作室在教学法评优、信息化大赛、全国大赛等各类教学比赛中获得市级奖项 15 个,指导学生获奖 16 个。

工作室以培养一支优秀的教师队伍为目标,精心培育每一名学员,把每一名学员的特点发挥最大化,不断挖掘潜力。激励学员以“以其昭昭、使人昭昭”的精神鞭策自己,不断学习进步。

工作室取得的有形成果固然重要,但是培养青年教师的激情,激发学员对教育教学的热爱、对事业的执着追求,对主持人来说更为重要。名师工作室的培育虽已告一段落,但工作室成员的心是紧紧相连的,今后,工作室全体成员将不忘初心,共同提高,凝心聚力,继续前进!

同侪学习　共同发展

黄斌华网络技术名师培育工作室

2015 年，在上海市教委职业教育处的指导下，上海市教委教育技术装备中心整体规划、系统设计、试点启动 47 个上海市中等职业教育名师培育工作室，该项目旨在让 47 名主持人引领一批有潜力的优秀教师步入名师储备行列。

两年来，黄斌华网络技术名师培育工作室在运作期间，梳理学员发展需求，围绕着教学方法、专业资源建设、专业能力、教学理念、专业新领域等多方面进行展开近 80 次活动。在工作室平台下，邀请专家进行培育或授课同时，特别强调充分发挥每个人的特长，不断地协同发展、互相交流，形成一个学习、践行、研究的共同体。创设了独特的“独乐乐，不如众乐乐，乐在其中”的交流氛围。

一、共同学习——精神发育和能力发展的源泉

在主持人的带领下，强调形成名师的气质为基础，学员们共同学习，通过共同阅读活动，提升大家精神的高度。工作室通过共同阅读，分享学习的心得，交换观念和信息，从开始建议去读到积极地参与推荐共读，每个人的关注点既有专业的共性又有个性，使彼此唤醒、激励与影响。

在思维方式上，不断尝试以探究的心态去教学，比如，强调教学的对象是动态的、个性的，教师不应该只以经验去面对每个学生，而是要站在学生的角度设身处地去理解交流等。

专业的学习过程也是一样，工作室借用平台聘请企业的专家和教育专家介绍新领域与新技术，如 2015 年的 Windows Server 2012、2016 年暑期的网络数据分析、2017 年网络信息安全等。经过系统的学习，掌握与应用这些内容，不断实验，借助团队，学员们更快、更好地掌握内容，在学习与交流过程中不断地碰撞出火花。

二、共同践行——职业能力得以提高

两年来，工作室多次到企业及院校进行观摩、交流。学员们到上海曼恒、广州蓝盾、福建网龙、上海教育电视台等企业，了解了行业前沿技术与职业方向；到相关院校进行交流，如深圳职业技术学校、珠海技师学院、珠海科干校等，开拓了工作室团队的视野。观摩交流还在校企合作培养学生、实训室建设、课程建设方面产生了共鸣并获得了新的

启发,并转化为学校专业建设的新思路。

工作室在教师业务能力培养方面,无论是教学能力还是专业建设打造,工作室既借力外部,又充分利用内有资源,多次安排工作室教师们共同调研、交流、探讨有关专业建设内容,比如专业技术方向、课程建设发展等,由于学员都是来自各学校的一线骨干教师,都对专业建设都有着成熟的见解,通过平台的交流,能互通有无,拓宽思路。

工作室两年的培育经历,在学员的实际工作中也起到重要作用:有的学员通过平台培育助力,完善了专业资源建设;有的学员通过平台培育助力,增强了个人教学与管理能力建设;有的学员提升了专业技术水平,增长了经验;有的指导学生参加大赛获得优异成绩等。

三、共同研究——教育境界与理念得以提升

立足于团队的研究,工作室的每名学员把授课当作研究来做,一起精心准备、精心打磨课堂教学。教学有了质的飞跃,能结合所了解到的翻转课堂、微课制作、小组互动、任务驱动等教学方式,用不同的组合方式在课堂中呈现出来。

结合平时教学,工作室经常从问题出发,寻找有效的教学方法,如主持人带领团队研究“任务驱动游戏化教学方式”及“分层化教学模式”等,学员们的教育境界与理念整体得到极大提升。

工作室成员成长为一个有思想、有魅力、有影响的教师,将教育的“初心”“匠心”“恒心”在探究过程中内化于心,努力呈现出每一名教师的成长特色。

四、共同成长——匠心筑梦,引领辐射

两年来,培育工作围绕计划有条不紊地展开,无论是学员还是主持人都感受到用“匠心”去“筑梦”的乐趣,也收获了丰厚的回报。工作室收获了校级以上的荣誉 27 项,在学校、在上海甚至在全国都崭露头角,为职业教育添光彩!

同侪学习、践行与研究,让教育变得更有信心、快乐而有成效,学员们在此过程中乐知、乐行、乐享、乐思!乐在其中!在此过程中感受到了教育的使命,继续为“遇见更好自己”而努力,继续执着在追求成为“名师”的路上!

个性培养　聚集课堂　促进成长

蒋黎文服装设计名师培育工作室

2015 年，在上海市教委职业教育处的指导下，上海市教委教育技术装备中心整体规划、系统设计、试点启动了 47 个上海市中等职业教育名师培育工作室。名师培育之名，是建立在扎实的课堂教学根基上，更是建立在对课堂教学背后的学习观念、学科内涵、教学规律的领悟和贯通上，没有高屋建瓴把握教学的能力，就不可能成为名师。

蒋黎文服装设计名师培育工作室自 2016 年成立至今，各项活动坚持围绕以培养学员名师个性化风采为导向，以课堂教学为切入点，导师对学员不仅是技能的传授，更是精神的引领。通过 2 年的情感和行为的交流，工作室主持人培育了学员敬业、尽责、坚持的精神，结合名师培育工作室的初衷，言传身教，突出个性，做到有为。

一、强化关键因素，不断稳步成长

工作室总结出促进学员成长的五个关键因素。一是要有精神追求，要求学员对学校教育教学工作有激情和执着的信念，工作中要有成就感；二是思想指导行动，要求学员在学习过程中善于思考，日常工作中要有想法、会设计、能落实、善提炼；三是要善于积累经验，要求学员做到积极实践、勤于记录、善于整理、回归实践；四是实践反思，要求学员在学习中不断检验、鉴别和思考日常教学，促进学员的学习行为走向自觉，并在积极回应中发展自我；五是回应环境和团队合作，要求学员经常以积极的态度回应环境变化，形成良好的团队合作意识，并在这种回应中发展自我，改善环境。

主持人不断在这五个方面对学员进行指导与实践训练，学员们在专业发展与成长的思想意识、实践能力与活动能力、反思能力以及团队合作能力等方面都取得了长足的进步，为健康成长打下了很好的基础。

二、兼修多重素养，铸就学科名师

在对学员成长个性化培养上，工作室确立“二素养、四能力”的培养目标，聚集课堂，促进学员成长。

两年里，工作室以培养专业素养、人文素养兼备的研究型教师与学科骨干为发展目标，致力于培养工作室学员的专业教学认知能力、课堂教学评价能力、教育科研能力、专业教学实践能力，以形成学员在教学中有自己个人的特色教学或教学风格。导师用“说课”“说案”和“说文”三种途径去引导学员攻克自身弱点，获得成长和发展。

1. 说课，回放教学录像，分析教学过程

工作室用学员邱春燕老师的教学录像进行案例研究，组织学员分析每个教学细节，讨论每个教学环节。主持人引导学员用职业教育的课改理念分析教学期望和效果差异的原因，讨论学生开展实训课教学的参与形式和方法。并通过看、说、议，使学员认识到评课不能单看形式，要对课堂教学细节作深层分析，这样才有利于提高学员的综合素养。

2. 说案，分析教学设计意图和实施效果

主持人通过多个案例讲解，指导工作室成员要提炼生活问题为专业教学问题，引导学员用生动的生活化知识去教授课堂教学内容，并对于教学设计中每个步骤的必要性和可行性做了系统的分析。学员王凤老师通过对教学设计细节的反复推敲与修改，利用丰富的信息化教学手段，上了一堂较为满意的教学研究课，反响特别好。

3. 说(论)文，罗列事例，引导理论概括

工作室主持人教授学员如何用写论文的形式进行经验的提炼，同时总结和反思课堂教学的问题和解决方法，通过论文撰写和修改过程，引导工作室成员领悟到撰写论文是教育理论的再学习过程，是把个人教学体验向他人倾诉的过程，是一个骨干教师专业成长中必然转变的关键。

三、千锤百炼实践，自主研究提升

工作室主要通过“实践平台、专题研究、自主学习、理论培训”四个板块来实现学员的培养目标。在实践平台方面，协作组和工作室以课堂教学实践为主，创设真实的教学情境和学习平台，激励学员在这些特定情境中评课研讨，现场切磋，与教学对象如学生、同伴、同行、主持人、专家、教研员进行相互作用，如对话、协作、交流等。学员的自身研究能力得到明显提升，学员逐步形成对课堂教学中所关注的课程内容、教育教学策略、教学技术、教学方法进行理性综合与应用能力。

专题研究主要以项目或课题研究为主，3 名学员分别通过传统服饰文化、木棉花开传统土布工艺、传统手工艺的专项和课题研究，拓宽了学员的专业发展路径，形成自己独特的专题研究范畴。

自主学习主要以学员自我反思、自我提升为主，导师为学员建立“成长档案”，相当于学员的身份证，又是学员成长的保险箱，它实实在在记录了学员在每一个阶段的整体表现，为学员的实践反思和自主学习提供了充足的阵地。例如，学员的个人发展规划、导师的培养发展规划等、学员两年里的个人进步与成长的足迹、获得的荣誉、参与的项

目，编写的校本教材等。理论培训主要以第四协作组平台公共课程为主。在四个板块的不同类型活动的锤炼之下，学员的自主研究能力得到明显的提高。

工作室虽然有较完整的培养计划和培养内容，学员也能获得较完整的专业知识，但如果培养出的学员三人一面，这并不意味着工作室的成功。由此，针对学员个人特色进行个性化指导是工作室的发展方向，在不同的研修阶段，工作室为学员“量身定制”，实施个性化培养菜单，做到“量学员个性特长，定学员成长计划，促进学员全方位成长”。同时通过对学员的个性需求，实施个性化培养，由里到外、由浅及深、由同求异。

两年来，学员在活动过程中既能不离开熟悉的课堂教学，又能在导师的引领下逐层深入，逐步提高课堂教学的能力，形成自己独特的教学风格，在导师无形的影响中茁壮成长，造就明天的名师。

共学、同做、乐享　探索名师成长之路

金莉萍电子商务名师培育工作室

为加快培养专业领军人才和优秀教师，2015 年，在上海市教委职业教育处的指导下，上海市教委教育技术装备中心整体规划、系统设计、试点启动 47 个上海市中等职业教育名师培育工作室，该项目启动以来，名师培育工作室主持人立足课堂、聚焦教学、搭建平台、整合资源，帮助青年教师快速成长。金莉萍电子商务名师培育工作室就是其中的典型代表。

两年来，金莉萍电子商务名师培育工作室集结优质资源，开展了近 50 次教学教研活动、8 节公开课、近 20 次专业培训、30 余次专业研讨交流。通过"共性＋个性"相结合的培育方式，对学员进行个性分析、诊断把脉，为学员精准定位设计适合其自身的发展规划，提供个性化成长方案。

工作室始终秉承"共学 同做 乐享"的核心理念，营造共同学习、研究和实践的环境，探索、传承、实践名师培育之路。从学理论、学技能到学名师，从做标准、做项目到做科研，让学员从实践中、项目中提升职业能力和教学水平。同时充分发挥名师的示范、带动和辐射作用，享成果、享经验、享资源，积极带动其他教师的成长和发展，发挥了名师效应。

一、共学，成就学员成长

学理论。工作室带领学员先后参加跨境电子商务实战技能、创业教育培训，电子商务师(三级、二级)证书培训，信息化教学与现代教学媒体课程培训等多项专题培训活动。同时，结合网上平台为学员们开展线上学习，分享行业最新咨询，交流学习心得经验，通过线上线下相结合的方式，让学员提升专业素养，积累教学经验。

学技能。为了让学员能够及时了解电商行业最新发展动态，引入新观念，工作室尝试企业导师一对一协同带教。通过一系列的企业结对研讨，学员们紧跟行业步伐，拓宽了视野，在专业技能上得到了提高。

学名师。工作室通过公开示范、聆听名师、"双名对话"等途径充分发挥名师的学科优势和资源优势，帮助青年教师专业成长。在"双名对话"系列活动开展之后，工作室形成了更加浓厚的学习氛围，成员之间相互学习、相互交流。

二、同做，共建教学资源

做标准。工作室学员全部参与上海市中等职业学校电子商务专业教学标准的开发。在榜样的带领下，学员所在的两所中职学校都相继开展了双证融通项目，共同开发和完善融通课程标准。另外，他们还开发了中职—大专立交桥学分银行试点项目沟通课程标准。

做项目。电子商务是一个实时动态更新的专业领域，工作室带领学员走进企业深入调研，让学员深刻了解到企业电子商务应用岗位技能要求和电子商务人才培养需求。组织学员参加上海科学技术职业学院双 11 观摩会，就校企合作实训实践展开了研讨交流。同时，开展了企业待运营项目甄选会，具体探讨在专业实训教学中如何开展模拟项目、复刻项目、真实项目，很大程度上促进了学校项目课程的实施。

做科研。工作室以课题研究为抓手，引导学员们走“科研兴师，名师强校”之路。针对电子商务课程教学的难点和热点问题，结合实际教学中的经验和实践，不断进行思考和研究。两年来，开展了 5 项课题研究、8 本教材开发工作，这些工作提高了学员的科研意识与研究能力。

三、乐享，打造专业平台

工作室辛勤耕耘，收获颇丰。学员间互助学习，一起分享成果、经验和资源。

享经验。根据工作室“请进来，走出去”的工作思路，提升工作室成员的教育教学水平，工作室接待了上海市电子商务骨干师资培训班，并与培训班的老师们一起交流经验，还接待了 5 所上海市兄弟院校及 20 多所外省市兄弟院校参观学习。同时，学员们也依托工作室的资源在上海市中高本电子商务专业联盟、全国电子商务建设联盟等各级平台上进行了经验分享。

享资源。除了最大限度地发挥经验优势，工作室还与其他兄弟院校共享企业资源。工作室带领上海市第二轻工业学校、海大附属职校等兄弟院校前往企业观摩研讨，了解企业与专业的动态发展趋势，实现优势互补、互利共赢的发展格局。同时，工作室也充分共享优质的课程资源，如电子商务《商品信息采编》课程资源、《商品采编》等微课资源，充分实现教育资源的共建共享，促进学员有效发展。

享成果。工作室学员所在的上海市商业学校，顺利通过电子商务新专业评估，开展了第一届校园商贸节实践活动；上海市西南工程学校、上海商业会计学校、上海市现代流通学校结合其发展需要，申报了电子商务双证融通项目。工作室成员针对项目建设过程中遇到的各种问题和困惑，相互探讨，共同成长进步，不仅拓宽自身的视野，也更新了教学观念。

在过去的两年时间里，工作室成员共同学习、共同进步、共同提高，积极主动地参与

到教学研究中，取得了丰硕的成果。学员们共获取了各类技术技能证书 14 张、教学标准 3 个、课程标准 10 个、专业课程微课资源 4 个、企业实践项目 2 个、课题 1 个、论文 3 篇，获得各级各类奖项 7 个。

工作室主持人在带教的过程中，以点带面，旨在让名师培育这一星星之火，形成燎原之势，使名师培育之路能够越走越宽、越走越顺，形成一条可借鉴的成长之路。

言教身教　匠心传承

李关华电子技术名师培育工作室

为加快优秀教师培养，探索优秀人才成长机制，培养具有教育思想和教学风格的专业领军人才和优秀教师，2015 年，在上海市教委职业教育处的指导下，上海市教委教育技术装备中心整体规划、系统设计、试点启动 47 个上海市中等职业教育名师培育工作室，该项目启动以来，名师培育工作室主持人立足课堂、聚焦教学、搭建平台、整合资源，帮助青年教师快速成长。李关华电子技术名师培育工作室就是其中的典型代表。

工作室根据学员个性化发展需求，搭平台、聚资源、拓途径，围绕认知、师德、教法三个方面，开展了形式多样、内容丰富的活动。学员们在文明风采、技能大赛、教学法评优、全国信息化大赛、世界技能大赛几个平台上硕果累累，取得了阶段性进展，展示了学员们的能力提升和创新特色。工作室推动了上海市电子技术专业教学能力、教育质量的提升，促进了课程改革和专业建设与发展，丰富和发展了名师培育工作的方法和道路。

一、精准把脉，个性带教

工作室根据每名学员的发展规划和能力水平，定制了个性化的带教方案。工作室为学员们搭建学习交流平台、整合教育和行业专家资源、利用学校系统化专业设施资源，帮助学员在教学理念、教学能力、专业技能方面快速成长、成才。

1. 个性化需求分析

为切实做到针对性、个性化带教，主持人邀请专家对学员逐一进行诊断，梳理每名学员的基础、优势、长处、不足、困惑及发展重点，针对每名学员聚焦侧重点，拟定差异化的带教方案和学员发展规划。

2. 个性化培育方法

工作室汇聚教育和行业专家的智慧，对学员发展规划进行梳理，制订了培育计划。名师培育工作必须在认知、师德、教法三个方面有提升、有突破。根据学员个性化发展需求，搭平台、聚资源、拓途径，围绕认知、师德、教法三个方面，开展了形式多样、内容丰富的活动。以翻转课堂研究，微课、慕课培训与作品制作、电子技术设计能力拓展、全国技能大赛引领专业教学、国赛实训教材编写、职业素养培养方法探索六个方面为抓手，开展了40多次活动，让学员通过名师培育工作室平台实现自身价值，在幸福快乐中成长是名师培育工作的必然选择。

二、搭建平台，促进成长

名师培训工作室充分利用各种资源，为教师学员提供了各种学习和展示平台，促进教师成长。

1. 学生技能平台

针对上海市星光计划和全国职业院校技能大赛，工作室组织行业专家指导、带教技术交流、学生集训、教材编写等工作，提升大赛培训的质量。

2. 教师教法平台

针对教学法评优活动和信息化教学比赛，工作室聘请教育专家和行业专家一起参与磨课、研课活动，对细节问题反复研讨，以此来提高课堂教学内容准确性、有效性、规范性。

3. 教师专业技能平台

为保证教师专业技能的成长和与时俱进，工作室与多家电子开发企业合作，对教师在电子技术方面的短板和前沿技术进行培训，让教师的专业能力能跟上时代发展步伐。

三、言教身教，匠心传承——学员成长案例

1. 从1 mm启发的工匠精神

学员汪振中老师以对专业的热爱为初心，进入工作室的目标就是希望自己在电子和电气工艺方面得到提升、在教与学方面得到传承。带教过程中，导师对学员的电子电气工艺精细化程度严格要求到以毫米为单位。1 mm不仅是与标准工艺之间的差距，更是与大国工匠精神之间的距离。这让汪老师的理念发生了根本性的转变。工匠精神的培育并非一蹴而就，汪老师开始加强理论知识学习，深入钻研教学教法、课程标准，体会新课程的性质、价值、理念，提高自己的业务能力。追求完美细节，不仅将工匠精神投射到自己的产品设计中，更辐射进课堂传播到学生中去，让名师的教学概念在学员、学生中达到三级传递。

2. 名师培育，榜样的力量

学员朱艳梅老师拥有11年的高职教学经验，但对中专学生的认知规律、对院校技

能大赛并不熟悉,这使得朱老师的专业能力裹足不前。工作室主持人针对这种情况,精心传授技能大赛的策略和训练方法,增强其对中职学生的认识,最终引导该学员挖掘出"余式"焊接方法的新型教学方式,专业能力大幅提升。

3. 名师平台,激活任务引领型课堂

学员黄艳飞老师进工作室设定的目标就是专注于学生的课堂教学、"提升教育教学水平"、探索微课和翻转课堂在实际教学中的运用、制作一些不同的课堂教育教学手段和模式。工作室给该学员量身定制了诸多课程,内容丰富、形式多样、开阔了视野。

为了提升学生学习自主性,工作室主持人鼓励该学员大胆地借助微信公众平台,根据课堂知识的需求,采用群推送功能发布知识点预习、复习和课后作业等,并在实施过程中得到大部分学生的认可,学生和老师之间的距离越来越近,上课的氛围也和谐了很多。

四、师徒并进,成果丰硕

两年来,名师培育工作精准对接学员发展需求,学员们的辛勤付出结出丰硕的果实,3 名学员获得各级各类奖项共 20 多项。学员们的精彩表现为学校争得了荣誉,值得骄傲、喝彩。

学员们两年的成果获得学校领导、专家的肯定。上海交通职业技术学院鲍贤俊院长评价名师培育工作室项目:要求严、起点高、活动实、聚焦教学、聚焦科研、成效显著。同济大学俞雅珍老师勉励学员们在激发职校学生学习动机和积极性上多下功夫,教学先教人。

名师培育工作室让中职教师从单打独斗到合作共赢,让教学研究从半亩方塘的死水变与时俱进的活水,名师培育机制应该得到推广应用,让教师真正成为学生喜欢的、爱戴的老师。

上海市教委教育技术装备中心赵晓伟总结道:未来,名师培育工作室将继续开展,让一批成员脱颖而出,一批导师更加优秀,一批成果更加红火,探索更健全的名师成长机制。

需求导向　模式创新　整合资源

李立红创业教育名师培育工作室

为充分发挥职业教育教学专家、教学名师的示范带教、科研引领作用，2015 年，在上海市教委职业教育处的指导下，上海市教委教育技术装备中心整体规划、系统设计、试点启动 47 个上海市中等职业教育名师培育工作室，以培养具有教育思想和教学风格的专业领军人才和优秀骨干教师。该项目启动以来，名师培育工作室主持人立足课堂、聚焦教学、搭建平台、整合资源，李立红创业教育名师培育工作室就是其中的典型代表。

一、需求导向，个性培育

主持人通过整合学校创业教育资源、中职生创业企业资源、创业教育领域专家资源等，开出一份囊括了创业课程教学能力提升、创业设计指导能力提升、创业项目评估诊断能力提升等三阶内容的培育“总菜单”，同时为每名学员绘制个人专业发展需求表单，结合其专业背景和特长领域，为每名学员量身打造了定位明确、内容丰富、形式多样的个性化培育方案，截至 2017 年 12 月，该工作室共组织学员参加了 76 批次，共计 390 学时培育活动，包括创业企业考察、创业专题培训讲座、创业企业实地诊断、创业项目评审和学生创业设计、路演、参赛指导等形式多样、内容丰富。

二、“311”模式，过程保障

3 名导师——针对学员需求每人配备 1 名，来自上海市人社局领导下的创业指导中心专家团，具有丰富创业指导实践经验的导师，全程陪同指导学习。

1 个平台——共享创业教育资源课程资源、政策资源、企业资源、活动资源、创业服务资源等多元合一，帮助学员全面获取学习资源。

1 个团队——工作室主持人和学员共同组成开发团队，边学习边参与“创业教育”市级精品课程开发，将培育过程和内容有机整合形成成果，帮助学员系统梳理学习成果。

三、整合资源，提升实效

1. 整合人力资源，打造发展规划

工作室从申报创立、学员遴选和需求诊断、个性化培育方案的制订到工作室的日常运作，充分调用了创业服务专家、创业企业专家和教育教学专家等人力资源组成专家小组，从课程教学、创业指导、创业实践和创业支持等方面对学员的综合潜力进行了全面评估，针对每名学员的特点，确定了在工作室学习的目标、未来发展的定位和个性化培育规划，并且全程陪同学员学习。

2. 分享内部资源，提升教学水平

主持人分享了积累十几年的创业教育资源：校本创业课程、校本教材、资源库、创业教育指导中心互动平台，学员们可以通过远程平台，随时随地分享这些资源，帮助他们轻松全面地获取创业教育课程资源，有效提升了教学能力。3 名学员目前均获得了上海市人社局创业指导师高级职业资格证书和美国田纳西大学认证 Marketplace Live 创业师资证书。张晨琰老师执教的创业教育课程在 2016 年度，先后获得了上海市中等职业学校教师教学法改革交流评优比赛三等奖和上海市信息化课堂教学大赛二等奖。

3. 共享外部资源，培育创指能力

学校创业教育的最大难点在于学生的实践机会少、教师的实践指导能力弱。主持人合理借助上海市创业指导专家团和浦东新区就促中心创业指导信息交流中心两大团队支持，为学员们获取了更多元的创业指导实践机会，为学员们争取到多次参与园区考察、政策讲坛、创业沙龙、项目大家谈、路演评审、企业诊断等多项创业实践活动，创业指导能力提升显著。在两年时间内，3 名学员累计指导了 23 个学生创业项目，参加各级各类比赛，共获得全国二等奖 1 项，上海市一等奖 3 项、二等奖 3 项、三等奖 5 项，浦东新区一等奖 1 项、二等奖 1 项、三等奖 2 项和优秀组织奖。

4. 助建校本资源，拓宽发展空间

主持人重视学员的校本贡献值提升，将学员服务于输出学校的整体发展和专业建设作为工作室的重要任务之一。主持人带领着学员们在全面获取工作室内外部资源的基础上，尝试校本化的模式复制，在各自的输出学校，结合校本实际积极开展不同形式创新创业教育推进。例如，学员钱维娜老师把在工作室参与的创业实践活动推广到输出学校，组织老师和学生共同开展模拟商业活动，取得良好的效果，学校将该项活动的实录发布到上海职教在线。

学员张晨琰老师将人社局创业项目——大家谈大型公益活动引进到输出学校，吸

引了社会各界的创业者、高校双创教育师生们的热烈响应，这也是该项活动首次进入中职校园。

李晶老师在上海市环境学校各级领导的大力支持下，创立了“乐创社”学生创业社团，开讲了第一堂创业讲座，组建了第一支创业比赛参赛队伍，完成了第一次创业大赛指导，参加上海市“挑战杯”中职生创业大赛的三个项目全部晋级决赛并获奖，一举拿下了上海市一、二、三等奖，取得了巨大突破。

工作室的首批学员在学习期满之前就已超额完成了各自的学习目标，不断结出累累硕果。主持人对掌握的各类资源进行了积极的梳理整合、合理的分配运用、有效的迭代扩展，帮助学员提升创业教育、创业指导和创业服务等方面的综合能力。

工作室带领学员积极反哺社会，逐步参与到创业服务公益活动中，分享自身的资源，不断总结资源整合的实践经验，引领学员践行“共享”理念，主动参与和主导创业教育“资源”的良性循环，产生“雪球”效应，扩大辐射区域。

搭名师培育平台　助数控专业发展

李文权数控技术应用名师培育工作室

优秀教师是职教改革的中坚力量，培养优秀教师，探索优秀教育工作者的培养机制是中职学校和市教委的共同目标。2015 年在上海市教委职业教育处的指导下，上海市教委教育技术装备中心整体规划、系统设计、试点启动 47 个上海市中等职业教育名师培育工作室，旨在培养造就一批卓越教师，培养一批教育家型教师。

李文权数控技术应用名师培育工作室自成立运行两年来，在上海市教委教育技术装备中心的关注和指导下，开展了一系列丰富多彩的活动，借助平台优势实现了资源共享、智慧碰撞升华，达到了全员提升的目标，起到了辐射身边教师的作用。

工作室关注教师自身状况，量身定制培养计划，开展了内容丰富的活动，让学员构建知识体系和人脉资源。学员们在信息化教学设计大赛、市技能大赛、微课制作大赛、班主任基本功大赛等活动中斩获各种奖项，推动了数控技术应用专业教学能力、技术能力的提升，为确立上海市中职数控技术应用专业在全国职业教育中的领先地位增光添彩。

一、遴选可造之才，精准把握症结

为保证学员素质和工作开展质量，工作室在选拔学员时按照“品德好，业务素质高，善于钻研，勤于学习，想做事”的标准，选拔了 4 名数控专业教师进入名师培育工作室。工作室通过对学员的面试，了解学员特点，为学员定制培训计划和带教方案。

1. 了解学员特点，梳理学员需求

美国著名心理学家马斯洛最早在《人类激励理论》论文中提出了需要层次理论，即在不同组织、不同时期的员工以及不同员工的需要存在着极大的差异，而且随着时间的变化而变化。在教师专业发展的不同阶段，不同的教师需要接受的培训也是不同的。工作室为切实做到精细化培养，主持人邀请专家对学员注意面试，分析每名学员的年龄、教龄、优势、不足和特点，针对每名学员具体情况拟定个人带教方案。

2. 培训思路和方法

教师成长应该是全方位，而不仅限于教学和技能，更重要的是现代职教理念的建立，用理念来指引方向和行动。工作室以“师德为先”“学生为本”“能力为重”“终身学

习”这四个方面为指导思想,从“专业理念与师德”“专业知识”“专业能力”三个维度来设计带教方案,具体分解为多个典型的具体项目,包括先进教学理念与教学设计(公开课)、上海市星光大赛与全国技能大赛培训、信息化教学设计、数控前沿技术学习、微课程制作与应用、教育教学论文讲座与写作六个方面具体操作,每个项目在实施过程中,工作室聘请专家进行指导,学员亲身经历,在平台的帮助下达成规划目标实现自身价值。

二、多元活动,全面发展

工作室坚持理论与实践相结合的原则,将理论学习与实践操作融为一体;以项目课题为引领,促进学员专业全面发展,在发展过程中发挥辐射作用,引导教师在解决自身问题过程中实现自我突破。

1. 关注先进技术,开拓教师视野

了解数控专业前沿技术以及发展动态是职业教师必须了解和掌握的。工作室邀请大学教授讲解智能制造数字化工厂的建设,学员多次参观智能制造生产线、参加数控机床展、参观企业等活动,让学员能够站在数控专业发展的前沿,洞悉专业发展动态。

2. 聚焦课堂,提升教学能力

课堂是教师的主阵地,上好一堂课是教师的基本功。工作室通过专项学习研讨、专家讲座、同行交流、公开课实践、专家听课评课等活动,全面提升学员课堂教学能力。工作室的每名学员都至少开设过一次公开课,胡绍华老师开设了市级公开课,取得了良好的效果。

3. 专家指引,提升竞赛能力

专业教师的带教竞赛能力是教师技能水平的重要体现。工作室邀请上海市星光计划优秀教练、裁判为学员讲解教师带教经验;邀请第 44 届世界技能大赛数控车项目中国队专家组长,讲解世界技能大赛的发展趋势。在提高教师专业竞赛能力方面,工作室不遗余力,学员所带学生在市级星光计划、国家技能大赛等比赛中取得优异成绩。

4. 学会思考,提升科研能力

教研教学研究让教师学会思考,用先进的教学理念分析教学问题。工作室邀请大学教授为学员讲解论文的选题与撰写要求,邀请赴德国学习的教师讲解项目教学的心得体会。两年来有 1 名学员在核心期刊上发表了专业论文,有 2 名学员在国家级杂志发表 2 篇论文。

5. 现代信息手段，助推课堂教学

互联网的应用改变了传统教学形式，教师也从知识的传递着变成学生学习的引导者。信息化教学手段的应用，提升了教学效率和改变了教学方法。通过两年的培育，学员赵宏明老师参加了市级信息化大赛并获得一等奖。

6. 微课技术，探索翻转课堂

职业教育教学中很多知识点在讲解过程中并不理想，现代化的教学手段可以很好地展示这些知识点，微课技术就是其中一项。工作室邀请学校知名教师、企业微课技术专家开展微课制作讲座，学员根据自身教学的内容，拍摄 1～2 个微课。学员赵宏明老师参加了市级微课竞赛并获得三等奖。

三、凝聚力量，收获成果

两年来，名师培育工作把脉学员特点，针对性给予培养，在带教名师和学员们的辛勤付出后结出丰硕的果实，如 4 名学员获得各级各类奖项共计 23 项等。在总结会上，各学员所在学校的校长给予了积极评价，学员们有了更加清晰的发展规划，未来会取得更加辉煌的成绩。

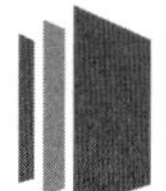

拓宽视野　放大格局——实现“美”的飞跃

李玉美发与形象设计名师培育工作室

《国家中长期教育改革和发展规划纲要》指出要严格教师资质，提升教师素质，努力造就一支师德高尚、业务精湛、结构合理、充满活力的高素质专业化教师队伍。2015年，在上海市教委职业教育处的指导下，上海市教委教育技术装备中心整体规划、系统设计、试点启动了47个上海市中等职业教育名师培育工作室，李玉美发与形象设计名师培育工作室就是其中的典型代表。

美发与形象设计专业蕴含美发、美容、美形等诸多美的元素，是创造美的专业，而教师从某种角度来说也是美的传播者。上海市中职李玉美发与形象设计名师培育工作室聚焦课堂，针对学员特点，一手抓专业，一手抓教学教研，多维度、多角度培养教师，使学员全方位个性化成长。并注重通过工作室的相关活动产生辐射效应。在“拓宽视野，放大格局”这一宗旨指引下，带领学员再上台阶，共同实现“美”的飞跃。图1为上海市中职李玉美发与形象设计名师培育工作室带教计划思维导图。

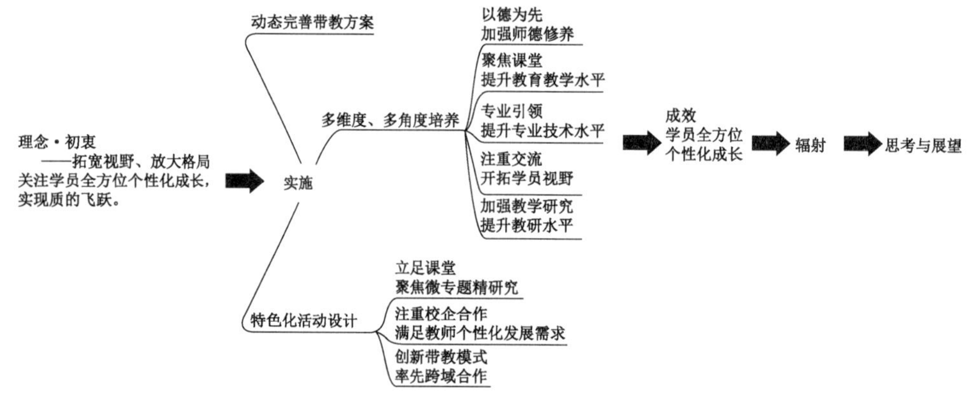

图1　带教计划思维导图

一、梳理需求，动态完善带教方案

工作室组织学员结合自身实际和发展需求，拟定年度发展规划，并据此进一步制订最基础年度“五个一”带教方案——一篇论文或一个课题、一本教材、一次校企合作专业活动、一次带教学生参赛活动、一堂公开课。在执行过程中注意结合学员实际完成情况和逐渐显现出来的个性化发展趋势，对方案进行微调，使方案的设计更符合学员个性特

色和专业教学发展需求。

二、立足课堂，多维度、多角度培养

1. 以德为先，加强师德修养

联合心理工作室面向不同工作室甚至协作组共同开设教师形象设计和教师心理健康类讲座，打破专业工作室界限由内而外全方位提升教师素养。

2. 聚焦课堂，提高教育教学水平

课堂永远是教师的主阵地。两年的名师培育工作，引领学员们不断提炼教学风格，带来学员教学能力质的飞跃。赵欣参加上海市教学法评比荣获三等奖，张晓燕老师开设了市级公开课，展现出工作室的带教成果，并取得了良好的示范效果。

3. 专业引领，提升学员技术水平

对于名师工作室而言，专业引领决定着名师工作室的先进性与学科品位。其间，特邀美发大师、国内著名特效化妆造型师、上海戏剧学院教授分别开设盘发造型艺术、特效化妆造型艺术讲座。特效化妆造型艺术讲座特别对高科技信息技术在化妆领域的广泛应用进行详细介绍，开阔了学员的眼界。

4. 注重交流，开拓学员视野

名师培育工作室第四协作组注重团队协作，资源共享。2016 年，第四协作组组织工作室赴职业教育较发达的成都和重庆进行为期 5 天的调研学习，感受职业教育的发展，开拓学员视野。

5. 加强教育研究　提升教研水平

教育研究是名师工作室生存的重要依托。由于工作室的成员来自不同学校，因此课题研究者必然以校本教研为基本形式，分散在各校独立开展研究。在工作室的统一部署下，定期集中。例如，上海市双证融通美发与形象设计专业教学文件修订工作正是通过这种方式完成的，起到了很好的效果。

三、特色突出，关注学员个性化成长

1. 学员主体，聚焦微专题精研究

以学员为主角，导师通过一节“艺术性实践操作课”对教学进行共同探索和讨论，并

请专家指点迷津。这次活动充分体现了专家指导下的学员主体这一原则和特色，是一次非常实在、高效的针对性带教活动。活动主要是围绕工作室学员张晓燕老师公开课展开，通过对“美瞳线的画法”这一微课题进行细致研究，针对学员特点，提升学员教学教研综合水平。

2. 注重校企合作，推进和行业深度融合

职业教育不能脱离行业，需要与专家近距离接触，与最新技术近距离接触，与时尚讯息近距离接触，使专业教学时刻与新技术新理念发展保持同步。工作室组织带教学生同台竞技，带领学员与行业精英同台献演……多次活动使大家开阔了视野，对国内国际行业发展有了全新认识，同时对专业课程设置和课堂教学内容更新大有裨益。

3. 创新带教模式，率先跨域合作

李玉名师工作室不遗余力地为名师成长创造条件，在协作组的支持下，率先跨域合作，在不同工作室之间的交流中，不断取长补短、相互促进、共同提高，丰富名师成长的阅历。

四、共同成长，成效显著

李玉美发与形象设计名师培育工作室试点期间，实现了资源共享、全员提升、个性化成长的初衷。工作室根据学员发展需求量身定制了50多次形式多样、内容丰富的活动，聚资源、搭平台，让学员有更广阔的发展空间。学员们在信息化教学设计、教学法评优活动、技能大赛、校企合作专业展示等活动中，摘金夺银，充分体现专业素养，推动了专业教学能力的提升，促进了课程改革和专业建设与发展，为确立上海市中职美发与形象设计专业教学在全国职业教育中的领先地位增光添彩。带教过程中，带教导师时而是专家，时而是学生，时而是管理者，时而是策划者。随着角色转变，工作室主持人的综合能力在潜移默化中得到提升。

五、借助平台，增强示范辐射效应

1. 扩大各界专业认知度

2016年年底，上海商学院高等技术学院人物形象设计专业、上海市李玉形象设计名师培育工作室、王忠园林园艺名师培育工作室联合举办创意设计作品展及造型秀。工作室学员带教学生优秀创意设计作品展示，旨在开发学生创造性思维，带动相关专业教师共同进步。此次活动得到上海市经信委党委领导、上海市教委专家及高校教授等多方关注和支持，提升了专业学生及各界对该专业的认知度。

2. 校企合作，同台献演

2017 年 11 月，李玉彤设工作室受邀参加上海国际美容节时尚秀演出，同业内精英同台献演。创意造型、专业素养得到行业人士一致好评，在行业里进一步扩大了影响力。不仅如此，上海时尚频道和看看新闻还报道了此次活动，辐射面广，成效显著。

3. 带教学生，走向世界

2016 年，工作室组织带教两名学生在韩国首尔 OMC 世界美发大赛中，勇夺第一名和第二名，使该专业走向国际，为国争光，显示了专业实力。

激发教师职业热情，培养出更多真正对社会有用的优秀人才，走向世界，实现“美”的飞跃。这正是名师培育工作室存在的价值之一。

目标引领　成就激励　自主建构

廖敏职业生涯规划名师培育工作室

2015 年,在上海市教委职业教育处的指导下,上海市教委教育技术装备中心整体规划、系统设计、试点启动了 47 个上海市中等职业教育名师培育工作室。在上海市教委教育技术装备中心、上海信息技术学校、上海市房地产学校和上海市现代职业技术学校的大力指导与支持下,廖敏职业生涯规划名师培育工作室建立已两年有余。

工作室初步探索出一条目标引领、成就激励、自主建构相结合的职业生涯规划名师培育模式。一支具有较高教学科研能力和敬业精神的优秀教师团队已初具雏形,在全国文明风采大赛职业生涯规划、上海市创新创效创业等竞赛以及上海市职业生涯规划课程改革与建设中起到了引领和示范作用。

一、拥有独立思想及明确目标,不断追求自身价值与幸福

1. 纳百家之长以厚已,工作室成员们通过走进高校和企业、走访同行和大师,不断增长眼界与学识,提升对职业生涯规划的认知

工作室成员走进高校和企业、走访同行和大师、聆听诸多报告与讲座。例如,在全国生涯教育峰会上,职业生涯规划泰斗级专家蒋乃平老师的职业生涯本土化讲座,使学员们反思生涯教育的本土化方向;台湾林宏茂等专家的焦点解决讲座,引导工作室成员思考生涯教育如何才能彰显人的价值,发掘人的潜力,实现人的自由发展;清华大学艾四林院长的思政理论课教学模式创新讲座,教会学员任何教学模式的创新都是必需的,创新永远在路上。

通过多元化、高水平的培训以及与一流学者的交流探讨,有效提升了工作室成员的专业眼光、专业品质。

2. 通过经验共享、目标引领,打造各自的梦想清单,充分激活人生,让自身变得更加丰富而深刻

在工作室这一学习型组织中,成员们不仅提高了对职业生涯规划教育的认知,更是潜移默化地提升了价值追求。两年来,工作室主持人廖敏老师从全方位、多角度提出明确的任务与要求,根据个性化培育方案,每名成员打造了各自的梦想清单,有人期望辅导出更多的获奖学生,有人力争自己参赛能出佳绩,有人在努力成为双师……

目标和任务成为成长的动力，探索与实践成为成长的体验，在互相激励与竞争中，学员的人生充分激活。表 1 为学员取得的成果。

表 1　　**学员取得的成果**

内容	廖敏	卢吉	乔瑾	董忠云	合计
课题研究	1	3	2		6
教材出版	2	1	1	1	2
微课制作	24	7	7	12	50
论文发表	2	3	2	3	10
公开展示	2	2	2	1	7
参赛获奖	11	10	3	3	27
读书心得	2	6	8	6	22
宣传报道	4	8	2	8	22
评优考证	1	2		1	4
合计	42	42	27	35	150

二、激发工作动机，突破能力的边界，完成自主建构

1. 明确角色定位，适应斜杠身份，在赛中练，做中学，在职业生涯教育实践活动中，不断地提升教学技巧与智慧

工作室一直采用目标引领、成就激励、自主建构的培育模式，通过不断地确立目标，施加压力，触摸能力的边界，促使自身价值最大化，并相互影响与感染，形成正向循环。人生的边界往往是在不断努力与追求的过程中被突破。主持人引导学员明确角色定位，在课堂是导师，在赛场是教练，在咨询室是指导师，在镜头前是演员，在行政岗位是管理者。两年来，工作室成员不断拓展着职业生涯教育的途径，竞争力和影响力得到极大地锻炼与提升。表 2 为学员各类竞赛获奖情况。

表 2　　**学员各类竞赛获奖情况**

序号	各类竞赛获奖情况	最高奖项
1	全国文明风采大赛职业生涯规划	一等奖
2	全国职业院校微课大赛	一等奖
3	全国学校共青团优秀研究成果	一等奖
4	上海市创新创业创效大赛	特等奖
5	上海市中学生时政知识竞赛	一等奖

（续表）

序号	各类竞赛获奖情况	最高奖项
6	上海市教师教学法改革交流评优活动	二等奖
7	上海市中职学校信息化教学大赛	二等奖
8	上海市中小学时事课堂教学展示评优大赛	三等奖

2. 感染、激发、引领，这是一个浸润的过程，也是成员们两年来奋斗历程的印证。明确教学追求，彰显专业成长，完成自主建构，是成就名师的必经之路

工作室成员们通过明确的目标引领，成就激励，加强了对职业生涯规划地理解与思考，提升了职业生涯教育的能力，体验了自我建构与自我发展的幸福。学员敢于突破自我，不断寻找能力增长点，虽然自主建构、不断修正的过程很辛苦，但也带来新的超越，成就新的精彩。表3为学员发表的论文与出版的教材。

表3　　学员发表的论文与出版的教材

序号	发表论文与出版教材
1	《TAFE SA教育模式对我国中职教育的启示》
2	《面向精准诊断的教学体征状态系统开发与应用》
3	《中职学生职业素养的培养目标与策略》
4	《参与式互动教学在中职德育课中的实践研究》
5	《微信教学模式在中职德育课中的实践运用》
6	《中高职学生生涯辅导的困境与突围路径》
7	《自由何以可能？解析规矩中自由的对立统一》
8	《试论共同理想的当代价值意义》
9	《准确把握学情　构建有效课堂》
10	《用真情和爱托起民族教育的明天——青海果洛民族班学生培养探索与成效》
11	《创新创业教育读本》（教材）
12	《职业指导》（教材）

稻盛和夫在《干法》一书中把人分为可燃型、不燃型和自燃型三种，并认为要想成就某项事业，就必须成为热爱工作、能够自我燃烧的人（简称自燃人）。自燃人能自发地积极主动地去工作，并影响周围的人，成为团队前进的发动机。廖敏职业生涯规划名师培育工作室的成员们就是这样一群携手相伴、锐意进取、行走在名师培育之路上的自燃人。

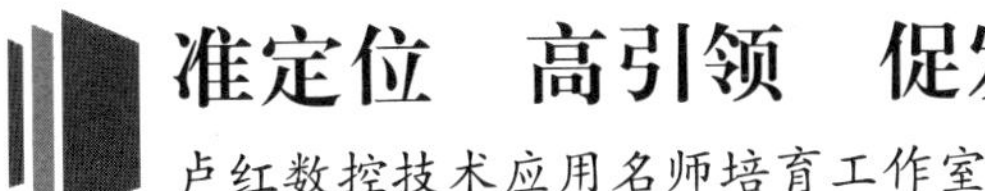

准定位　高引领　促发展

卢红数控技术应用名师培育工作室

为进一步加强中等职业学校优秀教师队伍建设，促进教师专业发展，打造师德高尚、素质优良、结构合理、特色鲜明的教师队伍，2015 年，在上海市教委职业教育处的指导下，上海市教委教育技术装备中心负责规划管理下，47 个名师培育工作室相继成立。其目的就是想通过建设和发展名师培育工作室推进名师引领、立足实践反思、加强团队合作，加快优秀教师的发展，培养出一批有教育思想、有教学风格的专业领军人才和优秀骨干教师队伍，形成以名教师为核心的高层次优秀教师团队，带动本市中等职业学校教师整体素质的提高，促进教学工作深度发展。

卢红数控技术应用名师培育工作室成立两年来，工作室定期举办专题讲座、业务技能培训、听课评课、课程资源建设等形式多样的活动，多角度、多方位挖掘学员个人优势，取长补短，全面带动学员积极参与到活动中去，通过磨炼提升成员的专业水平。

一、精准定位，打造一流团队

工作室共有 4 名成员，全部本科及以上学历，高级教师 2 名，骨干教师 2 名，高级技师 1 名，学科新星 1 名，都有较强的教科研及技术研发能力。工作室成立以来，一直秉持“求真、务实、向善”的风格，形成“勤思、乐学、笃行”的室风。立足学员需求，精准规划工作室学员个人发展规划，精心策划工作室活动，力争精确定位工作室各项工作，尽可能让学员得到充分发挥。

二、制度保障，推进工作室工作

切实以《名师培育工作室建设工作实施方案》《名师培育工作室建设经费管理及使用办法》等规章制度为依据，对工作室的设立、运作、管理及考核等方面加强管理，落实活动场地及经费，明确建设目标和发展思路，为工作室的内涵提升打下坚实的基础。

三、开阔眼界，完善职业理念

作为教师，一定要善于多听、多看、多写，多想。阅读应该是老师每天的必修课。两年期间，主持人给学员制订阅读计划，要求撰写读书心得和体会，结合报告书写感想并进行交流。同时，组织邀请专家作专项讲座和培训，从职业素养入手，完善职业理念，明确职业目标，培养良好的师德形象，了解专业前沿技术，精确定位自己，提高专业竞争力和专业内涵。

四、丰满羽翼，提高专项技能

教师质量是教学质量的保证。随着社会经济的发展，教师必须紧跟时代的步伐，牢固树立与时俱进的思想，秉承"活到老，学到老"的学习精神，拓宽自己的教学业务能力和专项技能。

两年期间，为更好地为学员搭建平台，举行工作室技能专项培训 3 次，分别是 3D 打印机安装和调试、三坐标培训和中望 CAD 软件应用培训；举行信息化教学能力专项提升培训举行一次。工作室主持人一直坚持"以人教人，以人优人"的理念，采用"走出去"和"请进来"的方法，创建平台让老师们获得来之不易的学习机会，领略外面世界的精彩，在快乐中学习和提高。

五、切磋交流，提升教学水平

课堂教学是每名教师的本职工作。课堂教学质量是学校教学质量的生命线，回归课堂就是回归本位。卢红数控技术应用名师培育工作室主持人用实际行动带领学员们一起努力奋进。作为主持人，身教胜过言教，如用实际行动向学员们展示教学风采，树立榜样示范作用。学员开课之前，主持人都会关心到位，与学员一起修改教案，完善 PPT 课件，修改微课脚本，一稿、两稿……直到满意为止。两年来，校级及校级以上公开课累计 7 次。

六、优势互补，开发科研项目

两年来，工作室积极发挥学员优势，取长补短，进行课题研究、教材开发、微课制作、课程资源项目建设等科研工作。其中，课题研究 2 个、教材开发 5 本、课程资源建设 2 门、微课作品 12 个。

七、参与大赛，提升实践技能

大赛是历练教师最好的舞台，也是检验教师能力的体现。工作室主持人积极鼓励学员参加各种各类的比赛，在比赛中锻炼自己、证明自己。

两年来，工作室的成员们互相激励、互相提升，各自在自己的领域有了很大的突破，

成绩显著，获得了省市级一等奖3次、二等奖3次、三等奖1次、优胜奖3次，其他区级或校级奖项若干。

职业教育的舞台很大，相信每名教师在各自的工作岗位中一定能创造属于自己的辉煌，成功一定会给有准备的人，职教名师就在我们身边。职教之路一定越走越好，越走越远！

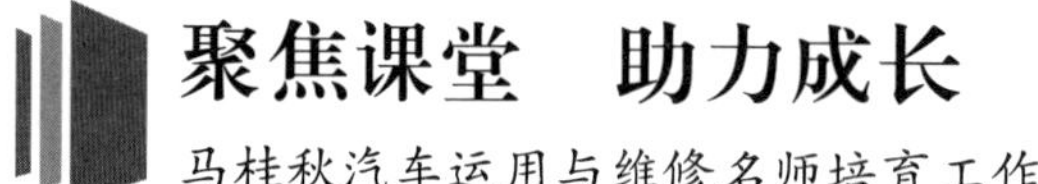

聚焦课堂　助力成长

马桂秋汽车运用与维修名师培育工作室

为进一步发挥上海市中等职业学校优秀教师的示范、引领与辐射作用，在上海市教委职业教育处的指导下，上海市教委教育技术装备中心在2015年启动了上海市中等职业教育名师培育工作室工作。通过建设和发展名师培育工作室推进名师引领、加强团队合作，形成以名师为核心的高层次优秀教师团队，带动本市中等职业学校教师整体素质的提高，为本市中职教育的科学发展提供强有力的师资保障。

一、认真遴选，好中选优

2015年11月，由上海市交通学校、上海市教委及行业和企业的具有先进的职业教育教学理念和汽车专业技能专家组成团队，遵循好中选优原则，遴选出来具备一定的理论素养、强烈的专业发展愿望与要求的学员，组建了马桂秋汽车运用与维修名师培育工作室。

二、个性化发展，共同提升

1. 方案制订：制订名师培育工作室培养方案

根据学员实际和发展需求拟定培养方案，包括工作目标、培养措施、预期成果、进度安排以及考核评价等内容。研究每名学员的特点，分析每名学员不同需求，制订不同带教方案，执行共性与个性化带教，求得共同发展。

2. 专项培养：加强教育教学的研究与实践

基于职业教育教学工作实际设计教育教学专题或教师教育专题，加强问题导向的教育教学工作研究与实践，不断创新教育教学方法，提高学员的教育教学和研究能力，提升学员教科研能力是汽车运用与维修名师培养工作室的共性的培育方案。两年来，汽车运用与维修名师培养工作室导师带领学员一起完成了市级、区级、院级、校级各种不同课题，通过专项课题研究，提高了学员的科研能力，教学能力也得到提升。

三、聚焦课堂，助力成长

1. 资源建设：加强课程与教学资源建设

发挥名师培育工作室自身资源优势，加强课程与教学资源的设计和开发，不断更新、丰富教学资源。汽车运用与维修名师工作室完成了新能源汽车专业核心课程“电动汽车结构与控制基础”教学资源建设，编写了教材《电动汽车结构与控制基础》，制作教学课件、拍摄教学视频、编写课程标准、试题库等资源建设；完成了中高职贯通汽车专业人才培养方案和汽车专业教学标准的完善修改。

2. 聚焦课堂，助力成长

倾听专家专题讲座、开展教学研讨，深入钻研教材，课程标准，研究教法，体会新课程的性质、价值、理念，提高学员的业务能力。心中有课标，是一个老师上好课的前提。通过观看相关专业学科优秀课堂教学视频，讨论总结优秀课堂的教学方法和特点，把理论与实践结合进行研究。听课、评课，提升学员专业知识、教学方法、教学技巧，以及一些难得的教学经验，助力导师学员共同成长。

四、专业技能，国际认可

参加各类新能源汽车技术理论和技能培训，提升了学员新能源汽车专业的理论知识和专业技能。工作室利用教委资源，组织学员赴英国参加“IMI 轻型车辆保养维修国际三级职业资格”培训学习，成绩优异，得到英方老师的好评，顺利取得“IMI 轻型车辆保养维修国际三级职业资格”证书。2017 年 9 月，4 名学员参加中德职业教育汽车机电项目 SGAVE 认证，取得考官资格。

五、搭建平台，学习交流

汽车运用与维修名师培育工作室，是一个团结合作、乐于学习的团队。每名学员都是学校的青年骨干教师，都有丰富的教学经验，都是汽修行业中的能手，具有非常突出的专业能力。因此，定期的工作室活动，让学员聚在一起，通过交流、学习、讨论相互取长补短，互相提高、共同进步，提升学员教学工作的信心。同时，学员在这里建立起来的友谊更是一种无价之宝，在以后相互间的工作交流留下更为广阔的空间。

六、师徒共进，硕果满满

1. 科研课题，获得成果

导师带领学员一起承担完成上海市高职高专教改课题“汽车运用与维修技术专业现代学徒制人才培养模式研究”、上海交通职业技术学院“技能型创新人才培养的方法与途径研究”“创新型课堂教学方法研究”课题研究等。

学员刘华锐老师参与“循环教学模式在汽车维修教学中的研究与实践”项目和独立完成“基于微课设计和教学的中职汽修专业教师专业能力培养的实践研究”课题；谢逸卿老师申报并完成区级课题“在中本贯通背景下对新型人才培养模式的探索”；徐之立老师撰写的论文《探索汽车电路识读的教学方法》，发表在《虹口教育》杂志，等等。

学员徐之立、谢逸卿老师参与编写了上海市中职学校“双证融通”典型案例，由华东师范大学出版社出版，并编写了校本教材《汽车机械系统检修》。

2. 教学竞赛成绩突出

在这两年中，汽车运用与维修培育工作室 4 名学员教师，分别参加了青年教师教学法评优和上海高校青年教师教学竞赛并取得一、二、三等奖的好成绩。例如，缪巧军老师参加上海市 2017 中职信息化教学技能大赛，获得一等奖。

3. 名师高徒，技能大赛双获奖

两年里，4 名学员教师参加各种技能大赛和指导学生参加技能大赛双双获奖。2017 年 4 月，徐之立老师获得上海市第七届星光计划汽车运用与维修专业教师组比赛一等奖；2017 年 11 月，缪巧军老师参加第五届“中华杯”发动机拆装技能大赛，获二等奖；2017 年，谢逸卿老师指导汽修组学生参加了第七届“星光计划”技能比赛，两个参赛项目都荣获了一等奖。

七、不忘初心，继续前行

名师工作室为学员搭建了交流、学习的平台，所在学校为学员提供发展空间，学员也在各自的学校发挥名师作用和示范效应，取得了很多成绩，前行的路还很长，要坚定目标，不忘初心继续前行。

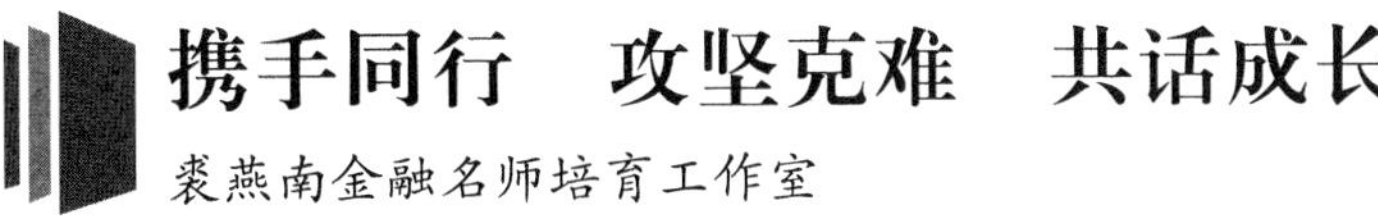

携手同行　攻坚克难　共话成长

裘燕南金融名师培育工作室

教师在教育过程中的地位和作用是不可替代的,职业教育的发展需要一支优秀的教师队伍,而教师的专业成长需要平台、氛围、机会。2015 年,在上海市教委职业教育处的指导下,上海市教委教育技术装备中心整体规划、系统设计、试点启动 47 个上海市中等职业教育名师培育工作室,旨在发挥名师引领作用,促进优秀教师的成长。

裘燕南金融名师培育工作室在两年内,打造学习共同体、集聚优势资源、聚焦金融专业发展、聚焦教师专业成长。上海市南湖职业学校、商业会计学校、浦东外事服务学校和第二轻工业学校 4 所学校的金融骨干教师牵手成功,将目光瞄准了金融专业建设,携手同行开始了一场专业建设的探寻之旅、自我建构的专业发展之路。

一、基于需求,共性中显个性

主体性是教师专业发展的根本动力,工作室梳理需求,明晰想法,激发教师成长的内驱力。学员教师在谈及需求时,一致地提到了金融专业的课程体系、金融专业的发展方向。

工作室直面金融专业的发展困境,找寻突破口,引领金融事务专业的发展作为共同目标。在确定共同目标的基础上,根据学员的基础和能力,树立系统规划意识,制订个性化带教方案,从专业建设、课程建设、教学实践和科研等方面着手,发挥特长,促个性化成长。

二、基于发展,挑战中寻机遇

作为名师培育工作室的学员教师,已经完成了新手教师、骨干教师的阶段,培育的是具有教育思想和教学风格的专家型教师。这类教师应该是“引领变革”的人。专业建设是教师专业发展的基石,为此,学员教师挑战金融专业发展难题,在自我挑战中寻求发展的机遇。

近几年,金融行业的变化可谓翻天覆地,互联网金融新业态的兴起让消费者习惯了方便、快捷、个性化的金融服务,金融科技迅猛发展驱动金融业务转型发展,数据显示金融专业的学生 90%以上选择升学。在这样的背景和现状下,目前金融专业培养目标是否适应行业的发展趋势,是否适应学生的发展需求,课程体系是否反映了新业态,教学内容是否融入了新知识，带着这样的疑问，工作室老师们开始了互联网金融落地于课程体系之中的探索之旅。

两年来，工作室开启了传统金融与互联网金融的对话，走进互联网金融企业房金所了解人才需求；开设互联网金融专题研修，形成独到见解；参与互联网金融实训平台“牛了么”的建设过程；编写教材《互联网金融基础》，实现零的突破(图 1)。

两年前，互联网金融在金融专业的课程体系中还没有踪影；两年后，上海市开设金融专业的 4 所学校都已经运用互联网金融的思维对于金融专业开始了课程改革，两所学校已经开设互联网金融课程，另外两所学校纳入课程教学计划之中。

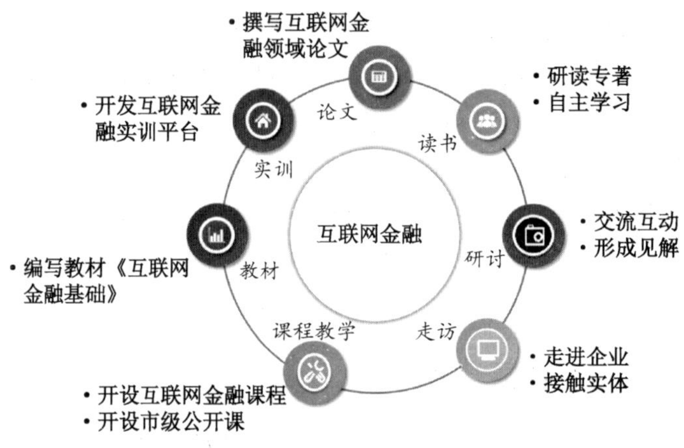

图 1　工作室搭建的平台

在工作室搭建的平台上，学员们发挥自己的特长，撰写了 3 篇互联网金融领域的论文，分别为《我国互联网保险发展中的问题及对策研究》《论互联网金融背景下商业银行业务模式创新之道——以互联网银行业务模式为比较基础》《运用大数据理念市场营销教学实践研究》。开设了 3 节市级公开课，分别为“奖励式众筹”“基于用户画像制订信用卡个性化营业推广方案”“你的梦我来圆——奖励式众筹”。

三、基于拓展，聚散间搭平台

工作室主持人集聚优质资源，为学员的成长、名师的培育提供土壤。两年来，工作室共组织活动 63 次，开阔眼界，提升格局。活动类型包括职业教育宏观、教育科研方法、读书研修、企业调研、信息化教学、教学法优质课研讨、课程开发、教材编写。通过工作室的平台，把市级专家、高校学者、行企管理者、学校的领导和教师、各学校同行之间联系在了一起。

同时，工作室发挥金融教师的专业优势，为青少年带去实用、丰富的金融知识，举办为提升金融素养而开展的财经素养种子行动，与公司合作开发财经素养系列课程。

一方面利用公司的平台向全国推广，播撒财经素养的种子，发挥普惠金融的作用，

发挥工作室的辐射作用。另一方面,通过课程开发提升教师的课程设计开发能力,找到更好的激发学生学习兴趣的教学模式。在课程开发的过程中,工作室运用互联网思维对教学设计进行重构,转变教学观念,引导学员对于重视对信息化教学的思考。

四、基于合作,团队共成长

职业教育的发展需要教师走在前头,教师的发展才能引领学生的成长。在学校,同学科同专业的教师相对数量少,很难就同一个领域或课题展开试验、讨论和研究。名师培育工作室把各校优秀的教师聚集在一起,构建学习共同体,改变了学校间相互独立的状况,形成了合作共进的氛围,相互学习,分享经验,共同提高。

工作室里,既是师徒关系,又是伙伴关系,还是战友关系,这种关系改变了工作环境,唤醒教师追求“卓越”的自觉,促进了教师的专业发展。

两年来,工作室开发 2 门财经素养系列课程;撰写 4 本对接新课标、新业态的任务引领型教材;开设 5 节公开课,其中 2 节获上海市第七届教法评优三等奖,2 节为上海市市级公开展示课;发表 5 篇关于互联网金融和信息化教学的科研论文;完成市区课题 4 个;指导学生 15 人获国家级,市职教集团、省级联赛等奖项。

金融名师培育工作室两年来的成果表达了一种态度:认真做人、踏实做事。传承了一种责任:为培育更多的职教名师搭台铺路。养成了一种习惯:学新知、常反思、勤提炼。

寻源搭台诊断　开拓修正提升

任玉芬德育名师培育工作室

为加快优秀教师培养，探索优秀人才成长机制，培养具有教育思想和教学风格的专业领军人才和优秀教师，2015 年，在上海市教委职业教育处的指导下，上海市教委教育技术装备中心整体规划、系统设计、试点启动 47 个上海市中等职业教育名师培育工作室，该项目启动以来，名师培育工作室主持人立足课堂、聚焦教学、搭建平台、整合资源，帮助青年教师快速成长。任玉芬德育名师培育工作室就是其中的典型代表。

任玉芬德育名师培育工作室，主攻班主任培训，在两年的时间里，工作室对学员进行德育理念教育，开展德育实践活动，学员得到了优质成长。

一、胸怀培育，加强情感教育

班主任工作室是面向学生的工作，打造有灵魂的班级需要班主任的胸怀和情感，对学员进行胸怀教育，是工作室的第一要务。

1. 补短板，需求＋要求

根据学员的个人需要，分析工作室的主攻方向，对学员进行分析，明确“困而知之”便有了“博学之，笃行之”的做法。进行理论讲座，用跨文化理论，在文化冲突中，增强教育的敏锐度，建立起班主任的大格局大胸怀，修正自己的偏见和主观。要求学员管理班级要关注班级的精神命脉，对学生负责。

2. 植修养，责任＋态度

做人的工作，要具备一定的责任意识，面对做学生的工作，更要具备一定的使命意识，对学员进行班主任修养教育，是工作室的一项重要工作任务。为此，工作室进行经验交流、进行理论讲座、进行国学学习、探索传统、学习优秀班集体案例。

二、寻源搭台，拓展思辨视野

工作室的功能之一是培养。高品质的培训资源，应该是工作室存在的意义，寻找高品质的理论和实践资源，成为工作室的常规工作。

1. 上海源，高校＋教授

工作室的12个理论讲座，培训师来自上海职教理论研究专家和班主任实践专家，学员孜孜以求，如饥似渴，德育原理。高端前沿的教育理论，拓展了班主任学员的视野，使学员具有了“审问之，慎思之，明辨之”的学习态度和学习修养。

2. 省外源，交流＋学习

在协作组的安排下，工作室带领学员来到著名企业和很好的职业教育学校参观学习。学习了先进的理念，学到了做事的方法。工作室之间的交流，也不仅是47个之间，省外的德育工作室也到任玉芬德育名师培育工作室进行经验交流，学员们感受到了工作室平台的辽阔。

三、病理诊断，提升处理细节能力

班主任工作涉及方方面面，工作方法也是仁者见仁，智者见智。因为每一个学生都是个体，每一个班级都有特点，对于班级管理，要“因材施教”。了解工作中的困难，解决管理中的难点，是工作室的任务之一。

1. 初诊，了解＋线索

学员工作中的案例存在个体意义，但也存在有效方法的普及。为此，工作室采用对学员案例初诊的方式，诊断案例的病源，互相提供解决病症的线索。

2. 会诊，认识＋配方

工作室搭建平台、组织专家，为学员案例进行会诊。专家逐一开出配方，4次会诊，专家的中肯意见，让学员备受感动，提升了处理班级学生细节问题的能力。学员在专家会诊的基础上，共发表了6篇论文，主持人也发表了《名师工作室功能初探》和《骨干教师走向名师的必由之路》两篇论文。

四、多元展示，引导活动能力

工作室平台，不只是学习理论和写作能力提升的平台。学员发表论文、工作室课题获奖，只是个人素养提升的一部分，班主任工作能力方面的提升，要看如何规划具有高水准的班级活动，是否具有计划能力、协调能力、指挥能力、掌控能力，所以，学员的能力提升，必须通过实战来体现。

1. 演讲汇报，思路＋表达

工作室组织3场汇报式演讲，旨在测量学员的教师基本功。第一场到第三场的演讲式汇报，学员进步之大，令人欣慰。

2. 公开班会，组织＋落实

工作室组织2个公开课的展示，旨在要求学员观摩课程内容、主题班会内容安排的逻辑性、考量学员的组织教学和落实方案的能力。学员俞露的“一碗阳春面”展示了学科德育的渗透力和契合性，李婧的政治课展示了设计落实的力度。

3. 场地更换，格局＋规划

工作室组织的大型德育实践主题教育课，旨在考察学员的教学能力和综合素养。工作室设计了走进艺术宫德育主题教育活动，活动设计更换场地，学员们在活动中，更新了设计、突破了格局、丰富了内容、变化了教学方法、完好地展示出自己的综合素养。5名教师、5个课题、5所学校学生同时展示，这是一个工作室成功的教学活动。

大型的德育主题教育活动，让社会看到了一个工作室给人们带来的巨大力量。任玉芬德育名师培育工作室策划的活动产生了巨大的社会反响，工作室的价值在实战中得到了认可。

不是一个人在战斗

茹秋生机电技术应用名师培育工作室

2015年,在上海市教委职业教育处的指导下,上海市教委教育技术装备中心整体规划、系统设计、试点启动47个上海市中等职业教育名师培育工作室。茹秋生机电技术应用名师培育工作室不忘初心,坚决贯彻执行市教委和市教委装备中心的规划和设计,在精心制订学员培育方案、科学制订活动计划基础上,认真组织了有助于名师素质提升的各项活动,使学员开阔了眼界,专业技能和专业水平也有了快速提升。

通过培育,学员的教科研能力、竞赛指导水平、教学资源建设、专业技能水平等方面取得了较大的进步,教学质量得到明显提升,进步速度明显优于其他条件相当的老师,获得了学员校领导的高度认可。工作室的一系列培育活动,坚定了在名师成长大道上阔步前进的信心和决心。

一、量体裁衣,聚焦培养

该工作室为学员制订培育方案原则:量体裁衣,各有侧重,补短板,拓思路。

根据学员的特点,工作室采取了多种方式和多种渠道为学员制订了符合发展的培养方案。具体采取的措施如下:

(1) 采取集中交流、单独交流、电话、E-mail、微信等形式与学员沟通,就培养的想法和意愿达成初步的目标;

(2) 请校外专家包括企业专家就培养方案提出意见,进行完善和补充;

(3) 请职教专家就培养方案提出意见。

通过上述一系列的措施,该工作室为3名学员量身制订了针对性的培养方案。

二、目的明确,精心安排

制订工作室活动计划是名师培育工作的关键,该工作室在制订活动计划时主要考虑了以下原则:

(1) 活动有针对性,针对学员的发展规划,保障活动能够持续聚焦学员的发展;

(2) 参加能够有效提升课堂把控力和专业技能、在国内反响较好的培训,通过培训能够有效拓宽视野,弥补短板;

(3) 活动经常邀请一些资深和优秀的职教专家和企业专家对培育活动进行指导,

学员可以快速提高；

（4）他山之石，可以攻玉，经常组织一些工作室的联合活动，相互交流工作室培育心得，相互之间取长补短，包括听课、说课、课程资源建设等。

三、认真实施，总结提高

两年多来，工作室共组织各种活动 56 次，其中工作室联合活动 6 次，专业技能培训 6 次，教学理念及方法培训 3 次，市级公开课 2 次，外出交流 5 次，企业实践 6 次，工作室单独活动 37 次。工作室活动情况统计见图 1。

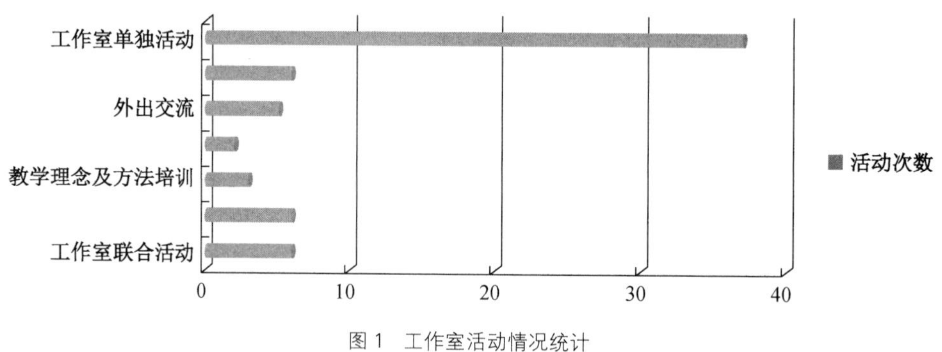

图 1　工作室活动情况统计

1. 工作室之间联合活动相互取长补短

为了更好地提升工作室的培养效果，工作室联合宋利明和周红机电技术应用名师培育工作室建立了合作机制，联合开展了一系列项目化教学的设计、说课交流、课程资源建设等活动。

2. 外出交流学习取经

针对性的交流学习，相互取长补短对工作室的培养工作事半功倍。工作室先后多次到一些省市兄弟院校就课程设置、专业资源建设、一体化教学研究等方面进行学习和交流，通过交流深化了理念，拓宽了思想。

3. 工作室深入企业实践与学习

工作室组织学员多次赴企业学习和调研，由于学习和调研的项目和专业结合较紧密，不仅丰富了学员的感性认识，更让学员了解应当如何将专业的实践知识融入日常的教学中。通过学习，收获满满。

4. 工作室针对性的培训和培养

（1）工作室通过一系列的培育活动，请企业专家和领导为学员讲述工匠精神、精益

求精精神。通过活动,工作室学员牢固树立了匠心育人的思想和理念,纷纷表示将把匠心精神引入到以后的教学中。

(2) 工作室非常注重学员教学能力的提升和培养。工作室主持人多次去学员学校进行学员的听课和说课活动,在活动过程中,工作室也邀请学员学校的老师和领导一起对学员的授课进行讲评。

(3) 充分发挥工作室主持人的特长,主持人全程指导学员带教技能竞赛和信息化教学大赛,并获得了较理想的成绩。

(4) 对工作室学员科研方面的需求,工作室总是尽其所能提供帮助和支持,一起讨论项目中遇到的问题、一起修改和完成论文、一起合作完成项目。

四、春华秋实,成长收获

两年来,工作室硕果累累:开发完成一套国内仅有的医药器械专业信息化教学平台,完成较高质量的课程资源建设 28 个,开发校本教材 4 本,发表论文教科研论文 8 篇,成功申请别被授权两项实用新型专利,指导学生参加技能竞赛获得了理想的成绩,参加信息化教学大赛获得了优异成绩,工作室主持人被全国职业院校技能大赛组委会授予"优秀指导教师",等等。

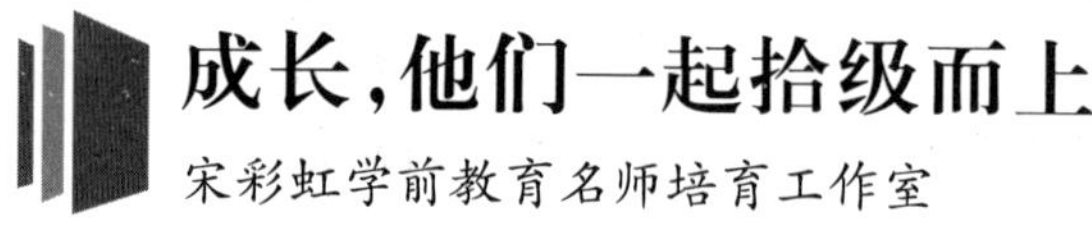

成长,他们一起拾级而上

宋彩虹学前教育名师培育工作室

为进一步发挥上海市中等职业学校专业领军教师的示范、引领与辐射作用,培养带动更多职教教师成为有一定教育思想和教育风格的优秀教师,2015 年 9 月,在上海市教委职业教育处的指导下,上海市教委教育技术装备中心整体规划、系统设计、试点启动了 47 个上海市中等职业教育名师培育工作室。

各工作室主持人基于学员成长需求和专业发展需要,搭平台、融资源、聚合力,倾心研究,倾情辅导,取得了丰硕的培育成果。宋彩虹学前教育名师培育工作室就是其中典型案例。

宋彩虹学前教育名师培育工作室试点期间,针对学员原有基础和学习需求,强理论、宽视野、重实践,学员们通过 40 多次“做中学”为特质的培育活动,开阔了眼界,丰富了专业知识,提升了教科研能力,同时思想观念发生了质的转变:欣赏学生、关怀学生、敬畏课堂、敬爱职业。

带教的过程,也是主持人与学员共同学习成长的过程,引发了主持人更广泛的学习与更深入的思考,催发了主持人更开放、更包容的心态和更强的责任心与使命感,并取得累累硕果。

名师培育工作室,与其说是学员成长的平台,不如说是导师和学员一起成长的阶梯。在工作室相遇、相知、相融,互为补充,互为碰撞,互为牵引时,每个人都在拾级而上。

一、梳理新需求,制订新目标

为了制订适合学员成长的培养方案,工作室先后组织了两次交流活动。初步了解了各人特色及学习需求,并为此确定了工作目标:完善专业知识结构,扎实人文素养,提升教育教学和教科研能力,同时又为学员量身定制了培养计划。

二、聚焦新发展,夯实新基础

1. 学习法规条例,把握政策要求

工作室组织学员学习梳理 2011 年以来的所有全国和上海市的学前教育以及职业

教育的相关法规条例或文件，帮助学员正确领会职教政策法规与行业发展要求。

2. 研读专业书籍，完善知识结构

工作室向学员推荐了若干本学前教育专业书籍和职教理论书籍，同时要求学员根据各自的知识基础和需要，另选书籍阅读，原则上一个月阅读一本。通过读书，丰富了学员的知识结构，扎实了理论底蕴，为学员后期教育教学改革和教科研活动的开展奠定了良好的基础。

3. 聆听专家讲座，开拓专业视野

工作室先后组织学员听了30多场专题报告或讲座，内容涉及学前教育专业和职业教育国内外的先进理念、形势动态和先进做法，并多次组织学员参加了各类国际学前教育学术研讨会。听讲座，使学员进一步了解了国际学前教育的形势、现状和先进理念，也深入理解了职业教育课程改革的理论与要求。

三、学习新经验，打开新思路

1. 参观调研，学有所思

两年来，工作室先后组织学员参观了10所同类中职校，了解同类学校学前教育专业建设情况，吸收他人经验，拓展专业建设思路。同时工作室组织学员先后调研了上海及广州6家早教机构，使学员们对早教机构的发展现状以及对师资素养要求情况有了更深入的了解，为今后的学前教育人才培养和学生的实践就业积累了珍贵的素材。

2. 教学观摩，学有所悟

工作室先后多次组织学员观摩优质的课堂教学。然后由主持人为学员上示范课，并进行讨论和解读，让学员认知任务引领课堂的基本要求，理解如何将人文素养教育自然渗透课堂教育各环节，懂得如何尽量将课堂教学价值最大化。紧接着再让学员观摩市公开课，通过相互交流对话和专家点评，让每名学员对于课堂教学改革的核心要素建立深刻认知。

3. 跨界学习，学有所得

作为学前专业教师，需要有开阔的视野和深厚的人文底蕴，学习不能仅限于学前领域，为此，工作室多次组织了跨界学习活动。通过一系列的跨界学习活动，开阔了视野，增强了学员们跨界学习意识，进一步感受了人文素养对于学前教师专业发展的重要意义。

四、围绕新课改，多维新实践

1. 幼儿园实践，扎实专业技能

为让学员深入了解托幼园所保教实际，提高专业知识技能，工作室要求学员每年到托幼园所实践不少于一周。通过实践体验，三名学员进一步了解了托幼园所的教育要求和对保教人员的素养要求，提高了保教技能，并和幼儿园建立了深厚友谊，使所在校和实践幼儿园建立了合作关系。

2. 开发专业教学标准，深化课程改革认知

2016—2017 年，主持人带领学员们一起开发了《上海市国际水平中高职贯通学前教育专业教学标准》。通过专家培训，学习国外同类专业标准，进行典型工作任务分析和职业能力标准的编写等一系列活动，使学员开阔了国际视野，加深了对职教理念的认知，丰富了专业认知，进一步领会了课程改革的意义和价值。

3. 编写专业教材，发现并纠正错误理念，丰富并夯实专业基础

编写教材的过程，是学员丰富专业知识、夯实职教理论基础、反思改进、不断提升课堂教学质量的实践过程。工作室抓住契机，组织学员编写了与专业标准配套的教材《幼儿运动、游戏、学习活动保育》，由华东师范大学出版社出版。

工作室首先根据学员所长进行了编写分工，组织教师学习上海市幼儿园全套教师用书，学习相关保教书籍，学习最新职教改革理论书籍，到幼儿调研走访，自学相关领域专业知识，听取主持人关于教材编写的经验介绍，头脑风暴教材框架结构和呈现方式，四次集体修改所编教材……通过这一系列的活动，纠正了错误观念，厘清了模糊认知，弥补了欠缺的专业知识。学员们真切感受到了自己的不足和进步，也真切感受到了“做中学”的意义和价值。

4. 公开教学展示，锤炼教学能力，提升个人魅力

课堂教学是教师综合素养的全面体现，也是教师的核心能力。为此我们高度重视教师的课堂教学水平的提升，并通过公开教学平台，扎实锤炼教师的课堂教学水平。

2016 年下半年，学员张艳娟老师先行上了一节区级公开课。2017 年下半年起，要求每名学员面向全市进行公开教学。从主题确定到教学重难点和学情及教材分析，从教学手段运用到 PPT 制作，从教案文本规范到课堂教学—语言设计，从仪容仪表到表情神态，都一一进行了深入研讨和精心打磨。学员们在此过程中，先进的职教理念逐步内化于心，化为行动，课堂教学风格发生了质的改变。最终三名学员呈现出了精彩的授课，得到了听课者的一致好评。

在为学员精心打磨课堂教学的过程中，主持人多次邀请第五协作组主持人以及其他职教专家一起指导学员。从学员身上不断发现的问题中，主持人看到了自身培育的不足；从各位专家的全方位指导中，主持人学习了新的培育经验。

两年的工作室培育活动，主持人和学员们同学习、共成长，形成了学习共同体。成长，一起拾级而上！

名师工作室共筑“职教梦”

宋利明机电技术应用名师培育工作室

2015年,在上海市教委职业教育处的指导下,上海市教委教育技术装备中心整体规划、系统设计、试点启动47个上海市中等职业教育名师培育工作室。名师培育工作室是以名师为品牌和引领,吸引同一专业(学科)教师而组成的教学与科研等能力培育组织,旨在名师引领、实践反思、团队合作,加快优秀教师的发展,探索优秀人才成长机制,培养具有教育思想和教学风格的专业领军人才和优秀教师。

一、工作室建构教师学习共同体

1. 激发主体主动性,营造信任和尊重的文化氛围

导师和学员都是名师工作室的主体。只有充分激发主体的主动性,名师工作室才有活力,才能发展。激发的重点在情态、过程和行为上。

建室之初,通过多种形式进行了工作室、导师、学员间的双向主动选择,避免一厢情愿、拉郎配,减少了盲目性、被动性和不情愿。建室之后,反复进行入室教育,强化主人意识、责任意识和奉献意识。

导师与学员每天通过工作室QQ群和微信群分享人生价值、学术进展、专业研究有关的资料,交流学习与工作中的所见所闻、所思所想,并努力营造宽松、民主的环境,增进学员归属感,增强团队凝聚力。

在工作室建设中,导师和学员扬长避短、取长补短,彼此尊重差异,形成兼容并包的研讨氛围。工作室鼓励新观念、新想法的产生,充分调动和激发了导师与学员的积极性。

2. 激励发展活动性,搭建多样化的学习活动平台

教而不研则浅,研而不教则空。教研活动、教育反思活动是工作室帮助学员成长,实现从有经验的教师到有想法的教师、从有想法的教师再到有思想的教师的必由之路。活动中,导师引导学员多方面、多角度开展对学科教学、教育活动的案例分析。

首先,工作室每名学员都自主制订“个人规划”与民主协商“共同愿景”,在这个过程中,导师和学员对工作室建设方向和自身专业发展有了更清晰的认识。

其次，工作室的所有工作任务先由导师公示，然后由学员自主选择，主动申报，独自或结伴完成。导师努力创造条件，为学员提供更多、更好的学习培训、实践服务机会。

再次，导师在自身大量阅读的基础上，有针对性地挑选读物给学员，并鼓励学员分享读物和体会，在观点的碰撞中，思考得以深入。

最后，立足学科，通过各类公开课、研究课和竞赛课的研究，通过教学反思促进学员专业发展。在此基础上，引导学员跳出学科看教学、跳出教学看教育，从立德树人的根本任务上理解课程、理解学科、理解教学、理解教育，以促成学员实现由感性到理性的升华和飞跃。

3. 激活多元互动性，全方位的支持工作室的建设

为了处理好导师与学员间，学员与学员间，导师单位和学员单位间，导师单位、学员单位和管理单位间的相互关系与作用，解决“一头热”、不往来、不合作、不关注等问题，导师单位、学员单位、导师、学员签订了“四方协议”，强化契约意识，明确责任与义务，增强了多元联系。

名师工作室正式启动时，邀请市教委、管理单位、导师单位与学员单位的领导出席，了解工作室的规划和打算，感受工作室的活力和激情。同时充分利用校企合作平台，加强与企业的合作，组织学员“走出去”，到企业参观学习，与企业技术和管理人员进行零距离交流，帮助学员更新知识储备，掌握最新技能，学习先进的职业文化、职教理念和教学经验，了解企业需要，反思改进日常教学。

二、名师工作室的运行成效及显性成果

（一）名师工作室的运行成效

1. 教师专业技能的发展

无论工作室集体还是学员都取得了不少的荣誉，有的从区级骨干教师成长为市级骨干教师；有的在省市级公开课竞赛和说课竞赛中获奖，学员们参加工作室以来，无论教学科研能力还是教学能力的提高都是显著的。

2. 教师教育理念的升华

教育理念是教师在对教育本质理解的基础上形成的教育的观念和理性信念。对于教育理念每个教师都有自己的认识和理解，这些教育理念指导着他们的教学实践。

两年来，学员们教育理论素养获得提升，这不单单是从培训中学习到的理论知识，更是在指导实践问题后的理论升华，是通过理论—实践—理论的转化获得的。

（二）名师工作室显性成果

1. 教科研成果

两年来，工作室注重每名学员自身能力的发展与提升，教科研成果丰硕：公开发表论文 6 篇；公开出版教材 3 本，完成校本教材 2 本；校级以上教学公开课 9 节，其中薛君老师的“按钮式人行道交通灯的设计与装调”获得市级评优课二等奖；完成精品课程建设 2 门；完成校级以上课题 3 项；完成微课 6 项等。

2. 竞赛成果

工作室学员积极参与指导各项竞赛，如星光计划、市赛、国赛、国际比赛等。两年来，在指导的各类比赛中，竞赛成果丰硕：获得上海市一类大赛“工业控制”项目团体金牌，个人全能一、二、三等奖；上海市星光技能大赛“工业控制”项目 2 个团体金牌和个人全能金牌以及二、三等奖；上海市一类大赛“电工”项目团体金牌，个人全能一、二、三等奖；第 44 届世界技能大赛全国选拔赛“工业控制”项目，入围中国国家集训队；第七届星光计划“机电一体化”项目三等奖；“亚龙杯”全国职业院校机电专业教师教学能力比赛“电子技术”项目获得了二等奖等。

职业教育需要更多优秀的教师，名师工作室是教师发展的平台，以平台为契机，在平台中成长，共同推动上海职业教育的发展，共筑“职教梦”！

砥砺前行，共探发展内涵　不忘初心，同叙成长之路

苏巍体育名师培育工作室

2015 年，在上海市教委职业教育处的指导下，上海市教委教育技术装备中心整体规划、系统设计、试点启动了 47 个上海市中等职业教育名师培育工作室。响应政策号召，苏巍体育名师培育工作室面向全体中职学校招募学员，最终 4 名青年教师进入工作室，在主持人的指导下进行系统的专业学习与进修。

工作室自创办以来，就不断地以实际行动诠释着“名师小基地，成长大舞台”的培养理念。开创了以“理论研讨、课堂教学、体育科研、实操实践”为核心的模块化培养模式。导师与学员们共同执手，砥砺前行，共探体育教育内涵，同叙名师成长之路。

一、研观品学育新识

“他山之石，可以攻玉”，工作室借助社会资源，为学员们提供研究、观摩、品鉴、学习的机会，如上海市中小学青年体育教师教学技能大赛、五爱中学高中体育专项化教学交流汇报、上海市中职校第七届教学法评优获奖课展示活动、世界大学生攀岩锦标赛、李立红名师工作室成果展等。

两年来，教学竞赛、学术交流、体育竞技、成果展示等各类活动的参与，使学员们获得了一次又一次的视觉盛宴，让学员们在研观品学中感悟教育之精粹，积淀先进之理念，开拓学科领域视野、夯实成长之路基石。

二、名师授业无止境

“学贵得师”，学员们的成长少不了导师的指导。在科研引领，务实求新、特色发展的专业培养体系下，工作室力邀众多体育大家、知名学者、资深名师为学员们传道授业，如原上海师范大学体育学院院长、博士生导师沈建华教授的体育科研专题讲座；上海市特级教师徐燕平的师德内涵专题讲座；上海师范大学体育学院院长蔡皓教授的“美式”体育教学专题讲座；上海市特级教师俞定智的上海市体育教学改革专题讲座……这些高质量、高品位的讲座让学员们感受到了名师的风采，导师们渊博的知识拓宽了学员的知识面与视野，引起了学员更深层次的思考。

身体力行践真知

两年来,工作室“内引外联”,充分依托上海市中等职业学校体育协会、上海市中职校体育学科中心组、上海市中职校体育教师培训基地的丰富资源为学员们打造自我锻炼的舞台,丰富学员们的实践经验,也为名师工作室的培训方式注入了新的生命力。

在导师的带领下,工作室学员共同参与上海市学校体育科研项目两项,参与编制全国中等职业学校体育与健康规划教材一项。

2016 年 9—11 月,历时两个月的上海市中职校体育骨干教师培训中,工作室学员承担了带教任务,带教学员 32 名。同年,为期一年的中职校新进教师规范化培训中,工作室学员一对一带教 4 名新进教师。

2017 年 10 月 20 日、21 日,工作室学员与中体协合作组织策划上海市中等职业学校体育学科专题讲座。2017 年 10 月 22 日至 11 月 28 日,工作室学员再次参与组织策划 2017 年上海市中职校青年体育教师教学技能比武大赛及表彰活动。

这一系列活动使学员们巩固了理论知识,强化了专业技能,同时,增强了团队的凝聚力,彰显了学员们示范、带头和辐射作用。

公开教学促成长

中职一线体育教师,体育教学永远在路上。两年中,在工作室的积极推动下,学员们以课堂实践为基点,紧抓实践教学这一主线,成功开了 8 堂教学公开课、2 堂为校级公开课、6 堂为市级公开课,其中有一人参加了第七届教学法评优活动。

名师培育结硕果

通过两年的研修,工作室学员们逐渐在体育教科研、运动竞赛等多个方面中崭露头角。工作室全员参编“十三五”全国中等职业学校体育与健康规划教材 1 本、参与市级重点项目课题 2 项。

学员仰燕燕成功申报市级青年课题 1 项,参加第七届上海市中职校教师教学评优活动荣获优胜奖;学员们所指导的学生参加各类体育竞赛,也斩获颇多奖项:学员仰燕燕指导的校板球队参加上海市学生阳光体育大联赛荣获一等奖;学员徐士宏指导的“浪漫樱花健美操社团”被评为上海市优秀社团;学员张晓光带领校队参加市学运会、市学生阳光体育大联赛足球、篮球、武术等十余个项目的角逐;学员张京雪指导的校羽毛球队参加市学运会,荣获体育道德风尚奖等。

在上海市教委职业教育处的指导下,上海市教委教育技术装备中心整体规划、系统设计下,工作室凝心聚力,全力推动受训学员的成长。学员们的成长凝结着工作室的心血与智慧,回首往昔,研修之路上彼此相伴;展望未来,职教体育上携手同行。

关注成长重实绩　搭建平台育名师

孙建辉高星级饭店运营与管理名师培育工作室

为了更好地提高教师队伍素质，充分发挥名师的示范引领辐射作用，促进优秀教师梯队建设，加大青年教师的培养力度。2015年，在上海市教委职业教育处的指导下，上海市教委教育技术装备中心整体规划、系统设计、试点启动47个上海市中等职业教育名师培育工作室，孙建辉高星级酒店运营与管理专业名师培育工作室就是其中的典型代表。

本着培养优秀教师人才、推动上海中职酒店专业发展的目标，孙建辉高星级酒店运营与管理专业名师培育工作室在试点期间，认真遴选5名学员，用心设计带教方案，充分利用资源和创造条件，通过任务引领、具体实践、相互学习等多种途径，让学员们学有所获，各自成长。

一、分析需求，个性规划

工作室成立的初衷是培养人才，因此，尊重人才培养的规律是做好此项工作的基础。

1. 了解学员需求

孙老师工作室里的5名学员从职称来看，高、中、初级都有；从专业背景来看，有专业转型而来急需弥补专业技能的教师，有指导学生经验丰富但缺少理论提炼能力的教师等。工作室认真倾听学员的心声，了解各自的需求，分析每1名学员的优势和短板，树立个性化带教的理念。

2. 制订带教方案

通过认真梳理学员们提交的发展规划，工作室制订细致的带教方案和培育计划，并获得学员的认可，做到精准对接。将培养的重点聚焦于课堂教学能力的提升、教科研的具体实践、专业综合素养的提高等方面，并对照市教委装备中心下发的考核要求，对学员们提出具体的成长指标，用目标进行引导，将任务进行分解，分步骤、分阶段地实施培养计划。

二、目标引领，逐步推进

从实现培养目标出发，用心设计每月的活动安排，整合各方资源，搭建有效平台，促进学员成长。

1. 组织多场专家讲座,培养综合素质

工作室在两年的运行时间内,邀请多名专家开展了有关课堂教学方法、信息化教学、微课设计、课题建设、带赛指导等方面的主题讲座,围绕着学员们的发展规划,多角度、全方位地开展学习活动。

2. 人人参与课堂展示,聚焦课堂教学

课堂教学是基层教师的立足点,为引导学员们聚焦课堂,切实提高教学能力,工作室有计划地安排五名学员轮流开课,并认真组织听课、评课活动,还邀请专家参与其中,让学员们在上课、评课的过程中反思教学方法,重视课堂教学实效。

3. 鼓励参加技能培训,提升专业水平

学员们在参加工作室时都基本考取了一定的职业资格技能证书,针对有进一步提升专业技能需求的学员,鼓励其继续深造,如 3 名学员参加了餐饮高级技师的学习和考核,1 名学员通过了高级茶艺师的考核等。导师和 1 名学员通过培训还获得了欧洲精品咖啡协会颁发的高级咖啡师证书。

4. 积极搭建交流平台,现场观摩先进

两年时间内,工作室数次安排学员在市知名高星级酒店和苏州旅游与财经高等职业学校等知名学府参观,通过现场学习和交流的方式激发学员们的进取心,更新教育教学的理论,了解专业的前沿知识。

5. 择优拍摄微课视频,重视个性发展

信息化教学是时代发展的主流,在前期理论学习的基础上,工作室要求每 1 名学员完成微课拍摄方案的设计,择优推荐参加专业公司的拍摄,两个茶艺课程和一个咖啡课程入选。1 名学员还参加了信息化大赛。

6. 分类参加教育科研,关注实践能力

教科研成果在教师的职称晋升和专业成长方面举足轻重,也是学员们在自己的发展规划中提出的设想。为切实达成教科研方面的培养目标,工作室针对每名学员的专业特长,组织了会议服务和西餐服务方面的 3 本专业教材的开发,并分派不同的任务给学员,严格要求,认真把关,顺利完成了教材编写的任务。同时鼓励有余力的学员积极撰写论文,并有多篇论文发表和获奖。

7. 深入指导学生大赛，讲究学以致用

教师的成长要让学生获益，这才是师资培养的最终目标。在指导学生参加职业技能大赛方面，在"星光金牌指导老师(六星)"孙建辉导师的指导引领下，学员们也多了"初生牛犊不怕虎"的气质。

工作室有的学员指导学生赴北京参加首届全国职业院校师生礼仪大赛，获得了个人理论一等奖、个人综合二等奖、团体赛和团体总分三等奖等殊荣。有的学员指导学生参加上海市第七届"星光计划"获得中餐服务项目团体一等奖和西餐服务项目团体一等奖等。

三、重实际考核，师生齐进步

学以致用，知行合一；路有尽头，学无止境。借助工作室提供的平台，珍惜导师给予的机会，每一名学员都在努力地实现自己参加工作室之初的"理想"。两年来，名师培育工作精准对接学员发展需求，学员们的辛勤付出结出丰硕的果实：5 名老师获得各级各类奖项共计 34 项，多名学员获得"优秀指导老师""先进工作者"等个人荣誉、3 名学员顺利通过了高一级职称的评定，有学员成为所在学校的专业骨干教师，更有学员引领学校整个教研组获得了区"巾帼文明岗""文明班组"等光荣称号。

美丽的职教梦需要一线教师的执着与付出，更需要教育专家的高瞻远瞩。教育专家的引领，让教师的付出变得更有价值，让职教名师成长的脚步更加稳健……

学员本位、发展导向　构建数控专业优秀教师成长平台

万军数控技术应用名师培育工作室

2015年，在上海市教委职业教育处的指导下，上海市教委教育技术装备中心整体规划、系统设计、试点启动47个上海市中等职业教育名师培育工作室。万军数控技术应用名师培育工作室定位于面向先进制造业领域，致力于打造中职数控技术类专业优秀教师的成长平台，培养适应职业教育发展需求的“数控技术应用”及相关专业带头人与优秀骨干教师。

工作室整合校内与校外、行业与企业等多方面资源，开展了形式多样、内涵丰富的学员培育实践活动，凸显了学员本位、发展导向与实践导向的带教特色，体现了工作室在“智能制造”背景下如何培养优秀职教师资的前瞻性思考与主动实践。

一、学员为本，制订个性化带教方案

1. 树立学员本位的带教观

教育的本质是培养人，教师是培养人的人，名师培育工作室则是培养“培养人的人”。为此，工作室在开展学员带教的实践中树立并坚持以人为本的教育思想，即“学员本位”带教观，把工作重点聚焦于学员个体的成长与提高。

2. 基于三个维度制订个性化带教方案

工作室基于学员的“个体背景”“专业背景”和“学校背景”等三个维度，对每名学员的基础能力、专业背景和发展路径进行综合分析，形成了每名学员个体情况的生动“画像”，并据此为每1名学员量体裁衣制订针对性、差异化的个性化带教方案。

工作室的3名学员分别形成了中高职贯通模式试点专业骨干教师、中本贯通模式试点专业骨干教师以及现代学制模式试点专业骨干教师的个性化发展定位。

二、整合资源，开展多样化实践活动

1. 依托校内资源，开展教育教学专项实践活动

工作室走访学员所在学校，组织开展工作室学员的校内与校际公开听课与评课活动；组织观摩上海市高级技工学校第九届、第十届技能节活动；组织学员围绕自身职业生涯发展需求开展个人成长目标与实施路径专题研讨，组织开展“学员课堂教学设计与竞赛带教能力发展的路径与方法”专题研讨，组织学员开展中职校教学质量诊断与改进专题学习等。

2. 依托校际资源，开展各名师培育工作室间协作活动

工作室先后与“陈明宏职业教育研究名师培养工作室”“李文权数控技术应用名师培育工作室”“张斌数控技术应用名师培育工作室”“卢红数控技术应用名师培育工作室”开展了多次联合实践活动。

3. 依托企业资源，开展产教融合特征的专题实践活动

工作室与上汽集团“陆有根劳模工作室”签约开展企校产教融合深化校企育人活动，邀请企业工程师为学员开展互动式课程教学资源制作与教学资源开发能力提升专项培训，邀请企业技术人员参与工作室市级特色实践活动等。

4. 依托社会资源，开展专项调研、参观与学习活动

工作室邀请市教科院专家给学员作“教科研项目申报与实施”专题辅导；组织学员赴第九届中国数控机床展览会参观调研，赴第18届中国国际工业博览会调研智能制造技术发展；组织学员赴临港产业区现代高端制造实训基地参观调研等。

三、精细管理，规范带教过程

1. 针对关键工作节点严格管理与评价

工作室针对关键带教环节进行严格管理与评价，在工作室学员面试环节，组织专家对报名的学员进行面试并打分，确定工作室入选学员；在中期考核环节，组织校内外专家对学员的学习及成长情况进行全面考核；在学员终期考核环节，邀请学员所在学校的专业带头人、校外教育教学专家组成考核小组，对学员依据标准进行考核打分。

2. 规范带教活动的实施与管理

工作室对学员出席每一次实践活动进行统计,对带教过程做详细记录,组织学员撰写工作室活动专报,形成工作室带教实践的档案,以及可供上报与宣传的带教活动资料。

3. 与学员派出学校及时沟通和反馈

工作室注重与学员派出学校的联系,及时把学员在工作室的学习动态反馈给学员所在学校及专业,并与学员所在专业带头人不定期商讨学员的成长与发展问题,实现对学员培育与成长的精细化管理。

四、凸显成效,三方共进

经过两年的工作室带教实践,工作室取得了多方面成效,学员、主持人与工作室三方都得到了成长与提高。

1. 学员知识与能力全面提高

学员在知识与能力上获得了明显提高,体现在:一是职教理念的提高,学员们对职业教育所处的发展新形势与新要求有了更加清晰与全面的认识,对职业教育的育人本质与培养理念等有了更深理解;二是教学能力的提高,学员们的教学设计及其实施、教学资源开发能力得到了增强,课堂教学能力取得明显进步;三是专业能力的提高,学员们在知识、技能、教科学项目研究等方面获得了提升;四是骨干作用的提高,学员们在专业内涵建设等方面发挥出了更大的骨干作用,在各自工作岗位上取得了更大的成绩与发展。

2. 主持人示范作用进一步增强

在担任工作室主持人的两年时间里,主持人带教教师的能力得到了进一步提高,主持人的专业影响也进一步增强,示范引领作用不仅仅局限在本校、本专业,还进一步扩大至其他学校和专业,并进一步延伸至行业及协会中。

3. 工作室平台作用初步显现

工作室初步显现出培养优秀数控类专业教师的平台作用,表现在:一是助推工作室学员个体成长;二是助推主持人更好发挥示范引领作用;三是助推多方教育教学资源共享;四是助推职业教育教学改革。

搭建平台　四轮驱动　助推学员成长

王冬丽药剂名师培育工作室

为了加快名优教师发展步伐，探索优秀人才成长机制，培养具有教育思想和教学风格的专业领军人才和优秀教师，2015 年，在上海市教委职业教育处的指导下，上海市教委教育技术装备中心整体规划、系统设计、试点启动 47 个上海市中等职业教育名师培育工作室，该项目启动以来，名师培育工作室主持人立足课堂、聚焦教学、搭建平台、整合资源，帮助年轻教师快速成长。王冬丽药剂名师培育工作室就是其中的典型代表。

为创新学员教学思路，打造共生共长、共同进步的培育环境，两年来，王冬丽药剂名师培育工作室依托多个平台，探索"四轮驱动"的职教名师培养途径和机制，根据参培学员的专业基础和发展意愿分别制订带教方案，与学员相互探讨，交流学术，鼓励学员互相学习，分期完成带教计划；为了拓宽学员视野和教研能力工作室举行活动共 70 余次，活动包括教学研讨、技能提升、公开课观摩与研讨、调研学习、交流汇报、企业实践等等。

一、梳理需求，扬长避短，制订带教计划

坚持以学员的专业发展为本，始终把培养和引领教师的专业发展作为工作室工作的出发点和落脚点。梳理学员成长的需求，立足学员原有的专业和教学基础，通过"四轮驱动"培养方式，即开展教学研究，提高学员教学能力；参与课题研究，提升学员研究能力；开展专家指导、组织交流活动，提升学员眼界；开展企业实践，增强学员实践能力，从课堂教学、科研能力、企业实践、教学视野等四个方面全面提升学员的能力。

二、搭建平台，"四轮驱动"，聚焦能力提升

工作室对各类资源进行整合，充分依托各个平台，组织各类学习和交流活动，为教师学习成长搭建平台。

1. 聚焦课堂、深化课改、开展有效教学

课堂是教师的职业场所，教学是教师的第一要务。名师之"名"，首先在于课堂教学。工作室采取以学促研，开设市级公开课的方式，将教师的个体实践转化为群体研究的盛宴，推进教师开展课堂教学的研究和实践。

2. 参与课题、发表论文、提升科研能力

具备一定科研能力的教师往往能够使教育教学活动更加具有创造性，能更快接受新的教育理论并自觉运用到教学中去。工作室要求教师结合自身的教学研究，撰写教学论文，参与各类科研项目。

3. 企业实践、接轨企业、增强实践技能

工作室根据学员自身专业组织学员进行了企业实践。通过走进企业、熟悉企业相关岗位(工种)职责、操作规范、用人标准及管理制度等具体内容，提升专业能力和实践能力，让学员得以结合企业实践改进实践教学。

4. 多元学习、参观交流、开阔眼界思维

工作室的学员都是一线教师，这些教师外出学习机会较少，视野不够开阔，对教学的思考有一定的局限性。针对这个问题，工作室组织学员参加讲座，外出学习，来提高学员的眼界，拓宽思维。

三、能力导向，突出成果，突出培养成效

1. 教学成果

工作室坚持要以课堂为中心，在课堂教学改革、个性化教学等方面开展研讨，组织学员开设公开课。公开课既是药剂名师工作室教学水平的示范，也是学员学习和提高的机会。每一次公开课，工作室邀请行业、企业、院校专家开展点评，给予学员充分学习和展示的机会。

2. 科研成果

主持人指导学员们在课题研究、课程标准开发、教材编写、论文发表等方面取得了一定的收获。

3. 企业实践成果

工作室结合学员的专业和学科需求，选取专业对口的企业，安排负责的师傅带教。学员通过学习，增强了对行业和企业先进技术的了解，对本专业的培养目标有了更深刻的认识，同时提高了自己的专业操作技能。企业实践的结果对学员指导学生操作技能以及推进学校校企合作的开展都起到了极大的推动作用。

四、教学相长，示范引领，影响辐射全国

1. 学员有成长、导师有收获

通过搭建多个平台、四轮驱动的培育方式，学员开阔了眼界和思维，对职业教育、课程教学理念有了新的理解和认识；提高了科研能力，教师教学研究的能力更强；提高了教师专业实践能力；通过反复说课、磨课，学员形成了比较稳定的教学风格。教学相长，指导学生的过程也是导师不断成长的过程。

2. 课堂教学示范全市、科研成果辐射全国

学员虚怀若谷，积极上进，在观摩课堂教学的基础上，潜心钻研，探索开展有效教学的个性化教学风格，引领了教学模式新风潮。通过参与各项科研项目，促进了院校优质教育资源共建共享，提升了专业建设能力和教师教学资源开发能力，使无数学生获益。

五、上下求索，追求无限，未来发展

未来，工作室将朝着更高、更强的方向继续进步，努力建设成名师成长的园地、资源辐射的中心、经验对话的平台、教育科研的基地，为促进职业教育质量的提升做出更大的贡献。

1. 不忘初心、继续探索高效课堂模式

课堂是学生的主体，要为学生的终身发展服务，教师要成为一名导演，让学生充分展示自己。构建高效课堂模式，重点放在激发学生的学习兴趣，培养学生的学习能力，包括思考能力、表达能力、合作意识、实践能力、创新能力等。工作室始终以构建高效课堂教学为核心，组织学员不断学习新的教学理念和技术，继续探索有效教学的手段，提高学员课堂教学质量。

2. 凝心聚力、打造特色名师样本

在名师引领下，打造“站位高、理念新、功底厚、教学优、思维活、个性强”，集师德修养、教育教学质量、科研及管理水平全面突出的学员。推荐学员升级到名师，为学员搭建成长的阶梯。

3. 聚才引才、引领青年教师队伍

以工作室为平台，以学员为基本队伍，加强学员的辐射力和感染力，吸引一批年轻教师共同参与，共同创造特色课堂，发展特色教育。发扬真正体现名师培育工作室既是

特色教师重要的发源地,又是具有新思想新特色的青年教师集聚园、未来名教师的孵化器和教与学研究成果的生发场的基本思想。

4. 建设文化驿站、打造名师精神家园

不断学习,提升自己。在理论与实践的结合中建立起正确的教育信念并在创造性的教书育人实践中内化为教育工作者特有的人格魅力,做到有思想、有情怀也有社会担当。努力将工作室将打造一个有文化、有信念、有梦想的学员精神家园,让名师成为教师的榜样和楷模。

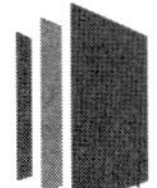

用热情搭桥　为职业教育筑路

王鸿食品生物工艺名师培育工作室

2015年,在上海市教委职业教育处的指导下,上海市教委教育技术装备中心整体规划、系统设计、试点启动47个上海市中等职业教育名师培育工作室。名师培育工作室是同一专业(学科)教师加入而组成的教学科研能力培育组织,是以教育教学实践研究为重点、教学相长的交流平台,通过实践反思、团队合作,培养出一批有教育思想、有教学风格的专业领军人才和优秀骨干教师队伍,带动本市中等职业学校教师整体素质的提高,促进教学工作深度发展。在以上指导思想引领下,同年11月王鸿食品生物工艺名师培育工作室正式成立。

工作室按照实践、敬业、创新的目标选拔学员,多途径开展活动,提升教研水平,以信息化教学改革研究为切入点,培育学员实践研究能力。工作室试点期间,实现搭好一个平台、上好一堂课、建好一批资源的“三个一”目标。学员们在信息化教学比赛、微课制作大赛、课题研究等活动中成绩斐然,为上海市中职食品生物工艺专业教学在全国创品牌奠定坚实基础。

一、聚焦目标,择优招募

为进一步加强上海市中等职业学校优秀教师队伍建设,不断完善优秀教师管理和培养机制,打造一支师德高尚、业务精湛、结构合理、充满活力的高素质、高技能、专业化的优秀教师队伍,工作室本着从教学一线、有扎实教学功底、热爱职教事业和学生,有开拓、创新精神的原则招募优秀教师;以“如何提高中职微生物课堂教学有效性”为载体,立足中职教学的实际,研究中职课堂教学有效策略和艺术为目标培育未来食品专业名师。

工作室成立伊始,通过学员面试、专家评审,有两名教师成为工作室的正式成员,主持人根据学员进工作室前3年教学科研情况综合考量后,与学员共同制订带教方案明确培育目标,结合学员的工作实际情况,为学员量身定制培育方案,将一名学员从有独立完成教学研究经验的专业教师培育成有特长的专业教学改革带头人;另一名学员从有特长的专业教师培育成能独立开展教学研究的骨干教师。

二、搭桥筑路,探索前行

1. 建章立制,规范带教管理

工作室建立后,根据《上海市中等职业学校名师培育工作室管理暂行办法》文件精神,规范制订王鸿食品生物工艺名师培养工作室建设规划方案、工作室管理办法,工作室工作目标、工作任务、主要工作措施、工作室主持人和学员的职责、出勤管理、工作室档案管理、经费管理等。

2. 多元活动,提升教研水平

组织工作室学员积极参与教育教学改革,探讨课堂教学、信息技术与学科教学的整合,探索实施课堂教学的新途径、新方法。在不断地实践、反思、学习和研究中发挥名师的示范、引领、指导作用。工作室以教学课题研究、教学资源开发、参加竞赛、讲座等多种形式对工作室学员进行跟踪指导、培养。

工作室成立以来,通过多种途径强化学员的教学研究意识,关注教学行为与教学改革成果,帮助学员积累提炼教学实践经验。如鼓励学员参加上海市首届微课视频设计大赛,邀请上海职业教育名师开设"提升教师执教能力""课题的立项和论文撰写常见病分析"等专题讲座,带领学员共同完成上海市教委课题"中职'微生物检验检测'微课开发与实践研究"等。

三、总结提炼,成绩斐然

工作室自成立以来,结合主持人和学员学校的实际情况开展各项工作,搭建了一个学习提高、探讨交流、开放务实和全面发展的综合平台。工作室的主持人和学员们致力于转变"以教师为中心"为"以学生为中心"的课堂教学方式,通过微课开发设计、教学方法变革等多种形式教学实践与研讨,增加实战经验,积累教研成果,基本完成预定的培育目标,学员在各自学校骨干表率作用凸显:

学员薛丽芝在这两年中带领她的团队获得"2017 年金山区园丁奖称号"等近 10 项荣誉,承担并完成市级项目 7 项,主持或参与教育教学研究课题 5 个;学员龚漱玉发表了《基于"反哺教育"的中职食品专业微课开发初探》的论文,完成了中高职贯通《微生物检验检测技术》校本教材的开发,2017 年获得上海市"星光计划"第七届信息化教学大赛二等奖,等等。

工作室是未来名师的孵化地,也是分享经验、共享资源的平台。成长起来的两名学员,将带领各自学校的骨干老师,在教学过程中运用积累的成果,深入课堂,在教学实践中带动他人共同成长。

专家引领“明方向”　聚焦课堂“育名师”

王培坚数字影音制作名师培育工作室

为加快优秀教师培养，探索优秀人才成长机制，培养具有教育思想和教学风格的专业领军人才和优秀教师，2015 年，在上海市教委职业教育处的指导下，上海市教委教育技术装备中心整体规划、系统设计、试点启动 47 个上海市中等职业教育名师培育工作室，该项目启动以来，名师培育工作室主持人立足课堂、聚焦教学、搭建平台、整合资源，帮助青年教师快速成长。王培坚数字影音制作名师培育工作室就是其中的典型代表。

王培坚数字影音制作名师培育工作室试点期间，实现了资源共享、智慧生成、全员提升。工作室根据学员发需求量身定制了 50 多次形式多样、内容丰富的活动，聚资源、搭平台，让学员有更广阔的发展空间。学员们在信息化教学比赛、教学法评优活动、技能大赛、文明风采等活动中，摘金夺银捷报频传，推动了数字影音制作专业教学能力、教育质量的提升，促进了课程改革和专业建设与发展，为确立上海市中职数字影音制作教学在全国职业教育中的领先地位增光添彩。

一、立足需求，精准把脉

名师培育工作从把脉学员的发展需求开始。通过梳理学员发展规划，工作室制订的带教方案和培育计划精准对接学员发展需求。

1. 学员需求分析

为切实做到针对性、个性化带教，主持人邀请专家对学员逐一进行诊断，梳理每名学员的基础、优势、长处、不足、困惑及发展重点，针对每名学员聚焦侧重点，拟定差异化的带教方案和学员发展规划。

2. 培育思路和方法

名师培育不局限于知识、技能和教法，更要有理想信念的支撑。通过对学员情况的精准把脉，工作室带教方案设计首先从提升教师的职业素养入手，在“师德”“认知”“教法”三维维度，多层次、立体化设计带教方案，具体分解成微课制作和翻转课堂探索、对中职学生职业素养培养、上海星光计划和全国技能大赛准备、企业文化和前沿技术学习、数字影音制作能力拓展、互联网信息技术应用六个方面开展带教，设计形成了 50 多次活动，创新带教方案，让学员通过名师培育工作室平台实现自身价值，在幸福快乐中

成长是名师培育工作的必然选择。

二、突出实效，规范运行

专家引领，让培育工作方向更加明确、成效更加卓著。名师培育工作在提升学员能力的同时，注重学员培育成果的展示。

1. 学生技能展示平台

针对上海市星光计划和全国职业院校技能大赛，工作室组织行业专家指导、带教技术交流、学生集训、教材编写等工作，提升大赛培训的质量。

2. 教师教法展示平台

针对教学法评优活动和信息化教学比赛，工作室聘请教育和行业专家一起参与磨课、研课活动，对细节问题反复研讨，绝不放过，提高课堂教学内容准确性、有效性、规范性。

3. 学生综合能力展示平台

针对弘扬民族精神，树立职业理想的文明风采竞赛活动，工作室共享设备和资源优势，开展师生交流活动，运用新理念、新技术激发学生的创作热情，提高参赛作品质量。

三、立足课堂，多元活动

1. 微课慕课制作，探索翻转课堂教学

借鉴国内外微课、慕课、翻转课堂，立足职业教育，分析实施新教学理念和方法的有效性，提供微课案例参考和制作范本，让教师的微课制作有了可操作性。通过学习，学员从教学设计、脚本编写到拍摄制作，独立完成微课制作任务，课堂使用中获得学生的好评。

2. 关注前沿技术，丰富课堂教学内涵

前瞻性了解 IT 前沿技术的发展对职教名师培育至关重要。组织学员赴有关公司开展交流活动，了解当代 IT 企业的前沿技术和的文化理念，丰富课堂上情感态度教学的内涵，促进素质教育向企业文化纵深发展。

3. 搭建交流平台，探讨学生职业素养

组织学生—企业—教师沙龙，头脑风暴形式亮出三方观点。企业亮出用人标准，学

生了解企业需求，教师发现存在问题。让学生激发学习知识和技能的内在动力，让教师找到更多贴合教育规律的有效方法和途径。教师是中职生走向企业的桥梁，通过本次活动，让这座桥梁变得更加稳固和开阔。

4. 聚焦互联网＋，深化信息技术与课堂教学融合

随着互联网技术的发展，职业教育形式和内容发生了变化。互联网环境中，教师应该成为学生学习的引导者而不再是知识传授者，教学载体从黑板、投影逐渐演变成智能终端设备。教学观念的转变带动课堂教学形式发生质的变化，信息化教学手段运用，推动教学方法和效率的提升。

5. 聚焦课堂教学，组织市级公开课

两年的名师培育工作，带来学员教学能力质的飞跃。为了展示工作室的带教成果，高嫣和阮毅老师分别开设了市级公开课，并取得了良好的示范效果。

6. 聚焦名师素养，组织专题研讨活动

聚焦名师素养，组织“怎样成为当代职教名师”专题活动。导师、学员和专家纷纷发言，畅谈名师成长之路，分享成果与快乐，凝练智慧和经验。

四、师徒并进，成果丰硕

两年来，名师培育工作精准对接学员发展需求，学员们的辛勤付出结出丰硕的果实，5 名老师获得各级各类奖项共计 34 项。学员们的精彩表现，为学校、为上海争得了荣誉，值得为他们骄傲、喝彩。

美丽的职教梦需要一线教师的执着与付出，更需要教育专家的高瞻远瞩。教育专家的引领，让教师的付出变得更有价值，让职教名师成长的脚步更加稳健……

“见远”领航向　“行远”育名师

王伟旗计算机网络(物联网方向)名师培育工作室

2015年,在上海市教委职业教育处的指导下,上海市教委教育技术装备中心整体规划、系统设计、试点启动47个上海市中等职业教育名师培育工作室。以促进应用型人才培养为目标,以提升专业内涵建设为突破口,通过名师工作室建设,充分发挥名师的示范引领作用,鼓励支持中青年骨干教师积极参与,形成一批以专家为核心的技术技能名师群体,建设高水平双师型多元化教师队伍。

王伟旗计算机网络(物联网方向)名师培育工作室是一个主要培育物联网技术专业方向名师的工作室。物联网技术的发展带来的行业、企业对新的人才的需求,对这个专业的教学发展带来了新的挑战,相对其他专业,这个新兴的专业更需要一批具有一定的理论素养和过硬的专业技能的师资去充实。工作室通过两年的培养,有效地推动了学员的专业成长,使其在市内有较大的影响力,形成具有引领和辐射作用的物联网专业骨干教师群体。

两年来,工作室坚持各种教研活动,将集体活动和网上交流研修相结合,边学习、边研究、边实践、边辐射。工作室成员从理论到实践、专业水平与工作能力都得到不小的提高,并且促进了物联网专业课程标准的建设与物联网职业资格鉴定的发展。

一、依据学员需求,制订培养计划

工作室根据各学员的具体情况进行分析,聘请相关行业、上海市物联网协会、企业专家举行座谈会,根据专家意见和学员的特点,为每名学员制订了发展规划预期目标及实施方案,有工作室集体共同参加的培训项目,也有针对不同学员特点的个人培训计划。

二、加强师德建设,提升职业素养

工作室采用“学员读书、定期参观、开展讲座”等形式对学员进行培训。要求学员必须加强政治学习,做遵纪守法和贯彻执行国家的职业教育方针的模范;必须热爱职业教育事业,热爱任教的专业,热爱学生,具有奉献精神;必须加强业务学习,成为该专业的楷模。

三、提高教学水平，强化实践技能

名师必须系统掌握专业理论知识体系，做到专业基础理论扎实，在专业建设、人才培养方案、校本教材开发等方面具有总体规划能力；能够准确把握专业培养目标和主干课程的课程目标以及在职业岗位、职业能力培养中的地位、作用和价值；对任教专业课程的课程内容、课程结构和技能体系有较强的把握能力；具有较强的专业实践能力，熟练掌握本专业一种以上主要操作技能。

基于这样的标准，王伟旗计算机网络（物联网方向）名师培育工作室带领学员进入企业和各类职业学校进行实地考察调研，采集相关数据进行分析研究，制订本专业调研报告；教会学员制订本专业人才培养方案的方法、路径、手段；以课堂教学为主阵地，组织学员开公开课；以辅导学生技能大赛为抓手，以赛促教，提升实践技能；开展校企合作，进行企业实践；考察交流，在培养周期内，组织学员外出考察、观摩和学习，以借鉴其他学校的先进经验。

四、教学相生相长，主持人自我提升

通过两年的名师工作室带教工作，学员在师德、专业领域、教育教学和教科研能力等方面都有了明显的提升，也都取得了不错的成果。与此同时，教学相长，在带教的过程中，主持人王伟旗自身也在不断地学习和提升，在教科研能力、带教比赛和专业建设等方面有了长足的进步，并取得了 10 项骄人的成果，如：2016 年作为第一发明人获得“一种基于 Wi-Fi 和串口之间透传方式的无线智能家居控制系统”实用新型专利证书；2016 年、2017 年中完成了两个市级课题：“物联网智能家居系统在中职技能型人才培养中的应用研究”“3D 情景化数字课件在网络工程施工课程中的应用研究”；2016 年、2017 年作为上海市参加全国职业院校技能大赛中之祖“智能家居安装与维护”“物联网技术应用与维护”两个赛次总教练，连续两年获得一等奖，并获得全国金牌指导老师；2017 年获得上海市教学成果奖（职业教育）“二等奖”，成果名称为“计算机网络技术专业人才培养模式的研究与实践”等。

五、加强培养指导，教科研成果丰硕

名师工作室主持人以名师的标准要求学员担任本专业 2 门以上专业主干课程教学和实习实训指导，指导学员注重对学生能力的培养，要求掌握具有本专业的特点的 2～3 种教学方法，能主持校级及以上教学改革课程研究，参与学校各项技能大赛的指导工作并有突出成果。通过悉心指导培养，学员们取得了 50 多项教科研成果并取得了物联网教学演示仪专利证书。

名师工作室以名师带动教师队伍建设，充分发挥名师的示范、辐射和指导作用，实现资源共享、智慧生成、全员提升的目标。名师工作室是点的凝聚，线的延伸，面的辐射。名师工作室的目标不仅仅是为了培养一批新名师，更应该立足长远的职业教育事业，着眼于教师未来的发展，培养一批师德高尚、造诣深厚、业务精湛的教师。“见远”领航向，“行远”育名师。

多元平台育名师　全面提升结硕果

王忠园林园艺名师培育工作室

为加快优秀教师培养，探索优秀人才成长机制，培养具有教育思想和教学风格的专业领军人才和优秀教师，2015 年，在上海市教委职业教育处的指导下，上海市教委教育技术装备中心整体规划，系统设计，试点启动了 47 个上海市中等职业教育名师培育工作室，王忠园林园艺名师培养工作室应运而生。

一、梳理需求，精准定位

王忠园林园艺名师培育工作室共有 4 名学员，分别来自 4 所中职校，都有 10 年以上的教龄，较为丰富的教育教学经验，属于成熟型教师，其中 1 名具有高级职称、3 名具有工程师或技师。针对学员实际情况和所在学校的客观条件，工作室对学员的培育需求进行了梳理，并对培育目标进行了定位：学员李春妹主攻专业建设和教科研方向，学员李双全主攻比赛辅导，姚柳荣主攻实训中心建设和创业教育方向，庄翀主攻校企合作和校本教材的开发。

在两年的培育工作中，王忠园林园艺名师培育工作室本着“研究、提升、培育、创新”的工作理念，以“聚焦教改，立足课堂，以教科研为抓手，全方位提升学员专业能力”的思路与目标，通过梳理需求、精准定位、整合资源、多元培育等途径，充分发挥工作室高端引领、以点带面、辐射引领的作用，已将工作室建成为园林专业教师交流思想、孵化成果、专业提升的学习共同体。

二、多元培育，聚焦提升

1. 利用协作组“抱团取暖”，为学员提供通识培训的平台

工作室充分发挥协作组抱团取暖功能，资源共享、优势互补，积极参加协作组平台提供的教科研能力提升、教师形象设计、教师执教能力、信息化建设等通识类课程，通过聆听协作组导师、同行专家，职教大咖的讲座报告，学员的职教视野得到了拓宽，教科研能力得到了提升，信息技术得到了巩固，职业认同感和归属感得到了满足。

2. 利用中心组进行课堂研究，提供专业教学方法研讨平台

工作室积极利用市教研室都市农业中心组，组织开展学员市级公开课。工作室从

教案撰写、教学设计、课件制作、说课及教学反思等全方位进行辅导，组织市教研员、园林园艺专业教师及相关专家进行评课，吸纳专家点评意见，在学习中实践，在实践中提高，在提高中反思，学员们已能深刻理解任务驱动教学法的精髓。

3. 积极与现代农业职教集团合作，搭建学员专业提升的平台

为了拓宽学员学习渠道，工作室积极协同上海现代农业职业教育集团，利用上海市插花花艺学校平台资源，组织学员参加了上海市中职教师高级插花班培训。聘请全国花艺大师手把手进行指导，从理论到实践系统讲授了插花艺术起源、东西方插花文化、传统插花制作技巧、西方花艺制作，使学员的花艺制作技艺得到质的提升，对插花文化的理解更深入。

4. 聘请企业行业专家，为学员开阔视野创造条件

鉴于 4 名学员均缺少企业工作经验，工作室特聘请了行业企业专家进行传经送宝，组织学员赴行业企业观摩、实践学习，学习园林园艺新技术、新工艺和新动态。通过专家讲座和专业学习，学员对于园林园艺行业的趋势、动态、新技术、新理念有了更为明晰的理解。

5. 营造教科研氛围，提升教科研能力

工作室为了提升学员的教科研水平和能力，积极督促辅导学员申报或参与课题研究工作，同时以任务为导向，组织编写专业教材。4 名学员均主持或参与了相应课题，积极向研究型教师之路迈进。

6. 科学利用网络资源，建立学习共同体

信息技术已成为工作不可缺少的工具，工作室创建伊始，就建立了微信群，在群里交流工作上的困惑、学习中的心得，真正把网络成为工作沟通、信息传递的重要桥梁，通过微信，解决了时空的局限性，工作、学习、专业上的困惑，在专业上共同提高。

三、建章立制，确保实效

为确保工作室培育工作扎实开展，保证培育效果，调动学员积极性，发挥每名学员的特长，工作室拟定了相关的管理办法和制度、工作计划和工作行事历，要求每名学员按照工作室的要求和自己的工作实际，实行自学、集中学习、网上学习交流等多种形式努力提高自己在教育教学及教科研上各个方面的能力。

为使研训效果达到预期，协作组导师共同制订了详细的考核方案，分别于年中与年末组织学员答辩活动。学员需面向协作组全体导师学员进行答辩，通过这些过程监督与结果考核并重的活动，既起到了监督督促的效果，使学员的责任意识得到提升，同时

也锻炼了学员的应变能力,提升研训效果。

四、全面提升,彰显成效

通过两年的共同学习,主持人和学员的职业教育视野得到了提升,对于现代职业教育理念、方法有了更系统的理解。两年中,有 2 人荣获区级记大功、1 人荣获上海市青年岗位技术能手、1 人荣获上海市园丁奖、1 人荣获区优秀党员、1 人荣获区骨干教师、1 人荣获学科带头人称号、1 人荣获区青年岗位能手、1 人荣获区园丁奖等。

通过两年的共同学习,主持人和学员的业务能力得到了很大提升:开设市级公开课 4 节;撰写教学反思和心得体会 104 篇;公开发表论文 8 篇;主持或参与区级以上课题 12 项;主编或副主编出版教材 8 本;辅导学生参加集团、区市级比赛 32 人次获得等第奖;6 人次国家级和国际级等第奖,其中学员李双全作为中国队教练辅导学生参加第 44 届世界技能大赛花艺项目获得冠军。

通过两年的共同学习,主持人和学员引领辐射和服务社会的能力得到了提升,主持人和学员先后带教了 7 名青年教师,同时先后为闵行职教联盟、华东师范大学、上海市农林职业技术学院、闵行区梅陇镇团委、统战部、闵行区烟草集团、上海市绿化和市容(林业)工程管理站等单位开设了职业教育教学或专业讲座、培训,为提升职业教育的社会影响力尽绵薄之力。

发展未有穷尽时,奋斗永不言休止。王忠园林园艺名师培育工作室全体成员将一如既往在各自的岗位上为职教事业添砖加瓦,奉献力量!

根植课堂　挖掘潜力　发挥优势

——做一名幸福的老师

谢富敏国际商务名师培育工作室

2015年，在上海市教委职业教育处的指导下，上海市教委教育技术装备中心整体规划、系统设计、试点启动47个上海市中等职业教育名师培育工作室，旨在让名师培育工作室主持人立足课堂、聚焦教学、搭建平台、整合资源，帮助青年教师快速成长。

谢富敏国际商务名师培育工作室成立之后，鉴于主持人30多年的教育教学经验，提出"根植课堂、挖掘潜力、发挥优势——做一名幸福的老师"的培育主题。

一、精准把脉，制订带教方案

工作室主持人聘请教育行业的专家和团队成员一起交流，分析每一名学员的优势及劣势，制订出培训、科研、企业实践、教学实践四位一体的带教方案，旨在挖掘潜力、发挥学员优势，彰显教师个性魅力。

二、理清思路，把握行动方向

以教学为核心，以学习、实践、科研为主线，工作室提出传承经典，勇于创新的主张。

三、整合资源，制订行动策略

（一）学习领先

1. 读书丰富教师的精神世界

工作室组织了教师读书及交流活动，读书的目的之一是教师能在繁忙的工作中进行自我心理疏导、快乐工作；目的之二是提升教师的教学教育理念，提高理论水平；目的之三是丰富教师的精神世界。教师只有精神世界丰满了，教学过程才能彰显饱满的神韵。

工作室教师共同阅读《优秀教师必修课》等10本书籍，撰写读后感13篇，随笔若干。

2. 教师礼仪和教学法培训

一个好的教师是由其个人魅力(教师的神态、体姿、语言构成)、专业魅力及教学设计魅力(专业底蕴、教学理论、教学设计)构成。鉴于此,工作室主持人带领全体学员参加了教师礼仪的培训活动。

在礼仪的课堂上,学员学到了教师着装的基本礼仪、教师的站姿、走姿、坐姿、手姿礼仪规范,更从教师的示范课上看到一个优秀教师的神韵之美,也学到了"人体雕塑""沙盘展示""图画展示""角色扮演"等教学技术的应用,并学会用这些方法怎样提升学生的创造性思维。

3. 开展了数字化教材、微课培训

信息化技术提升教学效率和效果毋庸置疑,为了让学员更好地掌握如何更好地开发相关资源为教学服务,工作室请陈丽娟、冯伟国等老师开展了数字化教材最新发展讲座和微课讲座。通过讲座,学员领会到了信息化资源发展的几个阶段,了解了最先进的数字资源。

4. 行业发展态势培训

为更好地了解行业发展态势,工作室请自贸区单一窗口设计者开展了自贸区单一窗口政策、操作流程、操作手段的讲座。上海市贸易学校的宋彦安老师,在此基础上进一步走进企业,与企业共同设计了自贸区环境下通关教学实训软件,现在已经投入教学。

(二) 实践提升(教学实践、企业实践)

上好一堂课是优秀教师的基本功,该工作室对 4 名学员开展了上课、听课、评课活动,通过互听、互评,学员之间互相取长补短,提升了教学能力。

在教学实践活动中,工作室针对中职教学存在的问题,聚焦研究了以下四个方向内容:教案关键要素该怎样理解、怎样突出重点、突破难点,怎样构造教学内容的逻辑性、过程的结构性、板书的合理性,怎样培养学生的思维能力,信息化技术如何应用。

在企业实践活动中,工作室组织集体参加多家企业实践学习,并根据学员个性化需要多次组织不同类型的企业实践。

(三) 科研助力(教学研究、项目研究)

工作室运作之始对每一名学员的情况进行交流、梳理,针对学员的特点确定其科研方向,要求每名学员写一篇论文,除此之外,每名学员依据自身特长,确定了科研方向和个性化规划。两年的培育过程中,学员的教学科研能力有了质的飞跃和提升。

四、师徒共进,硕果累累

在两年的培育中,工作室硕果累累,完成了上海市教委等科研课题 4 项,其中 2 项获得级优秀教学成果二等奖；撰写论文 9 篇，其中 1 篇发表在北大核心期刊上；编写教材8 本，其中 1 本获得上海市优秀校本教材奖；开发微课(微资源)70 多个，其中 2 个微课获得评比入围奖；1 名学员获得上海市中职教学法竞赛二等奖、1 名获得三等奖；1 名学员在协作组说课交流活动活动中获得二等奖，等等。

名师培育工作任重而道远，谢富敏国际商务名师培育工作室全体成员表示将继续一起努力，做一名快乐耕耘、幸福成长的老师！

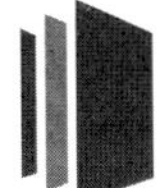

基于需求　聚焦课堂　协同发展

谢永业英语名师培育工作室

2015年，上海市中等职业教育谢永业英语名师培育工作室由上海市教书育人楷模、上海市职业院校教学名师、上海市首届黄炎培职业教育杰出教师、全国优秀外语教师、上海市教委教研室英语学科中心组副组长谢永业老师领衔担任。在上海市教委职业教育处、市教委教育技术装备中心指导下，工作室探索出了英语教学之路，逐步形成中职名师培育工作室的典型模式，在上海市和长三角地区，乃至全国中职英语教育界具有极其重要的影响。

两年来，工作室基于需求、聚焦课堂、协同发展，开展了一系列内涵丰富、形式新颖的培育活动，开发了一批高质量的课堂教学案例，搭建起资源共享、多向辐射、促进成长、培育个性的教师成长平台，学员们在英语学科教学、技能大赛指导和教育科研等方面崭露头角，成为上海市中职英语教育方面的优秀骨干。

一、组建顾问团队遴选优秀学员

在正式招收学员前，根据市教委相关文件精神，工作室组建了市教委教研室教研员、高校专家、外籍专家等组成的高规格、高水平专家顾问团队，对参加工作室的骨干英语老师进行认真细致、专业化的遴选，最终确定马增彩、吴文斌、沈萍、杨懿俊、李文静5名正式学员和钱雅萍、郜庭秀2名委托培养学员。

二、秉持“读书 · 倾听 · 探究”的研修理念

工作室一直坚持“读书 · 倾听 · 探究”的研修理念，采取高度聚焦课堂教学，困惑驱动，问题打造，以探究的方式捕捉英语课程与教学的实际问题，基于问题开展案例研究，旨在优化教学行为与效果。

工作室受专家引领，拾级而上，借专家的视野择高而立，与专家零距离接触，启迪教育教学智慧，更新教育教学理念；互助分享，博采众长，加强与同行的交流与切磋，以他人之长，补自己之短；实践磨砺，协同共进，整合多方面资源，搭建展示才智的平台，在修炼中互补、互哺、共生、共长。

三、采用“自主学习 · 专家引领 · 协作探索”的实践模式

工作室成立后，在谢老师的带领下，学员们踌躇满志，干劲十足，踏上了优化中职英

语课堂教学的新征程。学员们以学生为中心,聚焦课堂,研究学生的学习特点、障碍和提升学生学习效果的方法,开发了近70个课堂教学典型案例。工作室还举行了一系列校际、市级、跨省市的交流研讨活动。

(一) 自主学习

学员查阅文献,研读专著,学习教育教学理论。两年来,工作室共同研读了近20本中、英文教育教学专著,形成了系列读书笔记,提升了理论素养,更新了教育教学理念。

(二) 专家引领

两年来,邀请市教委教研室教研员、高校专家、外籍专家等上海市乃至全国职业教育界知名专家与领导进行带教与研修,聚焦课标、立足课堂跟踪指导。

(三) 初显成效

在两年的工作室系列活动中,工作室学员的教师观、学生观都发生了深刻的变化。

1. 为市级大规模考试命题输送专业人才

在主持人的带领下,工作室认真阅读国内外语言测试类著作,形成系列语言测试读书笔记,在夯实基础后,实践命题实战技术。经过两年多的努力,三名成员被聘为上海市“三校生”高考和中职学业水平考试命题组成员。

2. 参与市级规划教材的编写与课程优质资源的开发

工作室承担了上海市规划教材《中职英语》等教科书的编写任务;开发了GTR贯通英语系列阅读教材;编写了“中职英语短文听力专项训练系列丛书”;近70个精细的课堂教学案例研究成果被上海外国语大学出版社预订使用。

3. 工作室学员综合能力得到提高

应上海市商学院培训基地邀请,工作室成员吴文斌、李文静走进市骨干教师培训班做学术报告;沈萍老师获市星光杯“三星”金牌指导教师;工作室成员成功申报了3个市级课题并获立项;吴文斌考取了华东师范大学英语教育专业博士等。学员们在两年期间开了多节各个层次的公开课。

4. 学员的发展带动学生的成长

工作室成员的专业发展直接给教学带来了积极影响,带动了学生学业上的突飞猛进,除了常规的学校教学工作得到了明显的优化外,工作室4名成员为国赛辅导团队金牌教练、优秀指导老师与核心成员。

四、打造“市内·省市际”的互助协作平台

为了能够进一步促进团队成员与兄弟省市学校的相互交流学习,两年来工作室联合北京、广州、南京、苏州、杭州、宁波等地区的专家同行们开展了一系列高度聚焦课堂

教学的研究活动，团队成员围绕课程实施中的问题，开展高度聚焦课堂教学的系列化、模块化教学案例研究与教育研究方法学习与实践。

两年来，工作室策划发起“沪—甬”联合教研活动——互动交际式课堂教学案例展示、“沪—宁”中职英语联合教研活动——教学评价与技能大赛指导案例展示、上海市行政管理学校联合教研活动——真实化课堂教学案例展示、“沪—苏”联合中职英语研讨会——兴趣化课堂教学案例展示、“京—沪—杭—穗”四市中职英语联合研讨会——差异化课堂教学案例展示、上海市第四中学联合研讨会——商务英语课堂教学案例展示、上海外国语大学出版社联合研讨会——课程资源开发案例展示等效果显著的活动。学员在多样、开放的活动中交流思想、反思教学、诊断改进。

在取得了一定成绩的基础上，工作室明确了下一步努力的方向：将更高度聚焦学生需求，更关注课堂教学的艺术性研究，让学生享受课堂的学习过程；探索课堂教学与信息技术的深度融合模式与方法，进一步促成工作室学员向研究型和专家型教师的方向发展。

精准定位　精心带教　精彩绽放

颜苏勤心理健康名师培育工作室

2015 年,在上海市教委职业教育处的指导下,上海市教委教育技术装备中心整体规划、系统设计、试点启动了 47 个上海市中等职业教育名师培育工作室。为培育上海市中职校心理健康教育优秀教师的职业素养,颜苏勤心理健康名师培育工作室成立。经过层层选拔,工作室遴选出来自 5 所中职校的 5 名学员。

两年来,颜苏勤心理健康名师培育工作室采取共性与个性相结合、紧扣心理健康教育教师的核心素养,紧贴五名学员的个性化需求,量身定制多元多层次的带教活动,促进学员更精、更快、更深的专业发展。学员们不仅在教学科研、个案咨询、团体辅导、教参编写等专业领域取得丰硕的成果,也在个人职业生涯发展中跨出标志性的大步伐,同时带动学校心理健康教育工作迈上新台阶。

一、糅合共性目标与学员特色,量身定制带教方案

1. 明晰共性培育目标

工作室立足心理健康教育名师的培育目标,聚焦学员名师素养的养成、中职心理健康特色课程教材开发、教学科研工作能力提升、收放自如的课堂教学和个案辅导的专业化发展五大模块,助推学员成为专家型的骨干心理教师。

2. 把脉学员发展特色

5 名学员在学校已初具各自特色和影响力,为了让学员在学校更好地发挥,让心理健康教育工作与岗位有效结合,主持人邀请专家把脉每名学员的优势、岗位特点和不足,设计个性化发展的带教方案,助推学员进一步增强在各自学校、区县乃至市级层面的辐射力和影响力。

二、凝聚专家资源与领导支持,激励学员奋发图强

1. 隆重签约,引起高度重视

为取得学员所在学校的大力支持,工作室设计主持人、主持人所在学校校长、学员、

学员所在学校校长的签约仪式，定格工作室学员身份，取得学员所在学校校长的高度重视和大力支持，为学员的学习和成长保驾护航。

2. 对话名师，坚定理想信念

为提升学员名师素养，工作室开展“对话名师”系列活动，邀请多位知名专家、资深学者与学员面对面交流，为学员树立榜样，呈现名师发展之路，坚定学员自身的发展目标。

3. 走访学校，见证成长轨迹

为给学员更好地发展提供有力支持，工作室分别走访 5 名学员所在的 5 所学校，与学员所在学校校长面对面，汇报学员的发展和成果，让学校见证学员的成长，激励学员持续努力，百尺竿头更进一步。

三、立足学科特点与学员需求，开展特色带教活动

1. 专家引领，提升个案咨询功力

借助许维素教授的“焦点解决”系列培训、黄宗坚教授沙游系列培训等顶级心理咨询师的培训，夯实了学员心理咨询的理论和技术，并通过实践咨询、案例督导、个案点评、个案撰写等活动切实提升学员心理咨询的功力。

2. 搭建平台，探索医教结合之路

通过赴上海市精神卫生中心，跟岗著名专家杜亚松教授，参与精神科医生的临床观摩实践，提升学员识别高危学生的能力，探索医教结合之路，为学员在实践工作中进行转介等工作拓宽道路。

3. 聚焦课堂，引领学生心灵转向

心理课堂教学是引领学生心灵转向的主阵地，工作室通过带领学员编写《团体心理辅导主题活动方案》《中职生青春期心理健康》教学参考书和磨课、说课、上课等活动，引导学员在心理课堂的适切性、针对性、有效性以及个人魅力上狠下功夫，大大提升了学员的教学水平。

4. 静心科研，精进科研能力

通过邀请学员共同参与课题研究，指导学员申报课题、设计科研方案、课题推进、相关软件的学习使用等，引领学员一步步熟悉科研工作的具体流程，提升科研水平。

5. 多彩平台，提升综合素养

助推学员走上上海市中职校校长论坛进行交流分享，担任工作室展示交流的主持人，策划个案成果发布会等，锻炼学员的综合能力，提升学员整体素养。

四、师徒共情共成长，携手静待百花开

在两年带教活动中，主持人颜苏勤严于律己，在作个案、教学、科研中扎扎实实、精益求精，向学员诠释如何做一名优秀的心理教师。学员这样评价主持人既严厉又温和，身先垂范，为中职心理教师无私奉献，是学员的楷模。

2017 年，主持人颜苏勤荣获上海市教书育人楷模(提名)奖，领衔的科研成果“中职生青春期心理健康教育课程化的实证研究和实践创新”获得市级教学成果一等奖，编著的《中职生心理健康》教材被列入中等职业教育德育课程改革国家规划新教材配套教学用书，主持的上海教委“心理健康”网络课程上线等。

两年来，在主持人带领下，全体学员硕果累累：共同参与编写《个案心理辅导实务与启示》和《中职生青春期心理健康教学参考书》两本书，被列入国配教材；学员参与项目和课题研究共 5 项，发表论文和个案报告 12 篇，获得各类奖项 14 项，教材《团体心理辅导主题活动方案》荣获上海市中等职业学校第四届优秀校本教材奖；学员强丽君所在学校被评为上海市中小学心理健康教育示范校；学员汪清华课题获得国家教师科研基金“十二五”教育科研规划重点课题科研成果一等奖；学员王怡成为学校教科研工作负责人；学员田广晓被录为彰化师范大学博士生。

名师培育工作室的工作虽然告一段落，但师徒之情永在，工作室将继续携手，把学到的态度、知识和技能，转化为心理健康教育的职业观念和能力，静待心理健康教育在各校百花齐放，结出更加丰硕的成果。

3. 科研能力提升

教师不仅要善于教，而且要善于研究教；不仅要培养学生，而且要通过科研，培养自己，教研相长。

首先，工作室开展研究的问题来自学员教育教学实践，是为解决具体问题服务的，它有极强的针对性和目的性，只有使科研与教学相结合，教师的科研活动才有价值。

其次，工作室对学员的科研的培养应体现在如何将已有的教育理论研究成果尽快地转化到教育教学实践中去，促进教育教学水平的提高。

再次，工作室让学员在教育科研中成为一名学习者，让教育科研成为一个不断发现、探索、解决问题的过程，这正是“学习”的本质所在。

两年中，工作室立足学员工作岗位，开展课题研究3个、参与教改项目5个、发表论文5篇。

4. 提升育德能力

工作室引导学员不仅要系统而科学地传授知识，还要建立知识与人、与生活多向度的交融关系。比如，不仅要介绍科学家创造知识的成果，还要传播其探索的勇气、爱国的情怀和锲而不舍的精神，培养学生学习的兴趣、追求新知的志趣，传承科学家的高尚人格及奉献精神。

工作室培育学员正确认识和处理知识导向与价值引领的关系，正确认识和处理专业技能训练与人的全面发展的关系。引导学员要始终围绕立德树人这一根本任务，秉持大局意识，深挖学科的育人价值，形成课程整体育人的联动效应，促进学生的全面成长成才；要始终围绕专业培养目标和学校培养目标展开，使教育教学实践符合客观的规律；要立足学生身心发展、现实能力、现实需要，将思想观念、价值取向、精神风貌教育变得“接地气”，更具亲和力、感染力。

5. 提升前行能力

了解了职业教育的现状、知道职业教育教学改革的方向，掌握现代教育技术手段的应用及相关专业的教学方法是学员前行的必备。基于这一认识，工作室通过走出去、请进来的方式开展了这些方面的培育活动，开拓了学员的专业视野，如组织企业实践活动，参观国内一流职业培训学校，观摩国内高水平职业技能大赛等。其中，亲临世界技能大赛的中国区烘焙项目决赛，熟悉比赛规则、掌握比赛内容、对学员的实践职业教学帮助极大，在以后的赛事指导能力上也有极大帮助。

眼望多远，就能走多远，今后，工作室将继续大力提升学员的前行能力，为学员提供良好的发展空间，走得更远。

聚焦发展　个性带教　为德育科研名师奠基

袁晖江德育(科研)名师培育工作室

2015年,在上海市教委职业教育处的指导下,上海市教委教育技术装备中心整体规划、系统设计、试点启动了47个上海市中等职业教育名师培育工作室。

袁晖江德育(科研)名师培育工作室作为47个工作室之一,在两年试点期间,坚持"匠心德韵"理念,以课题研究为引领,围绕学员关心、学校需要的中职德育问题,充分发挥主持人的领衔、示范、凝聚和辐射作用,开展了82次形式多样、内容丰富的研究性学习活动,学员科研能力提升,成果辐射中职校与社区,逐步成长为有自己教育理念、有反思能力的德育工作者。

一、理念先行,明确培育目标

职业教育呼唤工匠精神,工匠精神既是技艺要求,又是德行体现。名师培育工作室将匠心与德育紧密结合,坚持"匠心德韵"理念,其寓意为匠人情怀、潜心科研、幸福德育、清雅师韵。以匠人之心对待工作,潜心德育科研,通过学员自主课题和幸福教育研究引领德育实践,为学生幸福不懈努力,致力于将学员培养成为具有自己教育风格与人格魅力的研究型、思想型德育工作者,为未来优雅幸福的德育名师奠定基础。

二、多种举措,助力学员发展

1. 严格管理　培育工匠精神

要培养学生的工匠精神,教师首先应具备工匠品质,平时认真规范的学习与管理就是对工匠精神最好的诠释与解读。工作室制订健全的规章制度,固定每周活动时间,做好每一次学习记录,写好每一次活动简报,编好每一道问卷题目,填好每一份课题申报书,撰写好每一次汇报稿,制作好每一个PPT等。通过这些细节培养学员认真、细致、专注的工匠精神。两年多来工作室活动82次,编发简报53期,专报12期,投稿职教在线14篇,导师与学员手册填写认真,积累形成了12本集体和个人成果、1本宣传画册,总文字量100余万字。

2. 分析需求　个性指导研究

学员来自不同学校,起点不同,需求也不同,为了突出个性化指导,导师与每名学员多

次交流沟通，根据学员个人岗位、爱好、研究基础，量身定做个性化带教方案和个人发展规划，根据学员自己的兴趣、特长和学校工作实际确定了不同的自主研究课题。

为了确保学员课题研究有序、规范，工作室按照学员各自的课题进程表分阶段推进指导。为加强指导针对性，导师与专家团队深入到每名学员学校举行现场推进会，听取学员课题研究汇报，查看课题研究资料与实践情况，访谈老师与学生，与企业面对面调研，对学员的课题进行全面跟踪，与学校领导沟通，促进了研究实践落地，实现德育科研“接地气、见实效”。让学员感受到德育科研绝不能闭门造车，必须扎根于教育教学实践，才能有生命力。

3. 广开资源，注重研讨反思

天外有天，只有看得多，才能知不足而努力，两年来，工作室想方设法开发各方资源，请进来、走出去，赴市内外多所学校、德育工作室、企业参观访学，参加全国中职班主任高峰论坛、“科学与幸福”研讨会，听取专家报告、与名师面对面。

各校各具特色的德育理念、丰富多彩的德育活动、专家报告的高屋建瓴，名师成长经历，开阔了学员视野。大量学习观摩之后，通过读书沙龙、专题研讨，多维视角、多元互动，在思维碰撞中培养学员反思能力，领悟德育的真谛与魅力，学员撰写读书笔记与学习体会8万余字，逐步形成自己教育理念。

4. 专家把脉　提升科研水平

让学员学会规范科研是工作室的主要任务。工作室请来请华东师范大学、市教科院、市中职德育研究会、中职校德育专家，对学员的课题立项、申报、研究等工作持续跟踪指导，专家团队亲自授课，现场指导课题，个性分析与集体评审相结合，为学员科研能力提升提供了强大的专业支持，使学员研究思路更加清晰，研究能力不断提升。

5. 团队合作　共研幸福德育

学员自主课题完成后，工作室在主持人带领下，共同开展幸福德育项目研究。从开题开始，有分工有合作、有指导有思考，经历了收集资料、编制问卷、调查访谈、研讨提纲、撰写报告、确定体例、编写教程、讨论修改、定稿印刷、课堂实践、活动开展、专家评审等阶段，工作室共同体验教育科研的规范过程，完成了幸福德育项目的研究实践。幸福教育教程《与幸福握手》在5所学校试用后，学生反响良好。

6. 搭建平台　展风采促成长

学员发展需要平台，工作室努力给学员创造亮相机会，将主动展示与推荐交流、自设平台与参与项目相结合。两年来，工作室进行了2次全市公开汇报，为每名学员提供展示成果、提升能力的机会；工作室推荐学员为中职校开办讲座，参加校际交流展示研讨，指导新教师开课；及时提供信息，鼓励学员申报各级课题、教学法评优、职业资格培训等活动等,以参与促发展,以交流促反思,以展示促成长。

三、师生伴行,共谱清雅师韵

两年来,工作室在导师带领下专注德育、潜心科研、团队合作,结下了深厚情谊,实现了教学相长。完成了 5 项课题,出版教材 1 部,获得上海市教学成果奖 5 项、第七届教学法奖项 1 个、其他各级各类奖项 24 个,谱写了一曲清新雅致的师韵之歌。

凝聚团队智慧　打造教学“名师”

张斌数控技术应用名师培育工作室

为培养优秀的职业教育教师，加快上海职业教育的发展，提高上海职业教育教师教学水平，服务上海科教人文战略。2015 年，在上海市教委职业教育处的指导下，上海市教委教育技术装备中心整体规划、系统设计、试点启动 47 个上海市中等职业教育名师培育工作室。该项目启动以来，名师培育工作室主持人立足课堂、聚焦教学、搭建平台、整合资源，帮助青年教师快速成长。张斌数控技术应用名师培育工作室就是其中的典型代表。

张斌数控技术应用名师培育工作室在实施培育以来，根据学员需求的诊断，有针对性地提升，有目标性地实施计划，为学员创造各种学习机会，整合教育资源，不断丰富培训内容，让学员整体上得到质的提升。

两年来，学员们不断地参加各种技能大赛、教学法评优、教学大赛，通过专利申请、文明风采等活动，不断地创造了一项又一项好成绩。各种活动经历，不但提升了学员们教师专业素养的能力，更为上海市中职数控技术应用专业发展的春天开辟了崭新的天地。

一、需求诊断，确定方案

在培训之初，工作室导师根据学员的整体情况进行了筛选，并为每名学员做了需求诊断和系统分析，结合实际制订了带教方案和学员发展规划。

1. 学员需要分析

为了更好地带教，让学员们学有所成，根据学员填报的需求书，工作室导师邀请专家对学员逐一诊断，分析每名学员的基础、优势、不足及困惑。通过对每名学员的系统分析，最终拟合成工作室的整体培育目标及培养方案。

2. 培育方案设计

为了提升学员们的职业素养、教育理念、业务能力和科研能力，工作室本着为学员服务的方针，制订了个性化的培育方案，努力让学员们通过工作室的培育找到自身定位，实现自身价值，不断感受职业教育的魅力与教师职业的幸福感。

二、搭建平台，促进成长

为不断提升学员们的综合水平，工作室为成员们搭建各种学习交流的平台，聘请行业专家为学员们授课，带领学员们到企业实地参观，与优秀教师面对面交流，注重学员们培育成果的展示。

1. 教师教法展示平台

针对教学法评优活动和信息化教学比赛，工作室聘请教学专家一起参与磨课、研课活动，反复推敲，研究细节，提高学员教学水平，把控教学内容的正确性和教学方法有效性。

2. 技能大赛展示平台

针对上海市“中华杯”职业技能竞赛、星光计划、全国职业院校技能大赛，工作室通过组织行业专家指导、技术交流等活动，不仅提升了学员所在学校学生的技能，也使得学员们也在各级各类比赛中不断收获成功。

3. 科创能力展示平台

针对教师的创新教学，工作室借助学校、品牌专业等平台，邀请了行业专家和技术能手参与课题讨论、研究和探索。先后完成了气动夹具的设计与制造、3D 打印机的设计与制造和多功能教具开发，为枯燥的理论教学添加生动形象教学效果。

三、立足教学，培育“名师”

教育的根本目的是教授学生知识，传达教育的精髓，这就要求教师要有较高的教学能力，学生在学的过程中不仅学会、学懂，还要学得开心。为培育“名师”，工作室开展了多元化的活动。

1. 听课评课，提炼精髓

为提高学员们的教学水平，工作室积极鼓励学员们多参加听评课活动，听课要求做到听得出门道，评课要求评得出名堂，最后沉淀为对自己未来教学有帮助的知识与经验，形成理性认识。

2. 设计微课，辅助教学

为了探索上海职业教育新模式，立足职业教育，提升学员的教学效果，工作室组织微课设计学习，形成了范本微课，效果较好。

3. 教学展示，提升自己

为了提升学员的教学能力，克服内心障碍，敢于走出去主动上公开课，工作室多次为学员们创造了开校级、区级、市级公开课的机会。通过导师和学员们不断说课、磨课

和修改教案，学员的教学能力得到了提升。

4. 交流参观，分享经验

交流不但可以了解别人的做法和经验，更可以结合自身特色，运用到自己的课堂教学及管理中。在培育过程中，工作室多次创造机会，带领学员到四川、重庆、江苏等兄弟学校进行交流学习，同时也邀请在教学法比赛中的获奖者分享大赛经验，为学员以后上好公开课提供依据。

5. 专题研讨，探索提高

为更好地实施课堂教学，工作室组织了多场学员教学研讨活动，针对某一主题，相互讨论，形成了如何实施教学、如何丰富课堂等教学参考意见。

6. 关注课改，把握标准

为了正确把握课程标准，导师带领学员们认真学习了数控技术应用专业教学课程标准，把新的教学要求落实到教学中。

7. 聚焦“匠心”，深化内涵

组织学员观看中央电视台推出的系列报道《大国工匠》，让学员知道工匠们的人性之美，如何把劳动变成创造，让技术变成艺术。要成为具有“匠心”的“名师”，需要把自己的人格魅力和思想情怀融入教学中，这样才能摒弃浮躁、功利，回归教育本真。

四、齐头并进，硕果累累

在装备部领导的密切关注、专家的精准指点、导师的精心指导和学员的辛勤付出下，名师培育工作室取得了丰硕的成果。两年来，张斌数控技术应用名师培育工作室 3 名学员获得国家级奖项 8 项、市级奖项 11 项、区级奖项 3 项；参与编写教材 5 本、资源开发 4 项、公开课 8 次、申请专利 3 项；张斌导师获得区级以上各类荣誉 6 项，2017 年张斌数控技术应用名师培育工作室获上海市技师创新工作室和崇明区技师创新工作室的称号。

五、感悟过程，继续前行

两年来，张斌数控技术名师培育工作室导师和学员时刻践行教育的本真，时刻激励、不断前行，相信在团队智慧的引导下，“名师”成长道路将会越来越宽广……

教师成长“个性化 多样化 专业化”三化融合

张帆电子技术名师培育工作室

职业教育的发展离不开一支优秀的教师队伍。为加快优秀教师发展，探索优秀人才成长机制，培养具有教育思想和教学风格的专业领军人才和优秀教师，在上海市教委职教处指导下，上海市教委教育技术装备中心整体规划、系统设计名师培育工作，2015年9月启动上海市中等职业教育名师培育工作室项目。

张帆电子技术名师培育工作室的培训学员在工作室里勤勤恳恳学习、默默无闻奉献，通过工作室的平台，了解电子技术专业发展方向，解决现在教学中的信息化应用，落实课程和专业建设。学员为学校的电子专业发展，为个人的职业发展找到了方向，专业视野逐步开阔，个人的专业能力发展日趋加强。

一、个性化规划，树立明确培育目标

工作室精心选拔学员，并发挥工作室每个成员的特长，立足主持人电子技术应用专业优势，以实现资源共享、共同提升为目的，为学员制订个性化的培育方案。

第一，工作室选择“五个一”的目标，学员可以根据自己的特长和专长，在专家、主持人的指导下，学员共同商量，制订编写1本校本教材、展示1次(市级)公开课、参加1项市级(国家级)比赛、1次外出参观、写1篇论文……因人而异的个性化培训，既有量化的目标值，又具有可操作性。

第二，工作室以提升教师的专业教学能力为目标，在制订详细的学员个性化发展规划之后，根据培育工作室特色，给学员设计了电子专业中前沿的技术，虚拟仿真仪器在电子技术应用中的使用、微课在信息化教学中的应用、世界技能大赛“电子技术”项目学习3个项目。

通过两年持续又有连续，系统又有碎片，个体又有团体的学习，使得学员和主持人的教学设计更加合理、科学，并提升了专业技术能力，让新知识、新技术、新工艺在教学中得到反映，同时提升了工作室学员的课堂教学实践能力。

二、多样化活动，促进教师快速成长

工作室作为名师培育第二协作组的一员，同时主持人作为第三期名师班学员，两年的时间里组织了多种多样、丰富多彩的交流活动。如邀请同济大学蔡跃博士为学员和

导师开设了翻转课堂和微课制作讲座；参观了有关公司，体验真实的工厂环境中的真实感和沉浸感；参观了上海教育电视台参观演播室、控制室、节目录制现场；参加了上海电子信息学校的“中职生的职业素养”的头脑风暴——对学生的职业道德培养、职业意识的养成，职业技能的提高等有了更深切的认识；参加了上海电子工业学校的“匠心培育　责任感悟”的主题开放日活动，通过学校、匠人、企业、德方专家的发言，从不同的角度感悟工匠精神精髓；到成都电子信息学校、重庆市龙门浩职业学校、广州技师学院等全国示范校参观交流学习等。

两年的活动里有讲座、有参观、有论坛、有读书……让主持人和学员了解和认识到职业教育的发展，开阔视野、启发思路、激发热情。同时，也将其他学校的教育教学理念、教学方法和教学动态带回自己的学校，特别是在校企共建、教学改革、课堂教学、世界技能大赛人才培养等方面收获颇丰，为今后的教学工作提供了有利的借鉴。

三、专业化培训，落地教学课堂教学

1. 关注技术发展，引入课程教学

工作室邀请 NI(国家仪器)公司的工程师，通过两年六次的不间断学习，为学员开设 Labview 的技术培训、虚拟仿真平台 ELVIS 的使用培训、自动化测试在电子技术应用专业的介绍培训等，使学员了解如何通过虚拟仪器这个平台解决在模拟电路、数字电路教学中电路演示、元件损耗、实验风险等问题。

2. 世界技能大赛，离工作室不再遥远

2017 年 10 月份工作室学员成为技能大赛的国家队选手出征比赛，工作室为此安排了一系列的活动：每名学员制作 1 套世界技能大赛的赛题，完成 1 份世界技能大赛的赛题，请世界技能大赛的教练作 1 次讲座，写 1 篇世界技能大赛之后的体会等活动。

3. 微课等信息化方式应用于公开课

工作室在两年的时间里，学员李梅和郑艳军分别尝试用翻转课堂的设计理念开设公开课，使用亲手制作的微课、课程动画、工作任务书、项目教材等元素，打破了传统理实一体的课程设计思路，将教学的空间扩展到课前和课外，让学生通过自主学习、收集资料等将学习的时间和空间延伸。

两年的培育，对学员的要求也更加严格，教学方法不仅仅局限于老师的引导、提问，学生的讨论、思考，而是让学生自主交流、自由提问、主动分享。学生能力不再局限于技能的提高、职业规范的要求，还加入了表达能力、发现问题与解决问题的能力、学习能力等。

两年中，工作室的主持人和学员都有了很大收获，主持人和学员的交流不再局限

于怎么上好课，不再只关注如何带好比赛，如何教好一堂课，而是提升到如何规划自己的职业生涯、放宽到如何把事情做得更好，让事情的操作流程更加符合教学的规律，如何对教师个性特点塑造等方面。主持人和学员同为是职教人而自豪，2018年众行志远！

匠心育人　匠艺传承

张桂芳烹饪名师培育工作室

2015年，在上海市教委职业教育处的指导下，上海市教委教育技术装备中心整体规划、系统设计、试点启动47个上海市中等职业教育名师培育工作室，旨在进一步发挥上海市中等职业学校优秀教师的示范、引领与辐射作用，培养一批具有教育思想、教学风格的专业领军人才和优秀骨干教师，为本市中职教育的科学发展提供强有力的师资保障。

张桂芳烹饪名师培育工作室成立后，采用“名师引领、团队合作、实践研修”的指导方针，探索优秀人才成长机制，充分发挥本地域优秀教师资源的凝聚、辐射、指导作用。积极培养青年教师成为学生喜爱、家长放心、同行佩服、社会尊重的骨干，推动优秀教师队伍建设，促进学校发展。

一、以名师育新人，传承工匠精神

1. 名师领航，个性成长

工作室发挥主持人的“名师效应”，凝聚学员团队，以精益求精、爱岗敬业的工匠精神培育学员，教学相长的提升学员学名师、做名师的职业自信。

学员的年龄差异大、专业工种不同、在学校承担的职务不同、学习的需求也不同，主持人针对学员的不同特点，依据每个人的学习计划和发展需求，为每名学员量身定制带教方案，因材施教，以个性化的目标引领学员教师的职业生涯发展。

2. 匠心铸造，名片效应

工作室与同行学校互访互学，输送先进专业技术和教学理念，发挥上海职教“名片”的积极作用。作为成都中和职业学校的烹饪专业专家委员会，工作室团队送教上门，对学校新专业布局和建设进行了专业指导。

工作室与全国领先的广州市旅游商务职业学校切磋交流，一起开展企业调研，充实制思路，并在上海市区走进多所中职学校开展师资培训，由点及面，发挥共享效应。

二、搭平台创特色，驱动工作实效

1. 德技并修，教师有特长

工作室通过教、学、做、研，孵化教师的个性化成长，培育好老师、新名师。工作室设计了职业教育行动导向的教学研修、中餐烹饪国际赛事职业院校指导老师的专题研修、注册中国烹饪大师进修、"蓝带"甜点培训等高级专业研修等活动。以工匠精神为中心，德技并修激励学员成为业务能力精湛、育人水平高超的高素质教师。

2. 多重融合，资源有特色

工作室积极推动上海本土区域资源与专业教学融合，保护、发扬本邦菜、小笼包的非遗技艺。开展走近南翔"小笼包"传人、拜访本邦菜大师、研讨课程设计、落实教学方法等活动。

从抢救本邦菜的经典名菜着手，拍摄 24 节慕课，成功复刻大师经典，让传统技艺和大师的工匠精神生生不息。通过信息化技术与师徒传授技术融合，既保留师徒传授的个性化培养方式，又借助信息化技术突破时间、空间限制，让教与学更生动、更灵活，成功开发相关的微课和电子教材。

3. 服务社会，辐射有特点

工作室通过职业体验项目服务社会，学员参与的职业体验项目受到市民高度好评，扩大了辐射效应。学员们依据不同学段的学生特点开发了体验课程项目和亲子互动体验项目，使得职业体验活动系列化、课程化，在不同学校进行推广。同时让广大市民走进职业教育、了解职业教育，成为职业学校和社会有效沟通的一道"桥梁"。

三、聚焦深度优化，引领专业建设

1. 聚焦标准　开发优势课程

工作室整合教育优质资源，以市级课题为抓手，开展教学研究，完成课题 3 项。聚焦教育教学实践中的具体问题，开展行动研究，帮助学员教师在工作中发现问题、分析问题、解决问题，增强科研能力。对标职业标准，发挥团队力量编写出版教材七本，并在此基础上开发优势课程，建设示范性品牌专业。

2. 聚焦教学　打造优质课堂

工作室立足课堂聚焦教学，以教学法评优课为切入口，开展说课、观课、评课等教研活动，通过"说、听、评、磨"等环节，对学员的课堂教学进行细致地分析指导，分享教学经验，打磨"做学一体"课堂教学范例，形成可复制可学习的专业课教学模式，打造专业课课堂教学的主阵地。

3. 聚焦学生　培养优秀人才

以教师的人格魅力感染学生，以教师的专业能力带领学生，"匠心育人"让学生有人

生出彩的舞台。工作室学员教师在自身成长同时,“以生为本”,尽心于学生培养,均能够带教市级、国家级职业技能大赛的选手,共辅导学生在大赛中获奖 7 项。

紧扣“立德树人”,工作室对学生职业素养培养和专业技能提升双管齐下,致力于从学校人到企业人的“零距离”对接,凝聚育人合力,服务学生成长。

四、多元融合创新,拓展国际视野

以“海纳百川兼容并蓄”的海派文化为核心,工作室传承本邦菜点技艺和饮食文化,将优秀民族文化发扬光大,并吸纳“蓝带”高端西餐课程精准化、标准化的操作流程,创新中餐菜点的教学方式,焕发工作室的创新力和生命力。

工作室充分融合本土化和国际化资源,使得中餐烹饪可计量可控制,把师徒相授独门技艺转化为可复制可传播的学习模式,让中餐走出国门成为一带一路上的“友好使者”,让更多的人喜欢中餐喜欢中国。

“一花独开不是春,百花争艳香满园”,张桂芳烹饪名师培育工作室以名师为引领,以学科为纽带,为学员点方向、立标杆、树信心,通过校企融合、共享资源、边学边做、教研一体,促进青年教师提升双师型素养,打造了一支在全市乃至全国职业教育领域中有影响力的高水平教师团队。主持人带领着学员们优化资源、传承匠心、携手共进,尝试校本化的模式创建,在各自学校结合校本实际积极开展不同教学教研实践,推进了职业教育创新发展的共同体。

多维合力促“长板更长” 倾力打造教师个人风采

章晓兰材料/环保名师培育工作室

基于名师引领的名师工作室，倡导自主性和合作性的教师专业发展取向，成为近年来提升教师专业化水平的研究热点。在此背景下，2015 在上海市教委职教处指导下，上海市教委教育技术装备中心整体规划、系统设计、试点启动 47 个上海市中等职业教育名师培育工作室。工作室主持人即导师，实行导师制，由专业领域内有影响且知名度较高的老师承担。通过导师较强的专业背景、丰富的企业实践经验、清晰的行业把握，实施类似学徒制式手把手的个性化带教，突显名师培育的针对性和有效性。

章晓兰材料/环保名师培育工作室针对学员特点，搭建平台，整合多方资源，对学员的培育扬长补短，倾力打造学员个人特色和风采。

一、建章立制，规范管理

俗话说“无规矩不成方圆”，没有严格的制度做保障，工作室的带教工作是不可能达到预期效果的。为此，工作室制订了规范的工作室管理制度，包括工作室导师和学员职责、工作室运行制度、工作室考勤制度、工作室学员考核制度等，旨在从制度上保证工作室规范、高效运行。

二、搭建平台，整合多维资源合力促发展

1. 组建团队，梳理需求

工作室一经立项，导师立即着手组建带教专家团队。专家团队有来自高校的专家(同济大学职教专家)，有来自行、企业的专家(上海建工集团高级工程师、上海轻工监测总站高级工程师)，有材料、化工、环保专业领域的富有经验的教师等。经过专家团队的把关、遴选，工作室招收了一名材料专业教师和一名环境监测专业教师。学员招收后，让学员根据工作需要及自身发展需求进行梳理，制订个人发展规划，并经过专家团队的反复研讨、修改，最后定稿成形。

2. 顶层设计课题引领

根据个人发展规划及学员个性化需求，制订个性化的学员带教方案。带教方案力求扬长补短，让学员经过工作室培养形成自己独特的长处和个人风采。根据学员带教方案及导师和学员已有的基础对工作室整体培育方案进行顶层设计，确定“课题研究引领 项目驱动成长”为主线的培养思路。

工作室依托立项的课题，以课题研究为引领，结合学员的个人规划及学员的实际工作，设计了三大让学员成长的项目：现代学徒制项目（实施方案、课程资源建设、教学模式创新）、竞赛项目（创新创业大赛、文明风采大赛、信息化教学大赛、微课比赛）及聚焦课堂教学项目（听课/评课、校级公开课、市级公开课）等，搭建多资源平台（校、企、外援专家团队）多维合理引领学员成长（图1）。

课题研究引领

1.现代学徒制的实践研究（2016年上海市职教协会重点课题）
2.移动学习背景现代学徒制教学实践研究（2017年上海市职教协会重点课题）
3.与专业融合的创新创业教育研究（2017年上海市职教协会课题）
4.基于专业融合理念名师工作室共建共享研究（2016–2017年中国职教学会规划项目）

项目驱动促成长

1.现代学徒制试点项目（实施方案、课程资源建设、教学模式创新）
2.创新创业大赛、文明风采大赛、信息化教学大赛、微课比赛
3.聚集课堂教学（听课/评课、校级公开课、市级公开课）

搭建多资源平台

外援专家
同济大学教授（课题研究、论文撰写指导等）
上海建工集团高级工程师、上海轻工监测总站工程师（企业专家，现代学徒制）
多平台
协作组、学员所在校教研组、培训、跨校互助

图1 名师培育工作室学员培育方案顶层设计

3. 共性个性结合，项目驱动成长

工作室自成立后，导师联合专家团队根据学员培养方案，制订共性＋个性学习课程。两年来，组织学员参加了50多场共性与个性相结合的课程、讲座、研习、活动等的学习，旨在提升工作室成员职业教育理论水平和实践教育教学能力。通过理论与实际结合的带教，促进工作室团队整体的综合能力提升。

主持人将PDCA管理模式引入名师培育项目导向的培育活动管理中，使整个名师工作室的每一项培育活动都用“计划制订—开展执行—检查评价—反思处理”这一流程进行机制和策略系统控制，旨在让名师工作室活动的开展更加系统化、条理化和科学化。基于此，工作室为学员培育设计了3个项目，通过项目驱动，引领学员成长。3个项目分别是现代学徒制试点、聚焦课堂、创新创业大赛（图2）。每个项目设计了一系列带教活动。

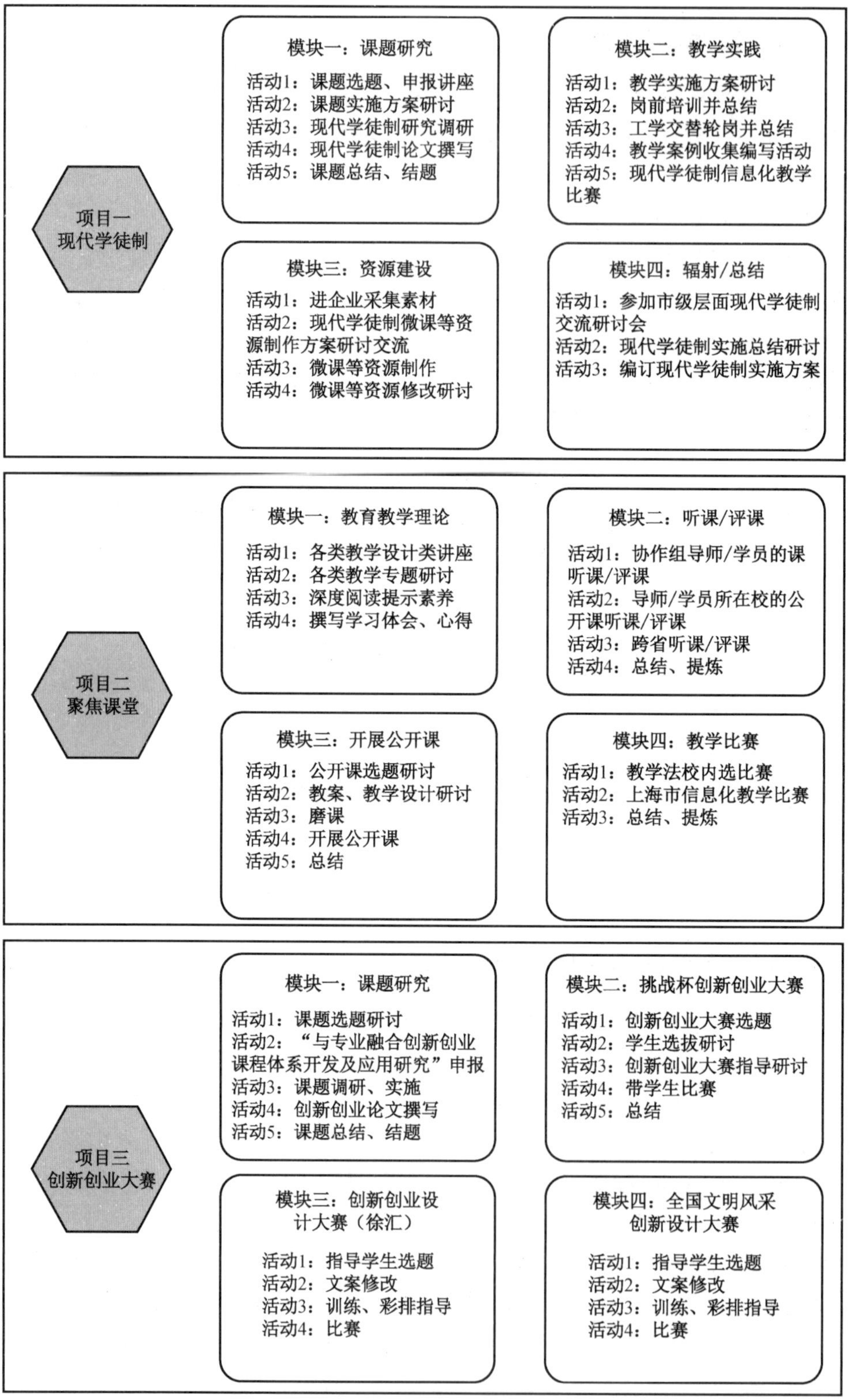

项目一 现代学徒制

模块一：课题研究
活动1：课题选题、申报讲座
活动2：课题实施方案研讨
活动3：现代学徒制研究调研
活动4：现代学徒制论文撰写
活动5：课题总结、结题

模块二：教学实践
活动1：教学实施方案研讨
活动2：岗前培训并总结
活动3：工学交替轮岗并总结
活动4：教学案例收集编写活动
活动5：现代学徒制信息化教学比赛

模块三：资源建设
活动1：进企业采集素材
活动2：现代学徒制微课等资源制作方案研讨交流
活动3：微课等资源制作
活动4：微课等资源修改研讨

模块四：辐射/总结
活动1：参加市级层面现代学徒制交流研讨会
活动2：现代学徒制实施总结研讨
活动3：编订现代学徒制实施方案

项目二 聚焦课堂

模块一：教育教学理论
活动1：各类教学设计类讲座
活动2：各类教学专题研讨
活动3：深度阅读提示素养
活动4：撰写学习体会、心得

模块二：听课/评课
活动1：协作组导师/学员的课听课/评课
活动2：导师/学员所在校的公开课听课/评课
活动3：跨省听课/评课
活动4：总结、提炼

模块三：开展公开课
活动1：公开课选题研讨
活动2：教案、教学设计研讨
活动3：磨课
活动4：开展公开课
活动5：总结

模块四：教学比赛
活动1：教学法校内选比赛
活动2：上海市信息化教学比赛
活动3：总结、提炼

项目三 创新创业大赛

模块一：课题研究
活动1：课题选题研讨
活动2：“与专业融合创新创业课程体系开发及应用研究”申报
活动3：课题调研、实施
活动4：创新创业论文撰写
活动5：课题总结、结题

模块二：挑战杯创新创业大赛
活动1：创新创业大赛选题
活动2：学生选拔研讨
活动3：创新创业大赛指导研讨
活动4：带学生比赛
活动5：总结

模块三：创新创业设计大赛（徐汇）
活动1：指导学生选题
活动2：文案修改
活动3：训练、彩排指导
活动4：比赛

模块四：全国文明风采创新设计大赛
活动1：指导学生选题
活动2：文案修改
活动3：训练、彩排指导
活动4：比赛

图2　3个项目具体情况

三、教学相长结硕果，任重道远展未来

两年的时间很快，章晓兰材料/环保名师培育工作室导师、学员围绕设计的项目，导师学员在项目中成长，体现了“项目导向”“做中学”的职业教育理念。工作室教学相长，共同努力，共同进步，共同成长，取得了丰硕成果。工作室成果有《现代学徒制试点实施方案》一册；出版教材5本教材（国家规划教材2本、校本教材3本）和实训指导书1本（校本）；编写了2套市级课程标准；完成课题研究8项（国家级1项，市级6项，区级1项）；公开发表论文8篇。经过2年的成长，工作室导师获得上海市黄炎培杰出教师奖。一名学员在竞赛方面特出突出，多次指导学生竞赛，在工作室培养的2年内获国家级奖项2项、市级奖项2项、区级奖项1项，职称也从中级顺利晋升为高级；另一名学员是实训教师，工作室联合多方力量，指导该学员编写了多本实训指导书，编写了2本校本教材，组织多场学生技能大赛，在中职校实训教学方面取得很大进步，本人也获得化学分析工（高级）技能证书。

随着工作室考核结束，工作室培育活动暂告一段落，未来希望工作室成员带着这两年学到的先进教育理念、思想，进一步在教学生涯中发挥作用。并在今后的教师生涯中，继续努力钻研、求索，持续提高自己的教育教学水平，在学校辐射成果，引领更多的教师成长，发挥后工作室的作用。

广学互助精培养　匠心匠艺育名师

周红机电技术应用名师培育工作室

为进一步加强上海市中等职业学校优秀教师队伍建设，不断完善优秀教师管理和培养机制，培养一批具有教育思想、教学风格的专业领军人才、优秀骨干教师和教育教学名师，2015 年，在上海市教委职业教育处的指导下，上海市教委教育技术装备中心整体规划、系统设计、试点启动了 47 个上海市中等职业教育名师培育工作室。该项目启动以来，名师培育工作室主持人精培细划，立足课堂聚焦教学研教法、搭建平台整合资源助提升，帮助中青年教师快速成长，周红机电技术应用名师培育工作室是取得显著成效的工作室之一。

周红机电技术应用名师培育工作室试点期间，根据学员发需求精心设计带教活动，从职业素养熏陶与教育理论学习，到教学实践、课题研究及专业建设，导师与学员广学互助，平均每月进行不同形式与内容的活动两次以上。

学员们在信息化教学比赛、教学法评优活动、专业建设等各个方面成效斐然、硕果累累，实现了专业视野有拓展、课堂教学有突破、实践能力有提升、教学科研有成果、专业建设有亮点，推动了机电技术应用专业教学能力、教育质量的提升，促进了课程改革和专业建设与发展，为确立上海市中职机电技术应用专业在校企合作、国际化办学在全国职业教育中的领先地位添光增辉。

一、量体裁衣，立足需求定培养方案

名师培育工作立足需求，从把脉学员的发展需求入手，精准对接学员发展规划，以补短板、扬优势的原则细致制订了带教方案和培育计划。

1. 精准把脉学员需求

工作室聘请教育教学、企业专家担任工作室顾问，形成校企合作的带教团队，带教团队对学员逐一进行诊断，梳理每名学员的基础、优势、不足、困惑及发展重点，聚焦学员的侧重点，拟定差异化的带教方案和学员发展规划。

2. 点面融合定培养方案

通过对学员情况的精准把脉，工作室带教方案设计围绕“思想”“方法”“能力”三维维度，点面融合设计带教方案，具体在“职教理论素养学习”“课堂教学探索实践”“专业

技能提高”“教科研研究”“专业建设能力提高”等方面。

基于共性、兼顾个性,点面融合地开展带教,设计形成了40多次集体活动和多次小组活动,让学员通过名师培育工作室平台快速成长、展示风采,使名师培育工作室成为辐射正能量的平台,成为骨干教师发展的首要选择。

二、注重绩效,广学互助行规范带教

1. 学习职教新理念,提升职业素养

为实现工作室成员的“名师”成长目标,从加强职教理论学习做起,组织聆听德国教授、全国、本地区专业方面的知名专家、学者、名师的讲座活动;举行读职教理论书籍写读书心得活动,或集中学习或分散自学,提升学员的职教理念、职业素养,“学习常态化”的理念深入学员。

2. 立足课堂研教法,提高教学能力

工作室聚焦学员的课堂教学,制订了立足课堂研教法的系列主题活动,与专业中心组、区学科坊、工作室协作组三个层面联合,同课异构、异课互磨,组织了说课、磨课、授课、听课、评课等活动。

学员在公开课教学实践、听课评课交流等活动中提高认识、提升能力,研究教学方法、教学内容,形成自己独特的教学风格,教学水平飞跃提高,在信息化教学比赛、教学法评优活动中取得佳绩。同时,也通过中心组、学科坊、协作组发挥示范辐射作用。

3. 拓宽专业视野,提高实践能力

为提高学员的专业实践能力,工作室设计了训练专业技能的企业实践和教学实践项目,开展了“机电一体化项目开发设计”项目的制作综合实践,让学员们对机电项目的制作有了整体的认识和体验,也提升了学员对行动导向理实一体化教学法实践能力。

工作室每年走进市内外企业、院校调研和跟岗实践,了解专业、拓宽眼界,学习前瞻性地思考专业教学和专业发展。

4. 勤于探索改革,专业建设、教科研成果丰硕

对于学员是各自学校专业负责人的岗位特点,工作室围绕学员单位的专业建设方面开展带教活动,通过精品课程建设、校本教材开发、国家水平教学标准试点优化、示范品牌专业申报和建设、中高贯通专业教学实施方案制订、论文撰写、教学改革课题研究等方面的指导,学员的培养成果满满,论文发表、课题获奖、专业建设水平都有质的飞跃。

5. 引领专业建设，发挥示范辐射作用

工作室先后组织了上海市中职机电技术应用专业标准实施培训活动、配套教材开发研讨、上海市中职机电技术应用专业示范品牌专业建设诊断等活动。学员对全市11所学校40名专业教师设计了课程标准解读，编写的市优秀校本教材编写经验于大会上交流，负责的教育部学徒制试点项目建设经验有全国多所学校慕名取经。

工作室建立专题网站和微信公众号，及时发布工作室活动动态、展示成员学习成果、积累教育教学资源，网络平台成为专业建设与教学改革动态工作站、成果辐射源与资源生成站，在专业建设领域发挥示范引领作用。

三、教学相长，师徒共进成果丰硕

两年来，名师培育工作精准对焦学员发展需求，辛勤的付出收获了丰硕的果实，团队获得各级各类成果共计57项。学员们的精彩表现，为学校、为上海职教争得了荣誉。

职教事业的发展迫切需要优秀的教师，需要名师为职业教育威震声名、引领示范。教育之路漫长，名师、专家的引领，让教师的成长之路更平直、更宽阔，让职教名师成长的脚步更加稳健……

不忘初心　与美同行

周婕公共艺术名师培育工作室

为加快优秀教师培养，探索优秀人才成长机制，培养具有教育思想和教学风格的专业领军人才和优秀教师，2015 年，在上海市教委职业教育处的指导下，上海市教委教育技术装备中心整体规划、系统设计、试点启动 47 个上海市中等职业教育名师培育工作室，该项目启动以来，名师培育工作室主持人立足课堂、聚焦教学、搭建平台、整合资源，帮助年轻教师快速成长。周婕公共艺术名师培育工作室就是其中的典型代表。

周婕公共艺术名师培育工作室试点期间，严格按照上海市名师培育工作的要求，确立正确的培育理念和精心规划培育工作，充分发挥主持人的示范、辐射和指导作用，共享优质资源和集体智慧，力求达到教学相长，全员提升。

带着"学理论、提素养；树理念、研方法；厚基础、增能力；勤实践、见成效"的工作思路，周婕名师带领学员广泛开展学习交流活动，践行教育教学先进思想和理论。两年来，工作室坚持立德树人、以美育人、以文化人，根据学员基本条件与发展诉求，聚焦中职公共艺术课程改革，为每名学员量身定制个性化的培育方案，探索出了一套行之有效的师员共成长、专业齐发展的培育模式。

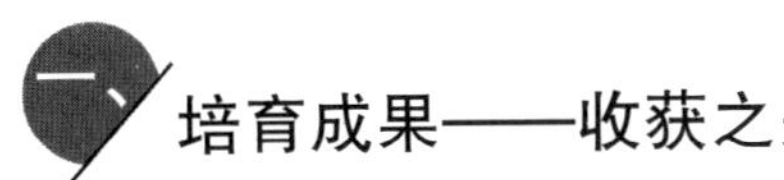

一、培育成果——收获之美

1. 开展理论研究，提高科研能力

两年来，工作室注重引导学员开展教学理论与实践的研究，积极鼓励学员们结合个人专业特长深入开展课程教学与美德渗透研究，成果丰硕。4 名学员共完成课题与论文 10 项(篇)，取得了全国课题 2 个二等奖、1 个三等奖，在《教育》《课程教育研究》《中国校外教育》《教育发展研究》《职教教改 2016 年度论坛文集(下册)》等国家级、市级出版物上发表了多篇论文。

2. 实践教学相长，促进水平提升

工作室坚持教学相长，周婕名师带头示范教学，获得第七届全国职业院校技能大赛信息化教学大赛获得一等奖第一名，全体学员也在 2015 年"人教杯"中职公共艺术教师教学技能大赛、全国中等职业学校美育课"创新杯"教学设计和说课大赛、2016 年全国中等职业学校"创新杯"教师信息化教学大赛总决赛中获得了一、二、三等奖的佳绩。通

过大赛锻炼和向全国同行学习，学员们专业教学能力和信息化能力得到提高，王百灵老师也顺利通过高级职称评审。

3. 注重专业特点，增强指导能力

工作室始终关注专业特点，将提升学员策划与组织实施精美活动作为重点。经过两年的个性化培育，学员们的活动指导能力获得了很大的提升，在各级各类比赛中取得4个一等奖、4个二等奖、2个三等奖的好成绩。

二、培育理念——精神之美

1. 名师培育定位准确

工作室将培育名师定位在：热爱教育事业，坚持育人教书，掌握教育教学规律，在教育教学中，不断反思、总结形成自己的教育教学风格和教学特色，具有人格魅力，形成一定影响力的优秀教师。

2. 因材施教注重规律

工作室坚持遵循教师成长规律和教师个人特点，遵循学科学习规律，注重在教育教学实践中磨炼成长。

3. 理论先导合理规划

工作室既注重实践能力培养，更注重理论水平提升。没有良好的教育教学理论，名师培育就成了培育勤劳的教书匠——只会教书，不懂育人；只会播种，不懂耕耘；只会埋头拉车，不懂抬头看路。

三、培育实施——践行之美

1. 根据学员特点，开展个性培养

工作室学员特点鲜明，为扬长补短，主持人和专家团队为每个人都量身打造了个性化的培养方案。

有的侧重教学观摩，有的侧重课堂实践；有的侧重艺术指导，有的侧重活动组织；有的侧重教学研究，有的侧重课程整合；有的侧重比赛提高，有的侧重理论学习，有的侧重艺术素养；有的侧重发挥所长，有的侧重补短。

2. 根据学科特性，加强融合渗透

工作室致力于实践公共艺术课程的“立德树人、以文化人、以美育人”作用，探索“改

进公共艺术教学,提升学生审美与人文素养"的课程功能,研究不同课程间的统整,加强"美德融合、文化育人"。

四、培育特色——创新之美

1. 普职渗透取经验

工作室聘请普职两名导师作为本工作室的常任导师,为学员提供精心指导,开阔学员视野,丰富经验积累。

2. 师徒互助共发展

工作室结成师徒学习共同体,一起备课、磨课、听课、评课,开展教学研究,参加活动与观摩,形成了"结伴而行、共同成长"的良好氛围。

3. 他山之石促成长

工作室充分发挥主持人和导师的资源,建立与省内外同行交流的平台,为学员们创造学习、交流与观摩的机会,加快他们专业化成长的步伐。

4. 艺术素养筑根基

工作室始终将提升学员的艺术素养作为培育的重点,精心选择 12 场演出进行观摩,特别邀请艺术专家为学员举办专题讲座,开列个性化艺术阅读书单,为学员们的成长提供鲜活而丰厚的艺术滋养。

5. 聚焦教学,关注课堂

工作室始终将教师的教学能力提高作为教师专业化成长的重要指标。两年来,共安排学员在上海市和外省市观摩与听评各级各类公开课 50 余节,完成 10 余节公开课。

6. 以赛促学,以赛促教

为了让学员们能够尽快成长,工作室倡导"以赛促学,以赛促教",通过观摩和比赛,促进学员加速成长。

工作室运行至今,在紧张而充实中度过了两年,圆满完成了培育计划,每个人都得到蜕变式的成长,培育成果令人欣慰。

聚焦需求，精准指导　关注课堂，助力成长

朱建柳汽车技术服务与营销名师培育工作室

2015年，在上海市教委职业教育处的指导下，上海市教委教育技术装备中心整体规划、系统设计、试点启动47个上海市中等职业教育名师培育工作室。朱建柳汽车技术服务与营销名师培育工作室有上海市大众工业学校吕冬梅、上海市群益职业技术学校程德宝、上海是杨浦职业技术学校李巍伟、上海市东辉职业技术学校胡鑫、上海市现代职业技术学校余炜5名学员。

工作室运行两年来聚焦学员成长需求，实施精准指导，关注学员教育教学能力、专业实践能力与科研能力提升，搭建了一个优秀教师专业成长的平台。

一、培养目标

发挥资源优势，打造一支师德高尚、理论积淀深厚、教学业务精湛、创新意识强、敢于实践探索、甘于奉献的名师团队。通过工作室主持人和专家顾问团队的专业引领、学员们的岗位实践与探索等方式，把工作室打造成职业教育教学研究、教师专业发展、职教创新问题研究、成果培育与辐射西部地区、优秀教师培养与成长平台。

二、主要活动及做法

名师培育工作室本着“研究、提升、培养、创新”的工作理念，在市教委装备中心的领导下，根据教育部《中职教师专业标准》等要求，通过工作室主持人和专家顾问团队的专业引领、学员们的岗位实践与探索等方式，把工作室打造成职业教育教学研究、教师职业发展、职教创新问题研究、成果培育与辐射西部地区、优秀教师培养与成长平台。

（一）个性化设计学员专业成长规划，制订学员培训方案

工作室成员根据个人的实际情况，科学地制订出本人的三年发展规划，明确今后自己专业发展的目标和步骤。培养方案包括工作目标、培养措施、预期成果以及考核评价等内容，体现针对性、发展性与个性化，如针对吕冬梅老师，工作室为其制订的带教内容有：

(1) 指导专业建设。指导专业建设规划的制订，指导其和团队进行专业核心课程教学资源的开发。

(2) 指导课题研究，提高教科研能力。以科研培训为先导，以教研培训为辅助，确

立自己的研究课题，力争在 3 年内形成一定的科研成果。

（二）开展各种专题研修，设计形式多样的实践培养活动

1. 教学能力提升板块

（1）开展各种专题研修。定期集中就各自对当前职业教育教学中的热点、难点问题进行课例研讨、评课沙龙等活动，形成一些解决问题的策略和方法，如邀请华东师范大学职成所副所长、博导、教授徐国庆作了职业教育专题讲座。工作室学员于 2017 年 1 月至上汽通用进行企业调研活动。

（2）开展市级公开课、观摩课活动。工作室开展“聚焦课堂 助力成长”主题教研活动，工作室学员程德宝老师承担了上海市市级公开课“健康与安全之风险评估”教学活动；工作室学员胡鑫教师承担了“驻车制动器的检测和调整”课程的公开课教学活动，其他成员进行听课、评课活动；工作室学员吕冬梅老师所在学校教师参加了上海市第七届教学法评优活动。每一次教学研究活动，对学员来说都是一次磨砺，是一次煎熬，也是一次提升。在教学研究、听课评课交流等活动中，学员基本做到了积极思考，敢于发言，深刻反思。学员在交流中获取经验、启迪，用学习到的方法、思想优化教学，在教学实践中提高认识、锻炼能力，形成独特的教学风格，教学能力飞跃提高。

2. 专业实践能力提升板块

（1）搭建各类平台，提升专业实践能力。依托主持人所在学校中心组组长单位资源优势，带学员至上汽通用进行企业调研；开展新能源汽车技术专业研讨会；依托上海市交通学校作为上海市骨干教师培训基地，程德宝、李巍伟两名学员参加英国 IMI2 级培训，获得 IMI 考评师资质；在培养过程，带学员赴深圳参与“清华·行云新能源汽车技能大赛”观摩活动，了解汽车发展动态、前沿技术；参加交通运输职业教育改革创新指导委员会工作会议，了解行业动态，开阔视野，助力学员个人专业发展。

（2）开展省市交流研修活动。为了进一步拓宽上海市名师培育工作室专业视野，发挥名师工作室协作组辐射示范效应，学员至历史悠久的慈溪市锦堂高级职业中学和首批国家级重点职校宁波职业教育技术中心考察学习，与宁波市优秀教学团队面对面进行沟通学习。

3. 科研能力提升板块

组织学员撰写教育科研论文，参加上海市企业专业教学标准开发。工作室成员在主持人的指导下积极立项或参与市级以上教改项目、课题进行研究。2016 年承担了上海市教育技术装备中心组织开发的《上海市中期汽车类专业教师企业实践标准》，工作室学员参与专业教师企业实践标准调研、职业能力分析等相关工作，现已正式于华东师范大学出版社出版。

（三）成立专家团队，全面保障工作室运行

工作室成立了校企联合的导师带教团队，根据学员发展规划，制订了个性化研修杨优势、共性化培育助成长的带教计划，根据带教计划有序实施带教活动。

工作室在学校网站上建立名师工作室特色网页，成为名教师工作室的动态工作站、成果辐射源和资源生成站。

三、工作成效

通过两年来从职业素养熏陶到教育理论学习，从教学能力提升到专业视野拓展，从实践技能训练到教科研能力提高，学员的师德修养和业务能力快速提高。导师与学员共同钻研专业教学，探索专业建设，进行教科研课题研究，实现专业视野有拓展、课堂教学有突破、实践能力有提升、教学科研有成果、专业建设有亮点。

（一）专业成长

学员们在学校里承担了专业建设、课程开发与建设、教学改革等工作，已成长为区级教学名师、专业负责人、教研组组长。

（二）名师培育效应辐射

朱建柳名师培育工作室名师 5 名学员参与 2017 年上海市新进教师培养听课评课活动，带教新教师；2018 年 4 月，名师工作室学员赴新疆喀什地区巴楚县、莎车县等地参加 2018 年上海—喀什职业教育联盟汽修专业建设暨上汽通用汽车 AYEC 项目推进实施师资送教培训活动；培育成果《精准指导 专业成长》于 2017 年 8 月发表于中文核心期刊《中国职业教育》；培养案例刊登于 2017 年 12 月 28 日《解放日报》。

（三）名师培育成果转化

朱建柳汽车营销与服务名师培育工作室学员在培养过程中进行专业建设、新专业申报、课程建设等成果转化，如：上海市群益职业技术学校程德宝承担了中高职贯通汽车运用与维修技术专业申报工作并获上海市教委批复通过，上海市浦东外事服务学校学员胡鑫老师承担了中高职贯通新能源专业申报工作并获上海市教委批复通过，上海市杨浦职业技术学校李巍伟承担了英国 IMI 中心建设，上海市大众工业学校吕冬梅老师进行汽车服务与营销专业标准开发，上海市现代职业学校余炜老师进行双证融通教学改革试点工作。

搭建平台促提升　示范引领共发展

朱玉萍工程造价名师培育工作室

职业教育的发展离不开一支优秀的教师队伍。为加快优秀教师发展，探索优秀人才成长机制，培养具有教育思想和教学风格的专业领军人才和优秀教师，2015 年在上海市教委职业教育处指导下，上海市教委教育技术装备中心整体规划、系统设计名师培育工作，启动了 47 个上海市中等职业教育名师培育工作室项目。

两年来，名师培育工作室在梳理需求、聚焦发展、整合资源、搭建平台、促进成长的理念下，以名师为品牌和引领，立足课堂、围绕专业、聚焦教学，开展了一系列内涵丰富、形式新颖的培育活动，指导青年教师快速成长，成效显著。朱玉萍工程造价名师培育工作室就是其中的典型代表。

2016—2017 年，朱玉萍工程造价名师培育工作室聚焦课堂，聚焦课程，聚焦课改，以提升团队学员教育教学综合能力为目标，以“共性＋个性”培育为工作思路，围绕工程造价专业综合实训教材编写，开展各项学习活动，通过搭建学习平台、整合各项资源，开展系列研讨，引领团队学员进一步提升了工程造价专业能力、教育教学研究能力和辐射引领综合能力，名师培育成效显著。

一、开展遴选工作，组建学员团队

2016 年 2 月，工程造价名师培育工作室严格按照市教委遴选原则，最终通过遴选，来自 5 所不同的建筑类学校工程造价专业的 5 名教师成功入选，组成了工程造价名师学员团队。5 名教师中两位为高级讲师，区骨干后备、区学科名师，教学经验丰富；1 名为讲师，行业学科带头人；另外 2 名为学校重点培养的青年教师，校级学科带头人，有一定的企业实践经验。

二、明确工作目标，制订带教计划

按照市教委要求，结合《上海市中等职业教育师资培养培训行动计划(2011—2015)》(沪教委职〔2011〕16 号)精神，工程造价名师培育工作室确定工作目标为借助于工作室平台，培养一批率先垂范，具有良好的职业素养、先进的教育理念、扎实的专业功底、较高的教研能力的学科骨干团队。同时，在确定工作目标的基础上，结合学员的个人发展规划和个人需求，制订了个性化的学员带教计划，进一步明确了每名学员的培育目标。

三、确定工作思路，凸显学习特色

根据5名学员不同的培育目标，工程造价名师培育工作室进一步明确工作思路“共性＋个性”，既体现工程造价学科特点与特色，又能充分利用名师工作室协作组资源(图1)。

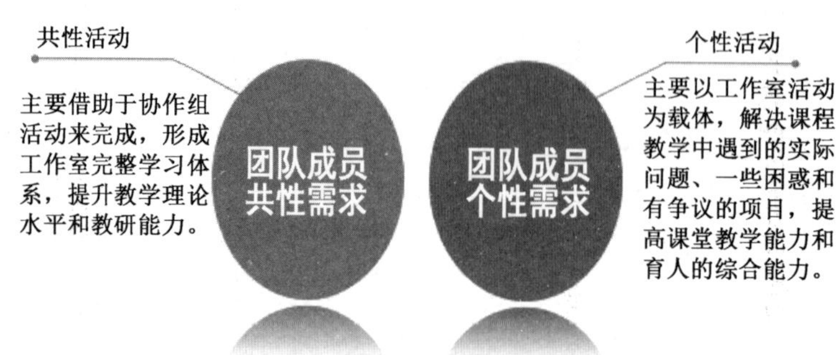

图1 工作室工作思路

个性活动开展结合团队学员个性需求，主要以工作室活动为主，以工程造价学科为载体，以课程改革为主线，通过讲座、研讨、公开课和典型案例实训教材编制等活动，解决课程教学中遇到的实际问题，提高课堂教学能力和育人综合能力。共性活动的开展结合团队学员共性需求，通过课题研究、论文撰写、课改理念、教学设计、微课建设等学习，主要借助于协作组活动来完成，提升教学理论水平和教研能力，从而形成工程造价名师培育工作室完整的学习体系。

四、搭建平台促提升，示范引领共发展

1. “研讨＋实践”教学，促进专业能力提升

工程造价名师培育工作室团队学习以工程造价典型案例编制为载体，进一步梳理工程造价专业建筑工程计量、计价课程教学中的问题，及时统一计算规则，解决了工程造价实际问题，提升团队学员专业能力，同时系列教学研讨与公开课，精选教学内容、优化教学设计、创新教学手段、打磨教学细节、形成了优质教学资源，实现团队共建共享共提升。

2. “名师＋专家”引领，掌握造价行业动态

工作室团队学习聚焦课堂教学，名师引领。上海兴鑫房地产开发有限公司、上海市建设审计学院梁镜德老师、市教科院郭苏华教授全程参与指导，针对工程造价实际和教学研究开展针对性指导，在名师引领的同时，整合各方资源，掌握行业动态，帮助年轻教

师提升专业能力和教科研能力。

3. “协作组＋学员组”模式，开阔视野提升素养

协作组是名师培育协作学习平台，工程造价工作室积极参与平台共建，实现资源共享。团队学员参与跨域交流，互相启发，共同谋划，进一步开阔了视野。特别是各类讲座，涉及课改、教学、科研、慕课等多个方面，有效帮助团队学员提升综合素养。

4. “引领＋辐射”效应，促进学校造价团队提升

工作室通过有计划、有目标地系列专题活动，充分发挥辐射引领作用，提高教师学科教学能力，提升教师专业化水平，助推团队学员专业化成长。两年来，工作室走访了所有学员所在的学校，团队群策群力，共同优化教学内容，完善教学设计，研讨教学方法、优化教学评价，开展分享与交流，实现晕轮效应，辐射引领学员所在学校工程造价课程团队教师共同提升与发展。

五、名师培育见成效，团队收获显精彩

两年来，工程造价工作室按照团队工作计划组织开展各项活动，努力提升教育教学与教科研能力，名师培育成效显著。团队共完成优秀教学设计 20 份；发表教学论文 12 篇；出版教材《建筑工程清单计量综合实训》，包括 12 个项目、26 个学习任务、100 项清单列项(图 2)。同时，团队学员完成包括课题、课程建设在内的个性化成果共计 36 项。其中，钱玉婷老师荣获 2017 年上海市中等职业学校信息化教学大赛特等奖、2017 全国信息化教学大赛一等奖。

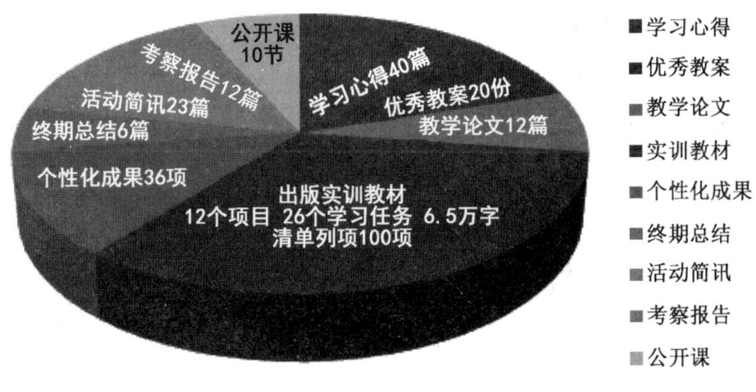

图 2　团队终期成果汇总

春种一粒粟，秋收万颗子！在市教委教育技术装备中心领导的指导下，在学校领导的大力支持下，在导师和全体学员的共同努力下，名师培育工作室一定会成为未来名师的孵化地，为上海市的中职教育作出应有的贡献！

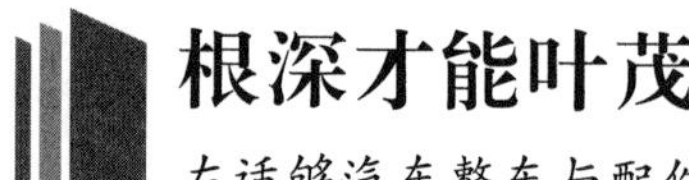

根深才能叶茂

左适够汽车整车与配件销售名师培育工作室

2015 年，在上海市教委职业教育处的指导下，上海市教委教育技术装备中心整体规划、系统设计、试点启动 47 个上海市中等职业教育名师培育工作室。左适够导师带教 5 所学校的 5 名汽车营销专业骨干教师成立左适够汽车整车与配件销售名师培育工作室。工作室导师是一线教师出身，以实践能力见长，育才格言是：只有把根深深扎入行业，才能抵御风雨的考验，枝强叶茂。

一、赛场上选“精英”，依需求定方案

为优选好的苗子，导师将选拔放在 2016 年汽车营销教师能力大赛的赛场，通过参赛教师的表现和对职业教育的理解，优选 5 名汽车整车与配件销售专业骨干教师加盟工作室。

走访学员学校，调研学校对学员的期望，立足学校的教学科研，以所在学校近 2 年的教研任务和市教委的各项科研任务为抓手，制订培育方案。

二、行业培训，为学员拓展职业培训理念

培训中，导师安排了众多的行业培训来拓展学员的职业视野。邀请奔驰的培训师为学员纠正礼仪；请大众的培训师辅导 SA 沟通技巧；参加行业内著名培训师的“七步出师”授课，“课程设计的额信息化呈现”“PPT 的视觉化呈现方法”和“竞赛技巧”的 TTT 培训，从多方面领略职业培训的精准性、有效性和绩效为王的培训。

三、师傅是最好的导师，客户是最好的考官

2016—2017 年的两个暑假，导师鼓励学员积极下企业实践，共有 3 名学员利用暑期在上汽集团、永达英菲尼迪、永达宝马 MINI 汽车 4S 店销售岗位、SA 岗位挂职锻炼。1 名学员利用暑假，赴英国考取英国汽车工业学会(IMI)轻型车辆维修保养三级国际职业资格。师傅的工作经验是最好的教学案例，客户的满意是对学员最好的肯定。

四、聚焦课堂，在赛场上提升教学能力

工作室力促所有学员参加了几乎所有的教师竞赛项目。两年中，有 3 名教师参加了第七届教学法评优竞赛，4 名学员参加了 2017“精彩一刻”上海市中等职业学校教师教学能力竞赛，5 名学员都指导学生参加“星光计划”学生技能大赛，2 名学员参加了上海市人保局教研成果的评选活动，2 名学员入选上海市人保局公开课评选 20 强。导师和学员在参赛中共同成长，学员的教学能力迅速提高。

五、积极参与学校教改，服务学校发展

在培育过程中，工作室主持人积极联系学员学校，主动要求学校领导提供教学科研任务，在服务学校发展的同时，树立工作室在学员学校的声望，使学校更加信任地把科研任务布置给学员。两年中，工作室共同开发制作“汽车营销礼仪”教学资源；将企业实践中的案例汇编成的《汽车销售实务》教材将于高等教育出版社出版发行；为曹杨职校制订“汽车整车与配件销售”专业建设规划；为宝山职校汽车运用与维修专业提供“国际化”培养方案；为南湖职校提供新能源汽车专业规划方案等。

六、培育成果丰硕，“雇主”满意度高

在主持人和 5 名学员的共同努力下，两年中，学员在第七届教学法评中获得 1 个二等奖、1 个三等奖和 1 个优秀奖；在“精彩一刻”上海市中等职业学校教师教学能力竞赛中，获得 1 个二等奖和 2 个三等奖；指导的学生在星光计划学生技能大赛中包揽一、二、三等奖。

学员顾海波老师在上海市人保局公开课评选获得“银奖教师”称号；王群老师参加全国信息化教学能力大赛并获得二等奖；沈瑜负责的区级课题“汽车文化”网络课程顺利结题；郭燕老师的区级课题“中职学校汽车课程教学模式构建与探索——以汽车营销课程为视角”顺利结题；王群被评为普陀区“园丁奖”；黄新被聘为杨浦区见习教师规范化培训“学科指导教师”；等等。

培育结束后，有四名学员的校长给工作室发来亲笔信，对学员在这两年的进步表示惊喜，对市教委教育技术装备中心搭建的名师培育平台予以充分肯定。

七、短暂的培育，永远的促进

尽管两年的培育已经结束，但是工作室对学员的培育仍在继续。工作室导师将继续指导顾海波老师进行公开课的展示活动，作为主审将全面参与曹杨职校《新车销售实

务》数字化教材的整个制作过程，指导郭燕老师的论文《运用任务引领项目教学法促进“二手车鉴定与评估”的有效教学》等。

在新一轮“汽车整车与配件销售”专业标准的制订中，工作室将继续带领团队积极参与其中，准备迎来新的挑战。

工作室专报篇

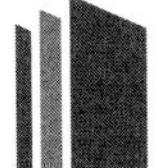

搭建平台，共享资源　名师引领，教学相长

——上海市中等职业教育名师培育工作室工作专报(一)

上海市教委教育技术装备中心

为进一步加强上海市中等职业学校优秀教师队伍建设，不断完善优秀教师管理和培养机制，根据《上海市中等职业教育名师培育工作室创建工作实施意见》(征求意见稿)，上海市中等职业教育名师培育工作室项目于 2016 年正式启动。全市中职学校 47 个以主持人姓名命名的工作室进行试点，实际招收学员 180 名。立足课堂、围绕专业、聚焦教学，开展了一系列内涵丰富、形式新颖的培育活动，搭建起资源共享、多向辐射、促进成长、培育个性的教师成长平台。

一、师资中心：完善机制，服务保障

为保障和推进工作室活动深入开展，提升培育工作质量，师资培训中心对项目进行了整体规划，从制度建设和团队建设两方面入手，将管理工作进行分解细化，引导和推进培育工作由全面集中向精准定位、由整体提升向个性发展、由培训向培养、由共性向个性等方面的精准培育转型。

组建 5 个协作组。47 个工作室以专业大类为抓手，组建为五个协作组，提高交流的针对性。各协作组分别明确了召集人，制订了协作组活动计划，建立了相关工作室主持人 QQ 群、微信群，依托上海市中等职业学校教师专业发展网，开发了名师培育工作室移动端。

拟定带教方案和学员发展规划。根据市教委教育技术装备中心工作要求，工作室主持人在梳理学员需求、聚焦发展方向、整合社会资源、设计针对性活动的基础上，分别拟定了针对性、个性化、发展性的《带教方案》《学员发展规划》，以及《主持人带教手册》《学员手册》《协作组通讯录》，人手一份，便于相互学习交流借鉴。

制订相关管理办法。研究拟订《上海市中等职业教育名师培育工作室管理暂行办法》(征求意见稿)，明确活动开展的指导思想和管理考核主体，从运行机制、运行状况、运行经费、运行绩效四个方面提出过程管理具体要求，确定了考核方式，为活动的实施和考核提供了依据。

制订系列活动计划。装备中心根据工作室实际，编制《2016 上半年名师工作室活动方案》，完成《带教活动计划汇编》。师资培训中心制订了上半年活动方案，明确了组建团队、搭建平台、聚焦特色、加强宣传、沟通协调等工作重点。在此基础上，完成了工作室《2016 上半年带教活动汇编》，并组织专家对所有协作组和工作室上报的《上半年特色活动安排》进行审阅、评估。

组建工作团队和专家团队。为更好推进此项工作，装备中心拟定《上海市中等职业教育名师培育工作室工作方案》，组建高效工作团队和高水平专家团队，明确具体工作安排，特色活动组织等。工作团队由师资培训中心工作人员、名师培育工作室协作组长以及远程集团、上海教育电视台等单位人员组成，分别负责活动策划、管理考核、成果展示、媒体宣传等工作。由戴小芙、林德芳、邬宪伟、乔刚、匡瑛、郑洁、胡秀锦等一批具有相当知名度和丰富管理经验的职教专家组成的专家团队，负责对协作组和工作室进行全程跟踪，提供理论支持、过程指导。

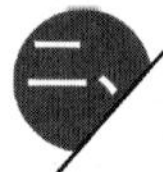二、工作室主持人：点拨引领，教学相长

47 个工作室专业特点不同，资源优势丰富，主持人教学风格各异，带教方式多样。为更好地开展工作，主持人可谓八仙过海，各显其能。

立足课堂，聚焦教学。教学质量高低，决胜在课堂；教师的素养魅力，彰显在课堂。各工作室不约而同将课堂作为师资培养的主阵地，通过“说、听、评、磨”等不同环节，对学员的课堂教学进行细致地分析指导。王忠园林园艺名师培育工作室，工作室、市教委农业中心教研组、闵行区专业中心组、市园林专业委员会四方联动，全程指导学员授课，并对学员的市级公开课进行现场点评。周婕公共艺术名师培育工作室，要求全部学员进行公开课交流，通过前后两堂课(入门课、结业课)对比，查找进步和问题，针对性地进行指导。李玉形象设计名师培育工作室、李关华电子技术名师培育工作室等，都结合市教学法评优大赛，以听课、议课、评课的形式，开展现场教研活动。

科研引领，课题驱动。袁晖江德育名师培育工作室，以德育科研为特色，鼓励学员在日常工作中寻找和发现德育教学切入点。课题驱动，通过课题申报、开题、研究、结题的全过程指导，串联起课堂教学、社团展示、参观研讨等丰富多彩的活动。学员唐春凤老师的课题“内地新疆中职学生社团建设实践研究”、学员王柳丽的课题“以旗袍礼仪社团为载体提升职校学生审美素养”等，分别从不同角度展开了德育教育的实践研究和理论探索，通过课题提高学校工作上台阶。

聚焦热点，创设主题。廖敏职业生涯名师培育工作室，关注创新创业热点，举行了创新创业项目路演暨廖敏职业生涯规划名师培育工作室中期成果汇报会。以学生创业展示的形式，汇报了工作室主持人和学员以“创业指导”为主题，与时俱进地开展学生生涯规划指导的探索和实践。

跨界学习，开阔眼界。董文良协作组带领 6 个工作室的主持人和学员赴苏州评弹学校交流考察。通过跨域交流，双方重点就课程建设、学生实习与就业、校本教材建设

等内容进行了沟通和讨论，进一步拓展了带教思路，明确了带教工作重点。章晓兰材料环保工作室，带领学员考察校企深度合作平台，校企合作模式、"定岗跟单"人才培养模式及特色教学实施。任玉芬德育名师培育室则通过为期两个月的跨文化系列感知课程培训，丰富学员认知，拓展学员眼界，尝试用前沿理论来解决自己工作中的管理和教育问题。

专家把脉，个性诊断。由原上海市教委职教处调研员戴小芙、原上海市教委教研室副主任林德芳、原上海信息技术学校校长郐宪伟，上海商学院高职学院院长、上海商业会计学校校长乔刚，华东师大职教所匡瑛教授、上海民航职业技术学院副教授郑洁、上海市教育科学研究院研究员胡秀锦等知名专家组成的专家团队，通过辅导报告、个性诊断、实地参与等形式，对活动开展情况进行指导，及时发现亮点，找出问题，提出建议和意见。郐宪伟校长从个性化建设和针对性指导方面提出了建议，指出"明确诊断"是"精准培养"的前提。乔刚院长重点强调了"聚焦课堂的名师培养方向性"关键点。匡瑛教授则从"聚焦学员成长"角度，启发工作室"扬优势，补短板"，将效果落到实处。

组间交流，优势互补。各协作组通过共同评课、头脑风暴、专题研讨、个性诊断等不同形式，进行思想碰撞，利用本组的专业优势实施辐射，相互启发，取长补短。

三、工作室学员：专业成长，成效初显

名师培育工作室是以教育教学实践研究为重点、教学相长的交流平台，也是教师培训与教科研工作延伸和补充的合作体。180 名学员虽然教龄不同，专业不同，教学能力也有一定差异，但都有着共同发展愿景、有勇于探索和甘于奉献精神，极其珍惜参与名师培育工作室团队学习机会。虽然校内教学任务重，一些学员还承担学校行政工作，但参加工作室的活动都是全心投入，全力以赴，一丝不苟。

在各工作室的阶段性汇报交流活动中，学员们纷纷通过公开课、演讲、现场演出、案例故事讲述、微论坛等形式展示自己的理论深化、视野拓展、能力提升、活动设计、课题研究等学习收获。

主持人廖敏老师带领学员卢吉老师共同指导学生参与全国文明风采职业规划类竞赛，7 名同学荣获上海市复赛一等奖。学员乔瑾老师撰写论文《准确把握学情，构建有效课堂——以中职德育课为例》发表于《学校教育研究杂志》，同时获得"中国梦"全国优秀教育教学论文评选大赛一等奖。学员马晓慧老师则从观摩和研讨中得到启发，体会到学生社团活动必须自始至终围绕学生特点进行设计，并为其终身发展设置相应课程，才能满足不同学生的发展需求。董文良协作组的学员们表示，跨域学习收获非常大，不仅看到了各地中职学校致力内涵发展所取得的显著变化，更激发了自己锐意进取，不断提高和变革的热情。虽然各工作室开展活动仅数月时间，学员们纷纷感慨，名师培育工作室为自己的成长提供了更高平台、更多资源、更多机会，使自己在学习共同体中切磋、反思和提升，信心满满地发展和成长。

2018年度,47个名师培育工作室将继续在各自不同的专业领域,围绕教师专业发展,精心策划开展各类活动,突出学员个性培养,为学员专业素养的提升架设阶梯和桥梁。师资培训中心将继续发挥组织、管理、协调、服务等作用,为名师培育工作搭建平台、分享资源、提供服务,促进上海职教师资团队的教学相长,培育更多的职教名师,打造上海职教师资高地,保持上海职业教育在全国的示范引领地位,助推上海职业教育的创新发展。

锁定目标，注重内涵　深入开展，提升质量

——上海市中等职业教育名师培育工作室工作专报（二）

上海市教委教育技术装备中心

在市教委职教处领导下，装备中心指导下，上海市中等职业教育名师培育工作室根据各自工作目标和带教活动计划，立足课堂教学，聚焦专业特点，创新活动载体，丰富培育内涵，促使培育工作逐步由全面培训向精准定位，整体提升向个性发展转型，努力实现精心培育，静待学员花开。

一、关注指导与管理考核相结合，提供需求导向服务

1. 出台管理办法，注重规范科学

装备中心多次召开协作组组长会议，听取对《上海市中等职业教育名师培育工作室管理暂行办法（征求意见稿）》的相关意见和建议，加以梳理汇总。经专家组、装备中心、工作室主持人代表共同讨论研究、补充修改后，《上海市中等职业教育名师培育工作室管理暂行办法（试行稿）》已通过并正式发至工作室，将作为活动实施开展和考核评价的依据。

2. 加强过程管理，优化跟踪服务

(1) 专家跟踪指导机制。邀请专家小组成员现场参与工作室活动，对活动的主题、内容、形式进行针对性指导。原则上，专家一对一全程跟踪工作室，确保专家对工作室活动有着全面、直接、动态的了解和把握，提出的改进建议才更具针对性和一致性。

(2) 活动月报制和不定期抽查制相结合。工作室报送当月活动开展情况，有助于装备中心更全面、更准确了解工作室活动开展情况，及时发现工作室的亮点、特色以及改进的地方，并为其提供更具针对性的服务，为此，试行工作室月报制度，加强定期沟通交流。同时，采取工作室活动记录抽查机制，便于了解主持人和学员阶段性工作、学习效果。6 月下旬，装备中心组织专家对工作室进行“飞行检查”，检查对象随机抽取。通过对《主持人手册》《学员手册》的检查，发现亮点和问题，有针对性地进行引导、激励和监督。

(3) 专家系列报告制。根据主持人的工作需要,邀请相关专家围绕名师培育、工作室运行与管理等,进行专家专题辅导。

装备中心落实"三机制",推进过程管理的科学化、规范化、系统化,确保工作室活动稳步推进,如期、有效开展。

3. 搭建宣传平台,加强交流研讨

为满足名师培育工作室资源共享、沟通交流的需求,装备中心依托上海市中等职业学校教师专业发展网,在听取工作室主持人意见的基础上,开发了名师培育工作室移动端。平台涵盖工作室人员信息、活动过程与成果等各类信息,具有信息发布、宣传展示等多重功能。开发完成的移动端成为名师培育工作的重要线上载体,进一步打造成交流协作、资源共享、成果展示、名师成长的舞台。

二、科研引领和文化浸润相结合,提升综合素养软实力

1. 课题引领驱动,提升研究能力

植根于教学实践的课题研究,有助于一线教师在工作中发现问题、分析问题、解决问题,有助于增强教师的科研意识和能力,培育研究型教师。

袁晖江德育名师培育工作室以科研为抓手和主线,在前期指导学员确定研究方向,完成课题申报的基础上,邀请市教育科学研究院胡秀锦副研究员、华东师范大学职教所匡瑛教授等专家,就如何深入挖掘课题所蕴含的德育功能,进一步明晰课题的研究路径,提升学员教学能力和学术素养等问题进行指导。学员王柳丽老师"以旗袍为媒介提升学生礼仪社团内涵建设"课题中期汇报,通过学生礼仪社团旗袍文化展示、学生成长体会交流等形式,展现了自己对"旗袍文化里的'工匠精神'"这一主题的多维度思考。课题驱动、行动研究、梳理知识脉络,在不断观摩反思中持续提升学员专业化能力。

2. 参与课程研发,深化课程理解

工作室聚焦课程建设,提供课程开发平台,为学员提供参与机会,深化课程理解,提高课程开发能力。

洪李萍会计名师培育工作室、裘燕南金融名师培育工作室和财经专业中心组举行联合活动,进行会计专业教学标准修订工作研讨,落实相关调研任务。来自全市 11 所学校的中心组成员和两个工作室成员参与讨论。学员在接受专家指导,参与企业调研和访谈的过程中,更新教学观念,扩充专业知识,拓宽职业视野,提升研究能力,加深了对于新型课程体系构建、课程标准改进、教学分析和评价方式优化等内容的了解,专业能力和职业素养得以提升。

3. 跨界交流合作，促进共融共生

各工作室充分利用和开发合作渠道，进一步加强名师培育领域的跨界交流，学习先进的职业文化、职教理念和教学经验。

周红机电技术应用名师培育工作室组织学员来到上海鼎龙机械有限公司实地调研，通过与企业生产亲密接触，学员们在了解企业生产技术的同时，感受企业文化，了解企业对员工的能力要求，为今后专业建设和教学改革寻得方向。周婕公共艺术名师培育工作室安排了“走进普教”(与宜川中学艺教老师教研)、“深入职教”(本市职教艺教老师教研)、“跨省交流”(与成都市职教所合作开展联合教研)系列培训学习。通过跨界学习，促进文化共融，丰富学员的成长经历。

三、阶梯成长与个性培养相结合，聚焦学员专业成长

1. 深化教学教研，稳步提升教学能力

扎实有效的教研是提升教育教学质量、促进教师专业发展的重要途径。工作室主持人中有很多是市教委教研室中心组组长(副组长)或核心成员，均具有较高的专业话语权。各工作室立足课堂，聚焦教学，开展说课、观课、评课等教研活动。

陈志红、谢富敏、洪李萍、裘燕南 4 个名师培育工作室，联合开展学员说课评比。针对说课要求，设计“说课技能展示方案”，明确说课内容要求和评价标准(课标理解、学情分析、教学策略、过程设计、教师素养)，充分按照教研室评课规范要求学员。同时，比赛允许说课形式多样化，鼓励创新，充分展示教师教学理论水平和实际教学能力。聘请上海市名师名校长工程冯伟国基地主持人冯伟国教授，原财经中心组组长、上海商业会计学校副校长陈强，同济大学职业技术学院郑建平博士等评委进行现场提问和点评，重点关注教师课堂教学的切入点、研究点、结合点和发展点，指出问题，提出建议，针对性进行点拨和指导。

2. 立足学以致用，突出育人问题导向

名师培育工作室为学员量身定制个性化培养方案，根据专业特点和学员情况实施精准定位，个性培养。

任玉芬德育名师培育工作室，以沙龙形式，针对学习内容、学员成长，开展“七分钟演讲”展示活动。活动围绕“学习致用，用智慧解决问题”主题，由学员从不同侧面讲述了自己的学习收获。同时，同台展示的还有工作室学员带教的两名学生干部，他们以模拟记者采访形式，围绕“学到了什么？用了什么？成效如何？有何感想？”进行汇报，讲述了在老师的帮助下，个人成长、解决班级问题、提升工作能力的蜕变过程。现场多位专家对工作室根据学员特点实施精准培养，助力学员释放潜能；阶段性展示与过程性培

训相结合,体现出的工作室整体设计思考、学员敢于亮剑精神;工作室学员与学生一起成长共同进步,体现出的工作室成果可复制、可推广到学生身上,更具落地性等做法得到了高度评价。

四、引领示范与同伴互助相结合,构建学习共同体

1. 专家示范引领,设计系列讲座

为帮助名师培育工作室主持人进一步开阔视野,更新理念,提升“引、传、带、帮、促”综合带教能力,促进上海职教师资团队的教学相长和全面发展,装备中心根据工作需要和工作室主持人呼声,组织了“名师培育专题辅导报告”系列讲座,分专题邀请长期从事教师教育实践和研究,享有盛名的专家担任主讲。

原上海信息技术学校校长郧宪伟为学员开启第一讲——职教名师的“三力”专题辅导报告,讲座围绕“毅力、合力、定力”展开,分享了他的成长智慧和名师经验。郧校长以广阔的视野、丰富的阅历、智慧的语言,深深吸引着全场的名师培育工作室主持人,报告厅内不时响起热烈掌声。讲座结束后,主持人们意犹未尽,纷纷留下继续讨论。宝山职校陈明宏副校长认为,职教前辈的讲座无异于一次“饕餮盛宴,精神大餐”,给老师们的教育人生带来了一笔精神财富,为职教工作者投身教育事业,厚积薄发,成长蜕变增强了信心。振华外经职校冯国群、商贸旅游学校张桂芳等名师,对“挑战个人能力极限,挖掘潜能,获得成长”的观点极为赞同,表示“从郧校长这样老一辈职教专家的身上,看到了职教人的敬业、担当和智慧。职业教育意义深远,职教领域可以大有作为。作为职教名师,我们任重道远,在名师培育的路上,我们有信心去‘拥有毅力、形成合力、保持定力’,与学员共同成长,为职业教育的发展尽已所能。”学员们纷纷表示,聆听高质量的讲座使自己开阔了视野,激荡了心灵,希望能有更多的机会聆听知名专家的讲座,感受职教前辈的高尚人格与教育智慧。

2. 基于协作育人,相互借鉴启发

装备中心利用资源丰富、管理便利等条件,努力为各工作室之间搭建相互交流合作的多元化平台。各工作室采用集体听课观摩、教育教学研讨、沙龙论坛、成果展示等多种形式,合作交流,相互启发,实现优势互补,充分彰显学习共同体的力量。

第二协作组(王培坚名师培育工作室协作组)聚焦“中职生的职业素养”展开“头脑风暴”大讨论。教师、学生、企业三方代表分组研讨形成观点,交流、碰撞、融合,“头脑风暴”精彩呈现。整个活动立足职业素养,达成育人共识,凝聚育人合力,服务学生成长;第四协作组在组长董文良名师的牵头组织下,全体 9 名主持人 31 名学员全程参加为期两天的中期答辩会。答辩会根据拟定《中期交流研讨活动方案》,围绕“最近正在开展的一项主要工作”“实施的理念”“预期成果”“困难之处”等几个要点展开,来自市教委职教

处、教研室、装备中心的领导专家现场提问、点评、诊断,针对每名学员出具“诊断报告”,聚焦研修重点,把控努力方向。通过活动,学员发展方向更加明确,发展重点更加聚焦,发展成果更加清晰;第五协作组陈明宏职业教育专项研究名师工作室携同第一协作组万军数控技术应用工作室,共15名工作室成员来到上海市材料工程技术学校学习研讨。学员通过参观实训中心,听取材料工程学校正在组织开展的“德育‘软技能’项目”进展情况和取得的成效,以及现场交流,开阔视野,了解企业的人才培养模式,激发了不断学习和深入实践的愿望。第一协作组在组长朱建柳校长带领下,邀请市教委教研室专家围绕专业教学标准,聚焦教学能力提升,开展专题研究,切实提高学员对专业的理解和把握。

六月份,名师培育工作室工作全面展开,在各专业领域开展了形式多样,内涵丰富的培育活动。通过科研引领、文化浸润、聚集课堂、跨界交流,充分展现了名师“引力”,激发了学员“动力”,形成了有效“合力”。学员纷纷表示,加入名师培育工作室,在主持人的言传身教下,能够近距离向职教名师学习请教,参与深度课堂磨课、专业研讨、课题研究,进行跨领域交流,开阔了视野,更新了理念,展示了自我,促进了教育教学能力的快速提升,这样的机会倍加珍惜。

下一阶段,装备中心将继续围绕既定目标、注重内涵、深入推进、确保质量这一总体要求,做好组织、管理、服务工作基础上,进一步发挥引领提升、资源融汇、平台搭建、培育名师的作用,深入扎实推进名师培育工作室项目深入开展,取得预期成效。

立足实践，融汇资源　架设阶梯，精准培养

——上海市中等职业教育名师培育工作室工作专报（三）

上海市教委教育技术装备中心

七八月份，正值暑假。上海市中等职业教育名师培育工作室的主持人和学员们在短暂的身心休整之后，冒着酷暑，趁着假期的自由，按照各自活动计划迅速投入了各项活动之中。根据市教委职教处相关要求，在装备中心指导下，各工作室围绕工作目标和带教活动计划，将暑期的培育重点由聚焦课堂转向企业实践，活动形式由以带教辅导为主转变为集中学习互动研讨。

烈日炎炎，各工作室主持人和学员们热情不减，在丰富的活动中开阔视野、增加积累、反思提升，期待在新学期实现快速成长，力求有所突破。

一、打造开放平台，加强过程管理

1. 完成主持人、学员手册抽查工作

为及时了解主持人和学员阶段性工作和学习效果，暑假期间，装备中心组织专家对工作室进行“飞行检查”，随机抽取了20名检查对象（主持人和学员各10名），对其《主持人手册》《学员手册》进行了严格细致的检查。结果显示，两份手册按时上交率100％，优秀率40％，良好率30％，被抽查教师均能积极参加活动，主动学习思考，较高质量完成带教和学习任务。专家组对所有检查材料评定等第，并逐一进行了详细的点评分析。在此基础上，将高质量的手册进行展示，使其中的亮点和特色做法得以推广和辐射，同时，就发现的问题与相关检查对象进行个别沟通，对其提出针对性改进要求。

2. 完成名师培育工作室移动端开发

装备中心依托上海市中等职业学校老师专业发展网，开发了名师培育工作室移动端。暑假期间，完成了模块设置和人员信息的录入、核对，以及部分活动报道、图文信息的上传工作。随后，装备中心将组织召开平台使用发布会，使移动端切实发挥资源共享、宣传展示、即时沟通、交流协作的作用，成为今后名师培育工作的重要开放平台。

3. 落实工作室月报制

自七月开始，工作室月报制正式启动。月报表分为“活动时间、主题、内容、形式、参加对象以及主要做法、亮点特色”等板块，并要求附上“学员感悟、活动照片”等附加材料。月报制的实施，既有助于各工作室及时记录、整理、收集活动资料，进行阶段性回顾、分析和反思，同时也有助于装备中心更全面了解工作室活动开展情况，及时发现亮点和不足，进行相应的宣传、指导和服务。

二、融汇校企资源，开展实践研究

1. 企业调研，提升教学实效性

各工作室主持人充分利用学校和自身资源优势，创设条件，组织教师深入企业调研、实习、专题研究。王冬丽药剂名师培育工作室根据国家职业标准《医药商品购销员》开发要求，在带领学员走访医药经营、生产企业后，联合全国 5 所医药类中高职院校设计出全国调研问卷，为后续职业标准开发奠定基础。姚圣煊焙烤食品名师培育工作室组织学员参观国内著名西餐培训学校——王森国际咖啡西点西餐学院。学员们参观了专业实训室、特色教学区、巧克力梦工厂、西餐咖啡屋，并通过访谈，学习其先进的理念、教学管理模式、科学的实训室布局模式、创新研发思路，感受其品牌文化和管理艺术，感到耳目一新，豁然开朗。王伟旗计算机网络技术名师培育工作室来到福州市物联网行业领军企业——新大陆科技集团参观学习。老师们现场体验智能农业、智能物流、智能医疗等由物联网技术搭建的各类行业典型应用，对物联网行业的未来发展有了深刻的感触，在物联网专业建设及课程设置方面产生了许多新的思路和想法。黄斌华网络技术名师培育工作室先后来到天旦、朔惠等国内知名网络公司。现场观摩之余，采集了企业运作过程中许多实施案例，并与企业研发人员共同进行新技术领域“网络分析课程开发”研讨和签约。老师们对网络技术现状有了进一步了解，发现并梳理了课本理论和最新技术之间的衔接点，对于如何更新专业知识、调整教学思路、提升教学实效等问题有了更明确的方向和更深入的思考。

2. 互动研讨，优化学习共同体

名师培育工作室强调专业引领、同伴互助和自我反思，通过集合多方力量，开拓多种资源，组建起目标一致，集思广益的研修团队，将教师教育教学实践与学习成长融为一体。

李关华电子技术名师培育工作室与重庆万盛职教中心专业教师共同召开“工业机器人”教学研讨会。双方分享了各自在工业机器人教学实践中的经验，探讨了未来工业机器人教学中的模块比重、学生相关技能考核等深层次问题。学员们积极发言，讨论交流，结合教学实训工作，提出一系列设想、方案与建议，为下一阶段优化课程设置和教学模式打开了思路。范瑞祺平面媒体名师培育工作室组织印刷工艺“双证融通”鉴定总结座谈会，工作室成员和行业专家、鉴定所人员共同就双证融通的理论、技能考核、改进完善等内容进行交流，确定了许多课程理论与岗位要求的对接点。工作室通过构建和发展学习共同体，营造协作教研氛围，逐步提升学员的教科研能力和自我发展能力。

3. 科研促教，提高教育科学性

名师培育工作室注重科学培育，引导学员用理论支撑实践，在实践中发现问题，在研究中分析、解决问题，从而形成良好的科研氛围。

陈明宏职业教育教学名师工作室围绕“中职校‘以业定教’课程开发的实践研究”课题，在嘉兴蓝鸽集团培训基地进行集中封闭式教科研。通过头脑风暴、集思广益，完成了十多万字最新研究成果的修订和校对，为正式出版做好了准备。袁晖汀德育名师培育工作室以“现代职教理论与方法”为主题组织暑期系列科研活动。邀请了由我国最早一批留学德国研究双元制的专家、上海知名校长、华师大知名专家等组成的专家团队，带领学员们共同了解、学习现代职教的理论和方法、双师型教师内涵和培养途径、校园文化建设等内容。学员们则结合自己的教学实践体会，向专家请教，与同伴分享各种案例，在探讨和反思中，明确“科研促教，科学育人”的方向和思路。

三、实施梯度带教，实现精准培养

1. 深化教研，构建高效课堂

高效课堂的核心是教学的高效益，其关键则在于教师的教学实施和把控能力。名师培育工作室以“观摩、评析、研讨、反思、借鉴、创新”为主线，深化教研，促进学员间的学习、借鉴，通过提升教学素养来实现课堂教学的高效益。

李玉形象设计名师培育工作室联合上海市美容美发专业中心组共同筹划暑期教师培训活动，通过专题讲座、现场教研，帮助大家开阔视野，学习专业最新技术，从而更新教学内容，优化课程设置。王鸿食品生物名师培育工作室组织信息化教学研讨会，学员根据 2014—2015 年全国信息化大赛获奖作品的思路和呈现形式，以微生物课程为对象，撰写信息化教学设计、说课稿和课堂教学录像的脚本，通过自我反思中实现教学方案的优化和创新。

2. 精准培养，助力释放潜能

工作室主持人结合每名学员的发展规划和专业现状，为学员度身定制带教方案，做到个性化定位、个性化菜单、个性化发展。

姚圣煊工作室利用每周一次的“大师进校园”活动，邀请焙烤行业大师根据三名学

员的不同基础和特点,进行针对性指导。3 名学员在专业技能上迅速成长,短短半年时间内,学会了 10 余种高级焙烤产品的制作。周婕公共艺术名师培育工作室,根据学员学习基础和特点,指导学员研究不同类型的课题,辅导参加不同级别的培训考证。学员崔妍老师参加全国音乐家协会奥尔夫专业委员会举办的奥尔夫一级教师资格证书课程培训,荣获奥尔夫一级教师资格。

四、启迪教育智慧,引领学员成长

名师培育活动开展半年以来,各工作室的学员在不同的专业学习共同体中全力以赴,全心投入。宋利明机电技术名师培育工作室主持人和学员组成导师项目组,带领学生参加 2016 中美(国际)机器人挑战赛,在经历了 5 场比赛的激烈角逐后,喜获全国四强的好成绩。章晓兰材料/环保名师培育工作室主持人及学员庄燕老师指导学生参加创新创效创业大赛,历时一个暑假,参赛项目"上海固废宝保温砂浆有限公司"获得上海市一等奖、全国二等奖。学员陆炜渊、朱以等老师参加了上海市会计专业教学标准修订工作,深化了课程理解,提高了课程开发能力;学员沈春燕老师和陈小蒙老师参加西式面点师高级技师和技师职业资格的考证,提升了职业能力。学员王晶晶等多名老师,代表学校参加了市第七届教法评优大赛,他们将学习收获,融入教学设计和课堂教学之中,力图以新的视角和做法,展现自己对现代职业教育的新思考和新探索。

学员们纷纷感慨:虽然工作室的定期活动、阶段考评使自己变得更加忙碌,更有压力,但却大大开拓了自己视野,更新了教学理念,激发了自己不断提升和超越自我的潜能。自己一定会珍惜机会,抓住名师引领的契机,珍视优质的专业资源,依托有力的专业支持,主动进行智慧充电和实践反思,全力以赴迎接一切挑战,为实现自己的职教理想迈出坚实的步伐。

七八月份,名师培育工作室利用暑假通过开展企业调研、教学研讨、专题研究等一系列活动,帮助学员们在繁忙的教学工作之余,增加知识储备,开展科研探究,进行教研反思,实现理论更新。经过了"假期充电",学员们将在新学期更为自信、更具热情地走进课堂,走上讲台,开启更多、更新的教学实践和探索。

下一阶段,装备中心将围绕既定目标,强化过程管理,做好服务保障,组织中期考评,阶段成果汇报展示,深入推进工作室活动的深入开展和有效进行,力争达到预期,收获佳绩,实现超越。

积极探索创新思路　多措并举有效推进

——上海市中等职业教育名师培育工作室工作专报(四)

上海市教委教育技术装备中心

九月,正值开学。上海市中等职业教育名师培育工作室的主持人和学员们经过暑期短暂的身心休整之后,按照下半年活动计划全面投入各项活动之中。工作室以助力学员成长为目标,立足课堂,聚焦教学,整合资源,搭建平台,在如何拓展学员发展空间,提升学员“成长加速度”方面做了许多有益探索。目前各项活动进展顺利,成效初显。

一、抓好重点环节,优化过程管理

1. 以查促改,推动工作室规范建设

装备中心严格执行“活动月报制和不定期抽查相结合”的过程管理办法,对各工作室的月报情况进行记录、分析、登记,并结合随机抽查情况,及时与相关工作室主持人进行沟通。通过加强宣传来积极推广工作室的有益做法,同时对于检查中发现的问题,及时分析主客观原因,针对性提出改进和优化意见。在此基础上,指导各工作室制订完成《2016 年下半年带教活动工作计划》,已汇编成册。

2. 以评促治,加强工作室自身建设

为了解一年来工作室主持人针对学员成长在梳理需求、聚焦发展、整合资源、搭建平台、促进成长等方面的主要做法、工作成效、存在问题和后续工作设想,装备中心组织专家团队共同拟定了《2016 年上海市中等职业教育名师培育工作室中期汇报暨考核方案》。该方案明确了考核的目的、内容、形式、要求,旨在以评促改、以评促治,推动名师培育工作室加强自身建设、提高工作水平。

3. 以访促建,提升工作室活动质量

为了解工作室日常活动情况,明确工作室主持人和学员的需要,及时为工作室提供有效的服务和帮助,装备中心经常和主持人进行沟通联系,不定期组织协作组工作会议,并深入工作室参加活动。协助工作室邀请职教专家、行业专家、学员所在学校领导

共同开展活动，加强沟通，增进了解，从而获得各方面的理解和支持，进一步推动工作室活动质量提升，促进学员的快速成长。

案例一

开展阶段汇报　把脉名师培育

——上海市朱玉萍工程造价名师培育工作室开展阶段学习汇报活动

9月29日下午，上海市中职朱玉萍工程造价名师培育工作室在上海市城市科技学校开展了阶段工作专题汇报活动。上海市城市科技学校张巨浪校长、上海市城市建设工程学校戴国平副校长、上海市西南工程学校唐玉杰副书记、上海市房地产学校林明晖副校长，以及名师工作室主持人朱玉萍老师工作室全体学员参加会议。上海市教委装备中心有关老师参加，会议由朱玉萍老师主持。

“个性＋共性”构建工作室完整学习体系

上海市城市科技学校张巨浪校长代表工程造价名师培育工作室基地单位致欢迎词。工作室主持人朱玉萍老师介绍了工作室学员情况、主要举措、活动安排、考核评价、预期成果及后续思考，并重点介绍了工作室“个性＋共性”的特点。共性活动借助协作组学习平台，开展课题、论文、微课、慕课建设等讲座活动。个性活动以工作室为单位，以学科为载体，以课程改革为主线，通过讲座、讲课、研讨和典型案例，解决课程教学(计量计价)中遇到的实际问题，帮助学员提升课堂教学能力和育人综合能力。“共性与个性结合”构建了工程造价工作室完整的学习体系，有效提升了工作室团队学员的教学理论水平和教研能力。随后，5名学员分别汇报了各自近一年来在工作室的学习内容、学习收获和学习体会。

“建议＋期望”传递工作室引领辐射效果

会上，5名学员所在学校领导对学员的学习情况给予了点评，对教委以名师培育工作室的形式为青年教师成长搭建平台的举措表示了感谢，同时纷纷为工作室下阶段工作出谋划策。上海市城市建设工程学校戴国平副校长认为，工作室已成为教师专业发展平台与加油站、课程改革的实验室和学校专业建设的助推器，建议今后每名学员择期进行公开课展示，通过校际交流和研讨，进一步放大工作室的引领辐射作用。上海市房地产学校林明晖副校长建议工作室将工作月报分享给学员所在学校，便于学校及时了解学员学习情况，给予学员更多支持。上海市西南工程学校唐玉杰副书记表示，希望通过名师培育工作室的活动，名师教书育人的经验在各校得以分享，从而进一步推动各校教师专业素养的提升。

“目标＋要求”打造中职师资人才高地

市教委装备中心赵晓伟老师对工作室前一阶段工作给予了肯定，对与会校领导们的支持表示感谢，也对学员们的阶段汇报给予较高评价。随后，他进一步对学员提出四点要求：有自信、有目标、有聚焦、有成果，希望朱玉萍名师培育工作室能越办越好，成为未来名师的孵化地之一，也希望越来越多的老师能借助名师培育工作室这一学习共同体，实现教学相长，逐步打造起上海中职师资的人才高地。

（上海市中职朱玉萍名师培育工作室供稿）

二、立足多元成长，注重个性培养

1. 立足常态课堂，探索高效教学

课堂教学能力是教师素养的最基本要素。工作室以课堂作为培养学员的主阵地，以“微观课堂”为焦点，以“有效教学”为核心，积极开展各类教学研讨活动。采取理论学习、集体备课、讲课评课、课例交流、研讨反思等多种形式，引导学员发现和运用学科教学规律，探索符合专业特点和学生实际的教学模式，让规范课堂成为需要，让观察课堂成为习惯，让反思课堂成为素养。

第四协作组邀请上海市原教研员，上海市教育学会中小学音乐专业委员会会长，上师大音乐学院硕士生导师为 9 个工作室成员作“课改背景下课堂教学理念的改革和实践”讲座。讲座围绕“学生为本：课程转型的驱动”“重心下移：课堂改进的方略”等重点，通过鲜活的教学案例，使学员得到借鉴和启发，加深了学员对“有效课堂”的理解，提升了学员的视野和高度。

谢永业英语名师培育工作室启动真实化英语课堂教学案例研究，以独立研究与合作探索相结合的形式，从课堂教学的细节入手，探索“教学预设和课堂生成”之间关系，研究提高常态课堂教学有效性的策略和方法，增强了学员“理论落地，聚集课堂”的意识。

案例二

关注课改　改进课堂

——名师培育工作室特聘导师王月萍专家为名师培育工作室第四协作组开设讲座

9 月 22 日上午，上海市中职名师培育工作室第四协作组平台共享课程在上海市师资培训中心举行，由周婕公共艺术名师培育工作室的特聘导师（上海市教委教研室前教研员、上海市艺术教育委员会副秘书长、上海师范大学硕士生导师）王月萍老师，开设题为“关注课改 改进课堂——教师的专业适应”的讲座。

王月萍老师从“学生为本：课程转型的驱动”“重心下移：课堂改进的方略”以及“顺应学情，教师专业的适应”三大方面进行阐述，介绍了音乐学科的演变、当前国外主要音乐课程观和研究成果，并对当代中国中小学音乐新思想进行了解读。在课堂改进方面，王老师提出，要针对学情研究有效教学，提升审美效果和文化含金量，优化教学情景，增强艺术感染力。最后，王老师希望主持人和学员们沿着“基本技能、教学艺术、教学特

色”的阶梯稳步前行，希望老师们具有深厚的理论功底，在积累教学经验的同时追求个性化的教学，能将见解、认识物化为一定的著作文章，能以课例、示范影响更广泛的教学教研，逐步成长为具有极高职业素养的“高端教师”。

王月萍老师精彩生动的讲座，为名师培育工作室的老师们打开了新的视野，引发了老师们热烈讨论。艺术专业的老师们感到收获满满，其他学科的老师们纷纷表示，虽然自己并非任教音乐学科，但是不同学科在课堂教学的理念、教学规律、教学策略等方面都是相通的。无论是提升学识素养，还是改进教学策略、优化教学方案、提升教学实效，都需要教师不断地学习、积累、思考和实践，从而由量变到质变，逐步实现由合格教师到成熟教师、由成熟教师到精英教师的成长。

（上海市中职周婕公共艺术名师培育工作室供稿）

2. 整合企业资源，搭建实践平台

工作室充分利用校企合作平台，加强与企业的合作，组织学员到企业参观、学习、交流，与企业技术和管理人员进行零距离交流。同时，尝试将部分合作项目引入学员培育的过程中，指导学员参与部分项目的开发与研究工作，帮助学员进一步更新知识储备，掌握最新技能，了解企业需要，反思日常教学。

王伟旗网络技术名师培育工作室，组织学员参加福州新大陆集团“新大陆名师计划”之专业教学能力提升班。培训围绕智能家居物联网核心技术进行分析和研究，重点针对如何将工作室团队研发的物联网实训设备应用到中职实训教学中进行了探讨。学员们了解了相关实训设备的操作特点，感受到理论知识运用于实践中所呈现的复杂性，对今后在专业教学中可能出现的问题有了更多的预见和思考。

王忠园林园艺名师培育工作室与上海现代农业职业教育集团合作，利用上海市插花花艺学校平台资源，聘请全国花艺大师手把手指导，使学员的花艺制作技艺得到质的提升，同时对插花文化的理解也更为深入。

3. 聚焦职业素养，创设活动主题

培养学生良好的职业素养是中职学校的育人目标和重要任务。工作室围绕专业特点，创设活动主题，通过主题活动来帮助学员深入理解“职业素养”的丰富内涵，从而将培养学生职业认同感、职业归属感、职业知识技能和职业行为习惯的自觉意识贯穿到日常教学中去。

案例三

“一起走”

——记 2016 东辉李立红创业教育名师培育工作室展示活动

9 月 28 日下午，2016 东辉李立红创业教育名师培育工作室展示活动在上海市东辉

职业技术学校实训楼二楼拉开帷幕。上海市职教知名专家于兰英、戴晓芙、冯伟国、乔刚、匡瑛，学员所在学校的校长，以及李立红名师培育工作室所属第五协作组的主持人和学员们悉数到场，共同观摩展示活动。

整场活动精彩而紧凑，共分为“播种梦想之路演训练营、创业路上之微电影首映、崭露头角之创业者沙龙、荣耀时刻之专家点评、感恩的心之领导寄语”5个环节。工作室的3名学员分别从组织、指导学生参加创业项目路演、带领学生实施创业项目奉上作品、对中职毕业生创业者进行访谈和诊断等不同方面进行展示。每个环节环环相扣，几名正在经历创业的毕业生走上台，和大家分享自己将学校学习过的创业知识运用于创业实践的体会，引起了现场观众的阵阵掌声；学生路演作品优胜者，当场获得浦东康桥先进制造创业园区入园孵化申请资格，更是将整场汇报展示活动推向了高潮。整场展示活动，主持人和学员们以丰富的形式诠释了中职生创业教育的内涵和主旨——培育创新精神，埋下创业种子。

本次展示活动凝聚着工作室主持人和学员们近一年学习的心路历程和各类成果。从学员课堂教学能力提升(各类教学比赛获奖)、指导学生参加创业比赛，到获得职业资格认证成为“创业教育”领域的双师型教师，无一不渗透着她们的汗水和辛劳。正如上海职教专家、双名工程基地主持人乔刚所说：“工作室展示定位于名师，就是要敢于将成果展示出来，发挥职教名师的引领作用，实现辐射效应，这次活动就做到了！”

(上海市中职任玉芬德育名师培育工作室团队供稿)

4. 注重教育科研，提升专业素养

针对中职教育科研“过程实践性强、成果实用性高”的特点，工作室主持人带领学员围绕专业教学中的“困惑点、关键点”进行探索和研究，力求实现“定位准、切口小、挖掘深、实效高”的目标，促进学员专业素养和教学能力的提升。

王冬丽药剂名师培育工作室组织学员参与《医药商品购销员》国家职业标准开发调研问卷的设计活动。学员们根据课程教学内容，结合自己在专业教学中发现的问题及思考，讨论问卷的设计要素，并在专家的指导下，对设计内容进行论证，提升了资料整合、信息筛选、提炼归纳等综合能力。

宋彩虹学前教育名师培育工作室组织开展教材编写研讨活动。主持人以自己对所编教材中引导问题“婴幼儿活动设计与指导”的修改过程为例，组织学员讨论，寻找和归纳问题设计中存在的问题，学习和思考修改、调整的方法，培养学员研讨文本、论证推敲、分析提炼的能力。

三、促进教学相长，助推专业成长

1. 深化学习共同体，共享发展愿景

在名师培育工作室各项活动中，主持人和学员以专业教学实践和研究为抓手，共同

探讨，相互启发，形成了一个个高效的学习共同体，共享“成就职教名师、投身职教事业”的发展愿景。

2. 提升成长加速度，拓展发展空间

工作室在制订教育方案和实施培育过程中，充分考虑到每名学员的自身基础、特点和需要，为其设定了“最近发展区”。工作室学员们在主持人的引领和指导下，走过了最初的“热情有余，思考欠缺”阶段，走上了“冷静分析，深入思考”的学习实践之路。他们珍惜每一次学习和交流的机会，分享教育智慧，借鉴同伴经验，寻找自身不足，发挥自己潜能，加快了自己进步的脚步。

谢永业名师培育工作室学员，上海商业会计学校的杨懿俊老师应邀在上海教育出版社组织的中职英语教研会上做了题为“基于学业水平考试的中职英语阅读教学”的学术报告，受到了与会老师们的高度赞扬。

李关华电子技术名师培育工作室学员，上海公用事业学校黄艳飞老师指导学生参加中国世界技能选拔赛取得良好成绩，并在工作室活动中分享了自己的带教体会收获，同伴们深受启发。学员们纷纷表示，在工作室的学习中，开阔了视野，加深了职业教育内涵的理解，提高了思考和实践能力，大大提升了“成长加速度”。

名师培育工作室启动以来，47 个工作室主持人各显其能，充分利用各自专业领域中的各项优势，结合学员实际情况和特点，精心策划开展各类培育活动。力求将传递教学经验和激发学员潜能相结合，将提升理论素养和强化实践能力相结合，使名师培育工作室真正成为实现教学相长，助推学员成长的育苗园地。180 名学员极为珍惜来之不易的学习机会，全力以赴，全心投入，不断提升自己的专业素养。一年来，已有相当一部分学员们在专业教学和技能大赛等诸多职教领域崭露头角，表现出良好的发展潜质，成为学校学科带头人重点培养对象。

近期，装备中心将以组织工作室中期汇报展示和中期考核为重点工作，深入推进“以查促改，以评促治”。在总结经验和寻找不足的基础上，继续做好管理、服务工作，推进工作室项目深入开展，有效进行，从而实现由培训到培养、由成长到成果的深层转变和不断提升。

聚焦课堂，教研一体　引领提升，精益求精

——上海市中等职业教育名师培育工作室工作专报（五）

上海市教委教育技术装备中心

2016年10月，在市教委职教处领导下，装备中心指导下，上海市中等职业教育名师培育工作室根据各自工作目标和《带教活动计划》，立足课堂主阵地，聚焦专业特点，融合校企资源，深度打磨教学，逐步推进教学科研一体化、诊断辅导个性化、培育过程精细化、沟通管理动态化，使工作室主持人和学员在合作学习、共享资源、集体研讨、个体反思的过程中，激活创意，激发潜能，感受教学相长、共同提升的快乐。

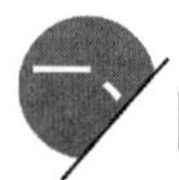

一、围绕名师培育需求，完善过程服务保障

1. 紧跟项目进展，细化过程服务

为及时了解各工作室工作进程和活动开展情况，第一时间了解主持人和学员的想法、需求和困难，以便及时为其提供资源、场地、宣传等服务，装备中心每周深入各工作室参加活动，并通过电话、微信群、QQ群、电子邮件等形式与主持人保持不间断联络。

2016年10月上旬，第四协作组计划组织一次组内教研活动，却因遇到人员、场地、停车、设备等困难而难以开展。得知情况后，装备中心立即进行协调，第一时间为其落实了会场，并协助进行人员联络和设备保障，最终确保了活动的顺利开展和成功举行。2016年10月中旬，装备中心专门组织了一次专家讨论会，邀请邬宪伟、乔刚、郑洁、匡瑛、胡秀锦等职专家进行座谈，就近一年来对于各协作组开展活动的跟踪指导情况进行交流，分析亮点和问题，提出了将“聚焦课堂，提升教学能力，加强协作组沟通，深化理实一体培训”作为下阶段工作重点的建议。装备中心及时整理专家意见，以书面和口头形式传递到各工作室，帮助工作室明确方向，对照自身情况，有重点地开展后续工作。

2. 优化考核方案，指导迎评工作

自上月《中期考核方案》定稿以后，本月装备中心组织5个协作组分别召开中期展示及考核工作准备会议，工作小组成员全程参会。会上，对方案的指导思想、考核形式、考核内容及指标细则进行解读，解答主持人提出的具体问题，帮助其共同做好展示和迎

评的准备工作。

二、致力专业素养提升，耕耘名师育苗园地

1. 聚焦核心素养，优化课堂教学

课堂教学能力是职教教师最基本、最重要的能力。各工作室根据本专业特点，开展了一系列根植于课堂和实训室的“说课、评课、磨课”教研活动。通过导师指导、专家点评、学员互评等方式，帮助学员体验、感悟、比较不同教学设计、教学模式、教学方法的不同效果，从而逐步提升教学环节设置、课堂问题处理等方面的能力，实现教学预设和生成之间的高度融合。

王培坚数字影音名师培育工作室多名学员在第七届教法评优、信息化大赛中获一、二等奖。工作室针对学员参赛情况，开展教学评优总结会，邀请市教委教研室陈丽娟老师为学员解读深化教育教学改革的方法和举措，分析本次评优活动中成功案例，给大家带来很大启发。陈珺烹饪名师培育工作室围绕学员彭艳妮老师开设的“代脂巧克力圆插片的制作”公开课，探讨“ARRE”教学模式与传统“观察——模仿”教学模式的区别、优势、适用范围，以及运用技巧。全体学员共同参与公开课的备课、评课、磨课全过程，在一次次研讨中加深了对课堂的理解，并在教学实践中不断探索与之相适应的教学方法，实现了教学能力的提升。

案例一

聚焦课堂教学　共助名师成长

——李玉美发与形象设计名师培育工作室开展“聚焦课堂”教研活动

10月20日下午，上海市中职美容美发专业中心组会同上海市中职李玉美发与形象设计名师培育工作室，在上海市商业学校主题为“聚焦课堂”的教研活动，教委装备中心赵晓伟老师、教委教研室袁笑老师、工作室特聘专家乔刚教授、郑洁教授，学员所在学校领导上海市商业学校王云玺校长、上海市第二轻工业学校凌苹祥校长以及第四协作组主持人、学员和中心组所有成员参加活动。活动由上海市美容美发专业中心组组长、上海市商业学校张志华副校长主持。

本次教研活动以“学员说课、专家评课、共同议课”的形式，针对学员在课程设计和教学生成中的亮点和不足进行讨论，帮助学员开拓思维、加深理解，在反思中提升能力。

在主持人李玉老师对工作室一年来活动开展情况进行了简要介绍之后，学员赵欣老师和胡思云老师随即进行说课。两名学员结合PPT和视频，将自己的教学思路、教学过程进行了呈现。专家董文良特级教师针对胡老师的说课“韩式新娘造型的饰品搭配”进行点评，肯定了“教学整体设计流畅而规范、能调动学生多种感官参与学习，提升

学生的学习兴趣”等优点。同时也指出了课堂容量过大、形式与内容结合不够紧密等不足，建议对教学内容进行筛选，教学形式进行优化，使两者相融，切实提升课堂教学的实效。职教专家乔刚教授对赵欣老师的说课“塑造‘电眼’造型”进行点评，认为说课结构完整，注重“使教法贴近学生”，特别是角色扮演法、尝试教学法和小组合作法构成了非常有效的互补，但是“在有限的时间里尽可能把展示的信息量最大化”方面还有待提高。专家点评结束后，第四协作组的学员们进行了互动讨论，大家分享观，彼此启发，现场气氛热烈。

活动结束后，两名说课的学员都很激动。胡思云老师表示：“40 分钟一节课，总想把尽可能多的理念、知识、技巧都传递给学生，但实际效果往往适得其反。专家的建议恰恰解决了我的这一困惑，今后的课堂教学中我将抓住重点，攻克难点，一次课扎扎实实地解决一个问题，完成一个任务，以此提高课堂教学效率。” 赵欣老师表示：“在课堂教学中，我一直存在着教学语言不够精练规范的问题。今天通过专家指导，茅塞顿开。今后在教学中，我将努力使用明确规范的教学语言，使学生能很快做出正确的判断，提高学生的学习效率。”

(李玉美发与形象设计名师培育工作室供稿)

2. 整合校企资源，加强专业融通

根据职业教育重实践、重操作、重应用的特点，工作室将学以致用、能力培养作为培育学员的主方向之一。依托校企实训基地、依托与相关行业企业的良好合作关系，通过开展相互观摩、人员交流等活动，促进学员及时更新专业知识，帮助其及时对日常教学实践、实训带教的内容和方式进行思考、调整和优化，从而提升专业教学的针对性和实效性。

案例二

开展技能人才培养现场交流研讨　凸显职业教育校企融合

——记“万军数控技术应用名师培育工作室”特色活动

10 月 28 日，由“万军数控技术应用名师培育工作室”组织策划的工作室特色活动——“制造类技术技能人才培养现场交流会暨上海市高级技工学校第十届技能节制造类竞赛项目观摩会”在上海市高级技工学校举行，来自袁晖江德育、陈明宏职业教育教学专项研究、茹秋生机电技术应用等名师培育工作室的主持人和学员共同参加活动。上海质力特种金属有限公司张总经理也应邀前来观摩，并参与了研讨活动。

各工作室成员现场观摩了上海市高级技工学校第十届技能节制造类技能大赛决赛，包括三维建模数字化设计与制造、数控车中级、数控车高级、数控铣中级、数控铣高级、模具拆装等 8 个项目。从数控技术应用实训中心到模具设计与制造实训基地，学员、相关教师及企业人员就技能节举办、学生比赛流程、竞赛项目的设置等进行了沟通

交流。在3D打印及三维扫描实验室,学员们亲自操作,对3D打印有了更深刻的认识。

参观结束,大家围绕制造类技术技能人才培养等内容进行了现场交流研讨,重点就"职业学校教学与企业人才需求对接"进行讨论。企业张总经理通过自己在法国的工作经历,以及多年在外资企业的生产管理经历,介绍了欧洲制造类企业内职业人才的特点及其所在企业内数控加工类人才的现状。同时,结合目前上海制造业面临的人才缺口和人员职业素养有待提升等问题,提出了职业学校在教学内容和实践如何与企业对接的相关建议,为老师们打开思路,带来了许多启发。

工作室主持人万军老师结合学校数控技术类技术技能人才培养的现状,指出学校职业教育应当关注更贴近企业需求,提升尽快解决实际问题的能力,缩短企业培养时间,使之更符合企业的用人需求。

此次名师工作室特色活动从数控技术应用专业人才培养的实际出发,特别强调了对职业教育人才实践能力的培养,突出了人才培养过程中校企融合的重要性,极大促进了工作室学员对职业教育的职业性与实践性的理解,同时也搭建了各工作室沟通交流与相互学习的平台。

(万军数控技术应用名师培育工作室供稿)

3. 开展实地考察,分享职教心得

采他山之玉,纳百家之长。工作室通过组织成员"走出去",近距离接触和了解外省市中职学校、行业企业的教学实践和生产经营情况;通过座谈交流,相互借鉴启发,丰富了职教信息,增加了知识储备,促进实践智慧和理论素养的提升。

张桂芳烹饪名师培育工作室一行来到四川旅游烹饪学校,参观烹饪实训基地,观摩教学活动,并和学院教师共同开展评课、评课交流活动。该院备料标准化、课件统一化及操作流程规范化等教学特点给工作室成员留下了深刻印象。工作室学员周延河老师应对方学校邀请现场上了一节西点公开课"蝴蝶酥的制作",受到现场师生热烈欢迎和高度评价。

案例三

学习·交流·提高

——上海市名师培育工作室第一协作组与宁波市优秀教学团队开展互动交流活动

为进一步拓宽名师培育工作室主持人的专业视野,发挥协作组的辐射示范效应,10月下旬,名师培育工作室第一协作组在组长、上海市交通学校副校长朱建柳的带领下,前往慈溪市锦堂高级职业中学和宁波职业教育技术中心考察学习。

24日上午,老师们来到慈溪市锦堂高级职业中学参观考察。慈溪锦堂职高是一所百年老校,学校汽修专业团队作为宁波市中职教育首批"优秀教学团队"之一,重点为学

校实训基地、重点专业、精品课程及创业创新建设服务，在宁波职教和行业企业内均有很强的影响力。工作室主持人们在锦堂高级职业中学陆校长带领下，参观了教学楼和校史馆，聆听了学校的历史渊源、实践过程、办学成果介绍，并围绕学校“车·锦堂”创业平台建设和“理实一体教学模式”展开热烈讨论。锦堂职高在教师培养和特色专业建设等方面敢于创新、大胆实践的勇气和做法，令老师们钦佩不已。

25日，老师们来到宁波市职业技术教育中心学校参观交流。徐校长为大家介绍了学校“智慧校园”建设情况和办学成果，学校多媒体教师、特级教师王姬则围绕“校工业产品创新创意教学团队”为大家进行了详细介绍。互动交流中，双方就如何进行校企合作、课程开发、任务引领教学等问题进行了讨论，通过头脑风暴分享教学智慧和经验。

读万卷书，行万里路，上海市名师培育工作室第一协作组研修学习活动收获满满。两天的考察，大家开阔了视野，了解了外省同类学校的探索实践，从而为自己的专业教学带来了更多的启发和思考。

（朱建柳汽车技术服务与营销名师培育工作室供稿）

4. 注重问题解决，实施有效科研

工作室践行“有效科研”理念，围绕当前中职教育的热点、难点，聚焦教育实践中的具体问题，开展行动研究。主持人针对学员需求，突出个性带领；整合多方资源，邀请专家把脉；现场推进课题，务求工作实效。

袁晖江德育（科研）名师培育工作室以“根植职教事业，秉承工匠精神”为主题，为每名学员确定研究方向。每周二，4名学员在主持人的带领下开展活动，既有一对一的个性化辅导，又有团队头脑风暴，在反复研讨、精心打磨中，学员科研意识显著增强，科研能力明显提升。袁老师及专家团队还深入每名学员学校现场推进，跟踪指导，实现德育科研“接地气，见实效”。

三、锁定职教名师目标，加速个体成长进程

1. 更新职教观念，转变教学理念

职业教育大有作为，职业教育任重道远。在工作室的学习中，学员们了解了世界发达国家职业教育的特点，了解了职业教育对我国社会发展的重要性，同时也正视并思考当前职业教育面临的问题，进一步坚定了“树立正确、先进的职教理念，做一名优秀、骄傲的职教人”的信心。

2. 分享教育智慧，提升教学能力

“教学有法，教无定法，贵在得法”，在工作室这一学习共同体中，主持人和学员们聚焦教学，头脑风暴，思维碰撞交锋，智慧火花频现。学员鲍酝姣在参加教学研讨活动后

感慨:原本只是从老师授课的角度去思考授课方式,经专家点拨,才深深体会到学生是学习的主体,教师在课堂中可以脱离软件、知识点等的束缚,大胆放手,鼓励学生自行创意,只要符合目标要求,切实可行,就是好的方案。学员董忠云老师在参加工作室“创新课堂”研讨后表示,研讨活动使自己对课堂设计有了全新的认识——信息化课堂是学习思维和教学思维的全新转变,老师要立足学生实际进行针对化的指导,学会利用互联网主导搜索优秀资源,满足学生对职业渴求的多种信息,从而实现课堂效益的更大化。

3. 夯实专业技能,增加知识储备

工作室定期开展各类活动,为学员提供了开阔视野,分享智慧,实践探索,深入思考的机会。主持人和专家团队亲自指导,为学生个性化成长提供了强大的专业支持。学员汤益华在参加上海企想信息技术有限公司物联网智能家居教学套件项目后,表示自己在远程嵌入式 Web 服务器移植的技术方面学习到了许多教材上没有的知识,今后要努力将这些技术运用到物联网教学平台产品之中,使学科知识和岗位要求对接得更加准确和紧密。

10 月份,名师培育工作室工作全面展开。各工作室根据专业特点和学员情况,突破传统带教模式桎梏,以理论指导、专题讨论、沙龙分享、参访考察、案例研究等多种方式开展培育活动,充分调动了学员的积极性、主动性、创造性,切实提高了培育的针对性和实效性,促进了学员的专业化成长,实现了主持人和学员的教学相长。

下阶段,装备中心将围绕既定目标,以“名师培育活动展示活动暨中期考核”为重点,做好相关组织、管理和服务工作,通过组织专家对 47 个工作室进行中期考查,全方位多角度了解各工作室一年来的活动开展情况、学员成长情况,梳理阶段性成果,总结经验、成果、问题和不足,及时调整和优化后期工作方案,深入推进工作室项目下阶段的工作进程,力争实现名师培育由“培育”向“培养”、由“成长”向“成果”的发展和转变。

并肩作战，砥砺前行　以考促学，助推成长

——上海市中等职业教育名师培育工作室工作专报（六）

上海市教委教育技术装备中心

11 月，名师培育工作室围绕既定目标，按照带教活动计划，坚持"精准定位，个性培育"，在"聚焦课堂，提升效能"上下功夫，在"以考促学，以评促改"上做文章，在开展大量形式多样、内涵丰富活动的同时，严谨有序地完成了 180 名工作室学员的中期考核工作。通过总结经验，发现不足，调整优化个性化指导方案，为后一阶段培育工作实现由"成长"向"成果"的转化做好准备。

一、有序组织，规范管理，确保培育工作顺利推进

1. 加强实践指导，优化服务保障

装备中心深入各工作室参加活动，和主持人、学员及专家经常性保持沟通，及时了解活动开展情况、阶段性培育成果、学员目标达成度，以及工作室的需求和困难，及时为其提供信息、资源、设备等各方面的帮助，做好实践指导和协调服务工作。

2016 年 11 月，与市教委教研室沟通，为裘燕南名师培育工作室申报学员市级公开课开设"绿色通道"。裘燕南工作室向来自全市多个中职学校金融专业的老师们展示了在"互联网＋"经济大背景下"个性化营销"的特色教学，随后开展了热烈的研讨活动，活动气氛热烈，专业性强，受到专家和老师的一致好评。李玉形象设计名师培育工作室、颜苏勤心理健康名师培育工作室联合开展"教师形象与心理健康辅导讲座"，装备中心全程参与，协助做好信息发布、过程指导、宣传报道等工作。精彩的讲座吸引了来自 10 多个工作室数十名主持人和学员，大家在互动交流中拓展思路，分享智慧。

2. 组织学员中期考核，做好培育质量监控

根据《2016 年上海市中等职业教育名师培育工作室中期汇报暨考核方案》要求，47 个工作室将于本月完成对全体学员的考核任务。装备中心组织 5 个协作组分别开会，布置考核任务，解读考核要求，解答主持人的问题，协助工作室做好学员考评

工作。

11 月，装备中心根据第四协作组 9 个工作室进行集中学员考核的申请，为其提供了场地、设备、过程指导，为协作组顺利完成学员考核工作提供了完善的保障和服务。此外，装备中心工作小组深入各中职校参加工作室学员考核十多次，通过现场了解学员一年来的学习情况，及时发现亮点和不足，提出针对性指导意见。

二、多点发力，个性辅导，推进科学培育教学相长

1. 聚焦课堂，提升效能

工作室聚焦日常课堂，对学员课堂教学中的各个环节进行细致分析，指导其通过学习、观摩、实践、反思，寻找个人教学过程中的优势和长处，发现自己的短板和问题，有针对性地进行研讨、改进和再呈现。在反复磨课的过程中，加深青年教师对教学目标的理解，加强对重难点的把握，提高对课堂教学的掌控能力，使其课堂教学更贴近学生，更符合职业教育的要求。

本月，多个工作室分别开展学员市级、校级公开课。特别是李文权数控技术名师培育工作室，4 名学员分别开展一次公开课活动。同台竞技，由主持人、教学专家、行业专家共同点评指导，学员间相互研讨。学员刘览在赵宏明老师的公开课中，感受到双证融通教学中“将考证辅导与能力培养相结合”的特点，解开了久思不解的疑惑。赵宏明老师则在专家的点评中，发现自己“理实一体”方面不到位的问题，感受到提升专业性的重要意义。

案例一

聚焦教法锻造特色

——金融名师培育工作室杨岭老师市级展示课侧记

2016 年 12 月 1 日，上海市中职裘燕南金融名师培育工作室学员杨岭老师为大家呈现了一节轻松活泼、灵光闪现、欢声笑语的金融专业市级展示研讨课。磨课、研课、公开展示、观摩研讨的过程，不仅是对杨岭老师课堂教学的锻炼和检验，也是工作室成员借鉴交流、反思成长的过程。

第一阶段：智联教研明晰教学思路

11 月 3 日下午，裘燕南金融名师培育工作室的全体老师尝试了一次与众不同的教研方式——网络微信教研。目标是围绕杨岭老师的市级公开课展开教学思路研讨。通过杨老师介绍设计构想，工作室伙伴各抒己见，最终确定本节课的教学思路：融入互联网元素，借用大数据概念，体现金融专业特色，通过画像法归纳客户特征，制订个性化营销推广方案。

第二阶段:集体智慧清晰教学目标

11月14日13点,裘燕南名师工作室成员们准时来到上海市东辉职业技术学校金融系,为即将开设市级展示研讨课的杨岭老师出谋划策。

杨岭老师讲授的课程是"个性化营销",在互联网大背景下,她结合了互联网时代大数据分析技术,通过消费者购买行为对该用户进行画像,再根据用户画像实施个性化营销。在课堂上,杨老师实施了任务引领,通过任务背景、任务要求、任务实施和任务评价四个方面对任务进行分析和引导,学生分成4个小组通过小组合作来完成指定任务。课后,工作室的全体成员集中研讨,肯定杨岭老师的教学思路和教学环节的设定,在教学组织细节方面给出了建设性意见。

第三阶段:公开展示锻造教学特色

2016年12月1日,上海市南湖职校、经济管理学校、商业会计学校、商贸旅游学校、东辉职校等开设金融专业的中职校专业教师齐聚东辉,借公开展示课之机,聚焦职教教法,研讨金融专业课的教改。课后王淑文、郑建萍、王峥三位专家在教学设计层次、教学内容落实、教学效果呈现三个方面做了点评。专家们肯定了本次课的专业特色和现代元素,同时在知识点的进一步落实,信息化技术的应用、个人信息保护等方面提出了进一步完善的建议。工作室成员表示,这样专业的评课非常有价值,受益匪浅。

(裘燕南金融名师培育工作室供稿)

2. 科研引领,以研促教

工作室坚持研培一体,以研促教。从根植于教学实践的问题入手,开展系统、科学、规范的教育科研。通过梳理夯实知识脉络,解读前沿理念,用教学理念支配着行动模式和思维模式,在观摩、实践和反思中持续提升专业化能力,帮助工作室成员由"实干型"向"研究型"转变。

左适够汽车整车与配件营销名师工作室成员承担了2项市级课题和1项校级课题,同时合作完成了《汽车销售实务》实训教材的编写,出色地完成了学校的教学科研任务。董文良美术名师培育工作室的5名学员中承担了教委9个重点课题中的2个,其中4名老师的核心成果达市级层面。工作室科研成果的顺利完成,将在全市本专业教学起到示范和引领作用。

3. 研讨交流,分享智慧

工作室充分利用两周一次的培训机会,搭建起多元的交流平台。通过融汇兄弟院校、企业等资源,聚集相关领域的教育界专家、企业专家,共同开展交流研讨。通过跨域、跨界交流,近距离接触和了解外省市中职学校、行业企业的教学实践和生产经营情况,从而开阔视野,更新理念,分享智慧,借鉴启发,促进自我提升。

第四协作组美术、服装设计与工艺、药剂、形象设计、工程造价组等工作室主持人和学员，在组长董文良名师的带领下，赴成都进行为期5天的调研学习。参观成都国际标榜职业学院、龙门浩职业中学、重庆市医药高等专科学校、四川美术学院等著名职业院校和艺术类大学。与成都职业院校的领导和教师进行交流，对方学校开展校企业深度合作及课堂教学信息化植入等方面的做法和成效给工作室成员留下深刻印象，带来许多启发。洪李萍会计名师培育工作室则接待了海南中职考察团一行。双方就学校课程设置、专业建设、教师队伍建设等内容进行了交流，洪老师还专门以“筑梦、砥砺、成长”为主题，介绍了会计名师培育工作室成立一年来的运作情况，成员们的心路历程和成长轨迹，海南教师们连声赞叹，并希望能深入了解，加深合作，学习和借鉴工作室的经验，推动海南中职师资队伍建设。

4. 校企合作，对接需求

深化校企合作是职教师资培养的重点，是强化工作室内涵建设、提升培育能力和水平的突破口。工作室充分利用多种校企合作平台，通过企业调研实践、合作项目开发、行业专家指导等形式，使学员不断接触到行业前沿的技术和工艺，了解符合企业岗位的能力需求，促进对于理实一体教学的深入思考，提升教学过程的实用性、前沿性和针对性。

案例二

深度了解“智能制造”提升教学实践能力

——万军数控技术应用名师培育工作室开展企业现场调研活动

在第18届中国国际工业博览会召开期间，“万军数控技术应用名师培育工作室”全体学员在工作室主持人万军老师的带领下，来到上海国家会展中心进行了现场企业调研，调研重点在于当前最热门的智能制造技术。

工作室学员们调研并体验了工业AR虚拟现实技术及其应用，重点走访了上海明匠智能系统有限公司和山东万腾科技有限公司，与企业工作人员进行了深入了解和沟通，了解了智能化生产的实现过程，包括根据个性化订单、自动排程、机器人柔性装配同时配合AGV和立库实现工业制造全流程的柔性定制。主持人和学员们还在企业展台现场体验了工业AR与VR技术，通过AR眼镜对设备进行实时数据监视，巡线人员在车间可实时查看机台信息，或借助AR眼镜屏幕端数据指引设备维修等，通过VR系统体验了动态仿真焊接技术。

此次名师工作室活动拓宽了学员专业视野，深入专业技术领域发展前沿，了解制造业发展最新动态，有效促进教学与实践相结合。在中国制造2025国家战略背景下，围绕智能制造，有效地推进了学员专业实践能力的培养。

（万军数控技术应用名师培育工作室供稿）

三、以考促学，以评促改，助推名师学员快速成长

1. 围绕目标，设计方案

为科学评估学员的阶段性学习成效，发现优秀典型，查找问题和不足，促进下阶段学习效果进一步提升，各工作室根据《2016 年上海市中等职业教育名师培育工作室中期汇报暨考核方案》要求，结合带教方案和本工作室培育特点，制订《学员中期考核方案》，于考核前一周全部报备装备中心。

2. 精心组织，严格实施

工作室根据学员考核方案精心组织考核。考核形式多样，程序合理，组织有序，实施严谨。第四协作组组织开展集中考核，9 个工作室主持人和学员悉数到场，分 3 组同时进行现场汇报、交流答辩和材料检查。主持人对照学员一年来的学习态度、学习表现、学习成效等进行现场打分，并由考核组长进行现场点评。洪李萍会计名师培育工作室将学员考核与中期展示相结合，由学员讲述自己一年来的学习经历、成长收获和心得感悟，于汇报中体现成长，在交流中检验成效。张桂芳烹饪名师培育工作室 5 名学员以现场说课形式，展示了一年来“聚焦课堂，实践思考”的成长收获。许多学员所在学校的领导受邀到场，对学员考核活动进行现场观摩，了解学员的成长过程，并对年轻教师们提出了希望和要求，给予了鼓励和支持。

3. 专家参与，现场指导

工作室主持人精心设计考核评分细则，并邀请了职教专家、行业专家共同参与考核，力求在进行科学严谨评分的基础上，进一步对学员的学习情况和今后发展进行准确分析，有效指导。职教专家郧宪伟在参与李关华名师培育工作室学员考核时，对 3 名学员的学习汇报给予充分肯定，同时也指出了“将科研成果切实转化为教学资源”“进行优势互补，学员共同发展”等问题，给学员今后的学习确定了重点、指明的方向。教委教研室曾海霞老师在参与洪李萍工作室学员考核过程中，肯定了工作室的培育策略和培育成效，并对后续工作提出“对照目标，不断梳理；开展工作坊、混合式研修；进一步进行成果提炼，增强成员使命感”等要求，为工作室今后的工作打开了思路，引领了高度。

4. 总结分析，改进优化

11 月下旬，47 个工作室全部完成了学员中期考核工作，并将考核结果报备装备中心。近期，工作室在汇总学员考核资料的基础上，对一年来学员培育工作进行分析，总结经验和特色，发现问题和不足，对后续工作方案进行改进、调整和优化，力求进一步推动培育工作由“成长”到“成果”的发展和转化。

案例三

上海市中职名师培育工作室第四协作组2016年学员中期考核顺利完成

为贯彻落实《2016年上海市中等职业教育名师培育工作室中期汇报暨考核方案》的文件精神，根据市教委装备中心师资培训基地对名师培育工作室学员的培养要求和名师培育工作室第四协作组的工作计划，进一步加强对上海市中等职业教育名师培育工作室学员的培育、管理和考核，科学评估名师培育工作及其学员的阶段性工作成效，发现优秀学员，同时也能及时发现学员培育过程中的问题和不足，推动名师培育得工作朝规范化、制度化方向发展，提高导师的培育水平，上海市名师培育工作室第四协作组联合9个工作室，以团队的声势和力量，于2016年11月24日在市教委装备中心顺利完成了对31名学员的中期考核和评估工作。

本次活动由上海市逸夫职业技术学校副校长、第四协作组组长董文良老师负责组织、策划和召集工作，来自服装、园林园艺、公共艺术、美容美发等9个专业的工作室主持人和学员积极参加本次中期考核工作。

整个学员汇报过程分为3个组进行，每组由三位导师负责点评和考核，9个工作室学员围绕一年来的培育计划、学习情况、学习成效、感想体会、后续设想展开等方面进行汇报交流。每名学员根据协作组拟定的汇报提纲，都做了充分的准备，15分钟的发言直接明了，计划、成果一一对应。把一年来的学习、工作成效，在协作组平台上进行了跨界交流，在导师和学员中起到了很好的相互学习，共同提高的作用。学员反响非常热烈，给下一年的工作奠定了良好的基础。

会后，各工作室主持人根据学员的汇报情况和一年来的学习态度、学习表现、学习成效等方面进行了客观公正的评价和考核，31名学员中有11名学员考核成绩为优秀，20名学员合格(受优秀比例限制)。

在本次中期考核中，导师根据培育时间从1年变为2年的变化，重新指导学员对计划进行了再次的修订，指导学员认清目标，排除干扰，对最后的一年的计划及实施进度提出一对一的个性化指导和建议，为学员确定了2017年的研究、成长的方向。

在评估考评的过程中，我们高兴地发现了许多具有市级水平的研究和成果，他们中有做国家服装规划教材的(已立项)，有做市级中本贯通一体化实验教材的、有做市级网络课程、集专业、审美、德育为一体的网络课程、有做中职校选修课通识教材的，有把学校课程建设、实训中心建设、资源库建设一起做的大项目……这些项目都是学员在导师指导的课题引领下，做的一些理念先进、方法新颖的研究，在成果上具有开创性和实践性，比如：美术类名师培育工作室，在市教研室2016年9个市级重点科研项目中他们组就占了两个，是上海市全部重点课题的22%，这些研究如若成功，这些学员将在培训后，成为这些课程领域的领军人物，成为上海真正地在这些学科领域有话语权的骨干教师。

这一年，名师培育工作室已成为上海市职业教育名师培养的一道亮丽风景线，将打造出一批优秀的在学科建设、学科教学、学科研究上领军式的职业教育人才。我们将在市教委装备中心的统一指导和要求下，进一步推进职业教育人才培养，不断学习，相互支持，继续在协作组平台上，做好优质资源共建共享，扩大对外交流的渠道和影响，为促进上海市职业教育教学改革走在全国的前列、为推进上海市职业教育骨干教师队伍建设做出贡献。

（上海市中职名师培育工作室第四协作组供稿）

四、自我加压，反思成长，促进理念更新专业发展

工作室启动运行已近一年，学员通过迎接中期考核，对自己的学习经历和成长收获进行总结，对个人、团队的进步和不足进行梳理，对问题的成因和今后的方向进行了思考。在压力中前进，在反思中成长，在团队合作中实现个体的成长。

学员唐晓芳老师以“且行且思，臻善臻美”八个字概括了自己一年来在工作室学习的体会，感谢工作室给了自己成长的空间，相信自己能继续在锻炼中提高，在聆听中思考，在实践中完善，向着自己的“职教名师梦”步步靠近。学员马晓慧说“作为青年教师，在专业成长的道路上，能成为名师培育工作室的学员无疑是幸运的。有人说，从事中职德育工作是一份吃力不讨好的差事。而从导师和学员身上，我看到的是无悔的付出、刻苦的钻研和积极的创新。德育工作的开展与创新需要有领路人，更要有好的氛围，工作室就是一个学习共同体，为我们坚定信心，助燃热情，架设阶梯。”学员董忠云老师表示，“迎接中期考核的过程是紧张忙碌的，但正是通过成果材料收集和梳理，自己对一年来的学习进行了一次全面的次总结、盘点，并在思考中得以反思和提高。在此基础上，明确了自己下一年的学习重点将从‘慎思’‘明辨’转向‘笃行’，从而逐步实现由‘积累’到‘运用’，由‘输入’到‘输出’的目标。”

下一阶段，装备中心将继续围绕既定目标，深入推进，调整优化，做好引领、服务、组织工作。在此基础上，搭建平台，融汇资源，丰富工作室活动的形式和内涵，提升培育的质量和层次，促进成员间的教学相长和加速成长，助推上海职教名师队伍成长。

聚焦成长　个性展示　总结展望

——2016年上海市中等职业教育名师培育工作室中期考核情况汇报(七)

上海市教委教育技术装备中心

2016年年初,上海市中等职业教育名师培育工作室项目正式启动,为期两年。至2016年年底,项目开展已近半程。根据《上海市中等职业教育名师培育工作室管理暂行办法》要求,为深入了解和科学评估47个名师培育工作室主持人一年来在梳理需求、聚焦发展、整合资源、搭建平台、促进成长等方面的主要做法、工作成效、存在问题和后续工作设想,推动名师培育工作室加强自身建设、提高工作水平。12月底之前组织完成了学员考核和名师培育工作室中期考核工作,聚焦成长,个性展示,总结展望。现将考核情况汇报如下。

一、考核依据及内容

为做好名师培育工作室中期考核,突出学员的成长,在多方听取意见基础上,拟定《2016年上海市中等职业教育名师培育工作室中期汇报暨考核方案》。考核由工作室主持人对学员考核、专家对工作室考核两部分组成。

专家对工作室考核环节,主持人围绕一年来工作室活动开展情况(主要围绕工作目标、主要活动及做法、初步成效、工作反思、后续设想展开)进行汇报。学员考核环节,由名师培育工作室主持人组织实施,学员围绕一年来的学习情况进行汇报(主要围绕学习收获、感想体会、后续设想展开)。两个环节的汇报过程中,主持人和学员均将本年度活动成果、取得的成绩等予以展示。

二、考核组织

专家对工作室的中期考核由上海市教委教育技术装备中心组织实施。专家组由教委教研室专家陈丽娟、骆德溢、林德芳,职教专家戴小芙、郐宪伟、胡秀锦、匡瑛、郑洁,以及上海部分中职校领导组成。

主持人对学员考核,由工作室主持人制订方案,组织实施对本工作室学员进行考核。

三、主要做法

1. 拟定考核方案，明确考核要求

2016年下半年，装备中心组织专家团队共同拟定了《2016年上海市中等职业教育名师培育工作室中期汇报暨考核方案》。该方案明确了考核的目的、内容、形式、要求，旨在以评促改、以评促建，推动名师培育工作室加强自身建设，提高工作水平。9月，装备中心将《考核方案》下发到各工作室，并组织协作组召开考核工作讨论会，帮助主持人了解考核内容，明确考核要求，做好相关准备工作。

2. 分类组织考核，凸显成长主题

1）主持人对学员进行考核

11月底之前，主持人根据工作室实际情况，对本工作室学员进行中期考核。考核前一周将学员考核方案报备市教委教育技术装备中心。同时，将考核结果报备市教委教育技术装备中心。

学员汇报主要围绕培养目标的针对性、2016年目标达成情况、学习收获与体会以及2017年设想展开。通过学员考核，既是对学员学习情况的检验，同时也是针对性指导的契机。学员考核期间，工作室邀请了职教专家、行业专家考核，共同听取学员学习情况汇报，观摩点评公开课，和学员互动交流，为学员学习情况进行现场诊断、分析和指导，帮助学员了解自己的长处和优势，发现存在的不足和问题，明确改进和发展的方向。

2）专家组对主持人进行考核

12月底之前，装备中心组织专家组对47名工作室主持人进行考核。工作室考核以协作组为单位集中进行，分5次完成考核。装备中心组织专家组，根据考核方案及补充通知的要求和程序对主持人进行考核，同时，邀请部分工作室主持人及学员所在学校领导列席观摩，工作室全体学员现场观摩并参与“学员访谈”环节。

考核过程分为工作室主持人汇报（每人10分钟）、专家互动点评、学员访谈、查看资料4个环节。主持人汇报围绕工作目标、主要活动及做法、初步成效、工作反思、后续设想展开，结合PPT、视频、学员成果展示等形式呈现。专家组通过现场提问、学员访谈、观看公开课视频、查看各类材料，对主持人工作情况进行总体评估、打分，并给出针对性的专家意见，由专家组组长将分数汇总计算后确定最终成绩和等第。装备中心将评分表、专家针对性意见进行汇总整理，对考核成绩进行登记、分析，并以书面形式向工作室主持人逐一反馈考核成绩和专家个性化诊断意见和发展建议。

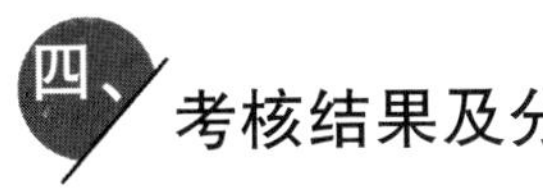

四、考核结果及分析

1. 基本数据统计

基本考核数据见表1。

表1　基本考核数据

考核对象	应考人数	实考人数	合格人数	合格率	优秀人数	优秀率	备注
主持人	47	47	47	100%	19	40.43%	
学员	179	178	88	100%	90	50.56%	1人因怀孕未参加

2. 主要经验及特色做法

1) 梳理学员需求,精准目标定位

工作室在梳理学员需求,聚焦发展基础上,拟定个性化的带教方案和学员发展规划,将培育目标锁定于培育“准名师”,而非仅仅满足于“成熟教师、骨干教师”。根据总目标,阶段性提出分目标,使之具体化、层次化,具有可测性。帮助学员确定最近发展区,稳扎稳打,稳步前进,逐步提升综合能力,提高职业素养。

2) 立足多元成长,注重因材施教

大多数工作室主持人对于学员情况进行了全面分析和准确诊断,对学员需求的梳理精准到位,能够量身定制培育方案。在培育指导过程中,聚焦学员发展,扬优势,补短板,体现出针对性、个性化培育的特点。

姚圣煊工作室利用每周一次的“大师进校园”活动,邀请焙烤行业大师根据3名学员的不同基础和特点,进行针对性指导。3名学员在专业技能上迅速成长,短短半年时间内,学会了10余种高级焙烤产品的制作。周婕公共艺术名师培育工作室,根据学员学习基础和特点,指导学员研究不同类型的课题,辅导参加不同级别的培训考证。学员崔妍老师参加全国音乐家协会奥尔夫专业委员会举办的奥尔夫一级教师资格证书课程培训,荣获奥尔夫一级教师资格。

3) 培育内容丰富,形式多种多样

多数工作室能根据专业及学科特点,有针对性地选择和确定培育内容。培育内容系统明确,重点突出,围绕教育教学实际问题进行研究,在帮助学员重建知识架构,丰富知识储备的基础上,给予其更多实践和反思的机会,助力其自我丰富,自我提升,自我突破。

陈志红、谢富敏、洪李萍、裘燕南4个名师培育工作室,联合开展学员说课评比。针对说课要求,设计“说课技能展示方案”,明确说课内容要求和评价标准(课标理解、学情分析、教学策略、过程设计、教师素养),充分按照教研室评课规范要求学员。同时,比赛允许说课形式多样化,鼓励创新,充分展示教师教学理论水平和实际教学能力。谢永业英语名师培育工作室启动真实化英语课堂教学案例研究,以独立研究与合作探索相结合的形式,从课堂教学的细节入手,探索“教学预设和课堂生成”之间关系,研究提高常态课堂教学有效性的策略和方法,增强了学员“理论落地,聚集课堂”的意识。任玉芬德育名师培育工作室,以沙龙形式,针对学习内容、学员成长,开展“七分钟演讲”展示活动。活动围绕“学习致用,用智慧解决问题”主题,由学员从不同侧面讲述了自己的学习收获。现场多位专家对工作室根据学员特点实施精准培养,助力学员释放潜能;阶段性展示与过程性培训相结合,体现出的工作室整体设计思考、学员敢于亮剑精神;工作室学员与学生一起成长共同进步,体现出的工作室成果可复制、可推广到学生身上,更具落地性等做法给予了高度评价。

4) 积极搭建平台,多方整合资源

工作室主持人作为上海中职专业领域的权威,在业内具有较高的知名度和话语权。在培育过程中,他们利用行业企业、兄弟院校、媒体宣传等各种资源,为学员提供观摩学习、教学研讨、参观交流的机会,帮助其开阔视野,拓宽思维。同时,搭建起各种教学教研的平台,鼓励和指导学员进行市级公开课展示、教法评优大赛、带教学生参加国际大赛、参与研发教学资源。许多学员在参与和展示的过程中,收获佳绩,提升自我,展示风采。

裘燕南工作室向来自全市多个中职学校金融专业的老师们展示了在“互联网+”经济大背景下“个性化营销”的特色教学,随后开展了热烈的研讨活动,活动气氛热烈,专业性强,受到专家和老师的一致好评。李玉形象设计名师培育工作室、颜苏勤心理健康名师培育工作室联合开展“教师形象与心理健康辅导讲座”,精彩的讲座吸引了来自 10 多个工作室数十名主持人和学员,大家在互动交流中拓展思路,分享智慧。第四协作组美术、服装设计与工艺、药剂、形象设计、工程造价组等工作室主持人和学员,在组长董文良名师的带领下,赴成都进行为期 5 天的调研学习。参观成都国际标榜职业学院、龙门浩职业中学等著名职业院校和艺术类大学。与成都职业院校的领导和教师进行交流,对方学校开展校企业深度合作及课堂教学信息化植入等方面的做法和成效给工作室成员留下深刻印象,带来许多启发。洪李萍会计名师培育工作室则接待了海南中职考察团一行。双方就学校课程设置、专业建设、教师队伍建设等内容进行了交流,洪老师还专门以“筑梦、砥砺、成长”为主题,介绍了会计名师培育工作室成立一年来的运作情况,成员们的心路历程和成长轨迹,海南教师们连声赞叹,并希望能深入了解,加深合作,学习和借鉴工作室的经验,推动海南中职师资队伍建设。

5) 注重问题解决,实施有效科研

工作室能践行“有效科研”理念,围绕当前中职教育的热点、难点,聚焦教育教学实践中的具体问题,开展行动研究。主持人针对学员需求,突出个性带领;整合多方资源,邀请专家把脉;现场推进课题,务求工作实效。

陈明宏职业教育教学名师工作室围绕“中职校‘以业定教’课程开发的实践研究”课题进行集中封闭式教科研。通过头脑风暴、集思广益，完成了十多万字最新研究成果的修订和校对，为正式出版做好了准备。袁晖江德育（科研）名师培育工作室以“根植职教事业，秉承工匠精神”为主题，为每名学员确定研究方向。每周二，4 名学员在主持人的带领下开展活动，既有一对一的个性化辅导，又有团队头脑风暴，在反复研讨，精心打磨中，学员科研意识显著增强，科研能力明显提升。袁老师及专家团队还深入每名学员学校现场推进，跟踪指导，实现德育科研“接地气，见实效”。宋彩虹学前教育名师培育工作室组织开展教材编写研讨活动。主持人以自己对所编教材中引导问题“婴幼儿活动设计与指导”的修改过程为例，组织学员讨论，寻找和归纳问题设计中存在的问题，学习和思考修改、调整的方法，培养学员研讨文本、论证推敲、分析提炼的能力。

6) 建学习共同体，实现教学相长

在工作室开展的各项活动中，主持人和学员以专业教学实践和研究为抓手，共同探讨，相互启发，形成了一个个高效的学习共同体。主持人注重言传身教，悉心指导，以人格魅力感染学员；学员珍惜机会，勇于实践，交流互助，激发潜能。主持人和学员实现了教学相长，共享“成就职教名师，投身职教事业”的发展愿景。

宋利明机电技术名师培育工作室主持人和学员组成导师项目组，带领学生参加 2016 中美（国际）机器人挑战赛，在经历了 5 场比赛的激烈角逐后，喜获全国四强的好成绩。章晓兰材料/环保名师培育工作室主持人及学员庄燕老师指导学生参加创新创效创业大赛，历时一个暑假，参赛项目“上海固废宝保温砂浆有限公司”获得上海市一等奖、全国二等奖。学员陆炜渊、朱以等老师参加了上海市会计专业教学标准修订工作，深化了课程理解，提高了课程开发能力；学员沈春燕老师和陈小蒙老师参加西式面点师高级技师和技师职业资格的考证，提升了职业能力。学员王晶晶等多名老师，代表学校参加了市第七届教法评优大赛并获奖，他们将自己在工作室学习中的收获，融入教学设计和课堂教学之中，力图以新的视角和做法，展现自己对现代职业教育的新思考和新探索。

学员们纷纷感慨：虽然工作室的定期活动、阶段考评使自己变得更加忙碌，更有压力，但却大大开拓了自己视野，更新了教学理念，激发了自己不断提升和超越自我的潜能；自己一定会珍惜机会，抓住名师引领的契机，珍视优质的专业资源，依托有力的专业支持，主动进行智慧充电和实践反思，全力以赴迎接一切挑战，为实现自己的职教理想迈出坚实的步伐。

3. 主要问题和改进建议

（1）进一步聚焦课堂教学，着力提升课堂教学能力。课堂教学能力是职教教师最基本、最重要的能力。高效课堂的核心是教学的高效益，其关键则在于教师的教学实施和把控能力。建议工作室在开展各项活动中更加关注学员课堂教学能力的提升，通过聚焦课堂、深化教研，促进学员间的学习、借鉴，通过不断提升教学素养来实现课堂教学的更高效益。

(2) 进一步聚焦学员发展，着力提高个性带教质量。专业不同，学科不同，学员基础、特点和发展方向也不同，主持人在带教过程中应尽量避免“一味求全，全面拔高”，而是找到主持人专业优势和学员业务成长的有效契合点，有分析、有侧重、有聚焦地进行指导，帮助学员打开个人成长的突破口，有效实现由输入到消化再到输出的转化，进而实现由知识积累到能力提升的深层转变。

(3) 进一步增强成果意识，体现多维成长多元发展。工作室是一个学习和发展的共同体，在总体运作的过程中应始终具有“不断成长、培育个性、积累成果、打造品牌”的意识。主持人应尽可能创造条件，为学员寻找、争取、创造各种学习、研究、实践、展示的机会，帮助其通过努力在教育、教学、科研等各个领域收获更多阶段性成果，体现多维成长、多元发展。同时，主持人要与学员立足教师教育、课堂教学研究，着力培育成果，实现工作室出成果、出机制、出人才。

(4) 进一步加强特色培育，提升引领辐射示范效应。主持人在不断提高自身“引、传、带、帮、促”综合带教能力的基础上，更应结合培育目标、专业(学科)特点和具体做法，提炼出具有工作室个性化、品牌化的特色和亮点，在全市中职师资队伍建设中发挥引领作用，增强辐射效应。

至2016年12月底，工作室中期考核工作顺利结束。考核结果显示，一年来工作室以“助力学员成长”为目标，在如何拓展学员发展空间，提升学员“成长加速度”方面做了许多有益探索。目前各项活动进展顺利，成效初显，各项主要指标均达到或超过预期。下一阶段，装备中心将继续做好跟踪指导、管理服务、总结宣传、专题研究等工作，进一步总结分析存在的不足和问题，研究对策，调整和优化后期方案，以查促改，以评促建，进一步推动后期工作深入开展，从而实现工作室项目“由培训到培养，由成长到成果”的深层转变和不断提升。

全新启程，狠抓教研　冲刺星光，整合资源

——上海市中等职业教育名师培育工作室工作专报（八）

上海市教委教育技术装备中心

依托上海市中等职业教育名师培育工作室（以下简称“名师培育工作室”）培育市级职教名师是我市建立职教教师梯队攀升体系的重要环节，是打通校、区骨干教师队伍与市名师工程的关键。2017 年 2 月中下旬，伴随着中职校开学的步伐，各名师培育工作室新一轮的工作也随之启动。将继续通过丰富多样的培育活动，进一步发挥名师培育工作室主持人的示范、引领和辐射作用，聚焦学员的成长与发展。

一、全新启程，精心规划整年的培育工作

1. 高屋建瓴，重顶层设计

今年是名师培育工作室试点的最后一年，也是产生培育成果的关键之年。新学期伊始，要做些什么？怎么做？学员间如何协作联动？如何做到各学员间既有共性又有个性的发展？如何开阔学员的眼界，让他们的培育成果更有先进性、科学性？最后的成果是什么？如何展示？针对这些问题，各名师培育工作室主持人带领学员认真研讨，集思广益，顶层设计。三月初，各工作室就已制订了 2017 年带教方案、学员发展规划、2017 年度带教活动安排、学员手册、导师手册等，装备中心对此进行了汇编整理，分别印刷成册，做到人手一套，便于交流借鉴。

2. 统筹兼顾，重个性需求

2017 年度各名师培育工作室统筹兼顾工作室团体目标与个体目标，培育形式做到团体活动与个性化带教相结合。

美术类名师培育工作室主持人董文良设计组织了研讨、培训、专题带教等一系列的活动，就整年的工作思路与个性需求进行了深入具体地探讨、梳理，与学员取得了一致的共识，为 2017 年全年的工作打好了十分重要的基础。董文良导师对朱佳韵学员进行了关于课题研究、网络课程研究问题进行了个性化的专题带教。董文良导师又对许彦杰老师进行了关于中本贯通一体化建设课题辅导及精品课程 2.0 版建设辅导的专题

带教。

心理健康名师培育工作室主持人颜苏勤根据学员的个性、兴趣和工作特点,对每名学员进行个性化的带教方案,并确定每名学员2017年的研究方向。学员王怡在了解学校民族班级学生目前的心理状况的基础上,开展《民族班心理》校本教材研究;学员田广晓根据所在学校是世界技能大赛汽车修复项目的实训基地,完成杨浦区教育科研课题"ACT对技能竞赛选手PST的实践研究";学员刘琰开展"体育中职生技能发展相关性研究",学员强丽君开展"班主任对随迁子女学生适应性辅导研究",以推动学员提升科研能力。

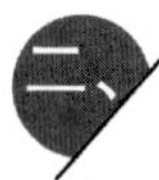

二、狠抓教研,潜心提升学员的教学能力

1. 且磨且磋,见仁见智

名师培育工作室主持人调动工作室各成员的智慧,充分发挥他们的才智,在教学上进行头脑风暴,在课堂教学的研磨中不断切磋,不断突破个人的局限,拓展个人的思路。

焙烤食品名师培育工作室开展了学员陈小蒙40分钟示范课活动。主持人姚圣煊从教学组织形式、教学方法进行点评。学员王晶晶分享教学法大赛经验。通过观摩学员的示范课,提升了学员的课堂组织能力,从听觉、视觉、触觉等多方面提高信息,适用于不同学习习惯的学生。

茹秋生机电技术应用名师培育工作室全体成员赴长兴岛上海市工程技术管理学校观摩秦晶老师的公开课,并在课后与她在授课过程和方法等方面进行了详细的交流。

案例一

宝剑锋从磨砺出,梅花香自苦寒来

——上海市中等职业教育颜苏勤心理健康教育名师培育工作室举行磨课研讨活动

春寒料峭,红梅绽放。3月22日,上海市中等职业学校颜苏勤心理健康教育名师工作室在上海市商业学校进行了青春期心理健康课磨课研讨活动。本次研讨活动前,学员们积极对教学设计进行修改,网上交流,电话交流。为了更好地交流,主持人颜苏勤老师精心安排了一场很郑重的研讨活动,特意邀请心理学高级教师、上海市政府市民(青少年)信息服务平台心理健康咨询督导、原虹口区教师进修学院心理健康及青春期教育教研员、原虹口区学校心理健康教育研究中心秘书长魏国玲老师为学员磨课。颜老师和魏老师为4名学员的课出谋划策,对学员老师的精心备课予以充分的肯定,同时就四堂不同主题的课提出了共同的改进意见:要清晰地抓住课堂重点,要有信息化的教学互动,避免老生常谈,避免条框约束,使课堂环节在情境中让学生进行真实地交流及

情感表达。

学员间充分发挥才智，仁者见仁智者见智，对备课进行了充分的论证和讨论，相信在主持人和魏老师的点拨下，4 名学员教师在接下来的开课中定能取得更大的突破。

（颜苏勤心理健康教育名师培育工作室供稿）

2. 他山之石，可以攻玉

工作室主持人不仅重视学员的内部交流学习，也善于带领学员到非工作室成员学校，同其他非工作室成员广泛交流学习，以博采众家之长。

苏巍体育名师培育工作室学员来到上海市商业会计学校、上海市医药学校，参加凌宵、王峻、勒珊珊 3 名新进教师的公开课活动，帮助新进教师提高课堂教学能力。

袁晖江德育（科研）名师培育工作室学员与上海经济管理学校王珊珊老师磨课，学员帮助王老师优化案例，调整学生活动。这次活动，让双方都受益匪浅。

三、冲刺星光，检验推进成员的专业教学

1. 交流指导，化压力为动力

两年一届的上海市“星光计划”是上海市各职业院校优秀职业技能师生之间的一场尖峰对决，是职业院校专业教学的风向标、助推器。2017 年 3—5 月恰逢上海市星光计划第七届职业院校技能大赛（比赛项目设学生组和教师组）复赛与决赛。有比赛项目的名师工作室高度重视，以大赛为契机，推进、引领教学改革，并将此视作一次自我学习、提升、实践和检验的机会。

很多名师培育工作室成员承担了学校相关专业比赛项目的带队辅导任务。工作室主持人往往有着丰富的大赛带教经验和较高的专业技能，对辅导学生竞赛的工作室学员能够进行专家级的指导和交流，能够在一定程度上弥补学员的短板，充分体现了工作室的特点和优势。

机电技术应用名师培育工作室主持人茹秋生指导学员辛剑峰和孙陈杰辅导学生竞赛时如何注意一些基本的方法和手段，使得辛老师掌握了提升学生工艺技能的方法和技巧，孙老师也因此在辅导中更加注重学生动作的规范和细节的提升。

数字影音制作名师培育工作室主持人王培坚带领全体学员认真分析了数字影视后期制作技术比赛的赛项规程、技术要点、教学难点，总结交流辅导经验，共同努力，提高教学质量和比赛成绩。

国际商务名师培育工作室主持人谢富敏开展星光专题研讨活动，指导学员如何应对比赛软件与竞赛内容方面的改变，化压力为动力。

另外，左适够、马桂秋、李文权、张斌、朱建柳、胡桂军、黄斌华、王伟旗、洪李萍、王冬丽、胡玉娟等工作室主持人也纷纷开展专题活动，与学员交流星光计划的辅导经验或现场进行观摩指导。

2. 领衔领军，展风采作示范

大赛在即，名师培育工作室主持人充分发挥在专业领域内的领衔领军作用，团结了一批所在专业（学科）的精英和骨干，在专业（学科）教育改革和教学实践方面做了大量实实在在的工作，展示了名师工作室的风采，较好地发挥了示范辐射作用。

英语名师培育工作室主持人谢永业联合市中职校信息化英语教学协作组、浦东外事服务学校等两次举办“星光大赛”专题英语教研活动。来自全市50多所中职校的英语教研组长、骨干教师参加了会议。

会计名师培育工作室主持人洪李萍为切实提升学员辅导大赛的成绩，会同上海华泽科教文化发展有限公司举办会计技能、企业经验沙盘训练研讨会，邀请外省市优秀指导教师、大赛专家对大赛考核要点进行分析，并提供赛前冲刺策略。

四、整合资源，充分调动多方面社会力量

1. 请进来，聆听讲座，联线国外

名师培育工作室的主持人在工作室建设中，绝对不能闭目塞听，画地为牢，而要站在一定的高度上，并拥有一定的国际视野。

聆听专家的讲座能够拓展学员的视野，提升学员的理论高度，激发思考。

洪李萍会计名师培育工作室与裘燕南金融名师培育工作室的全体成员一起聆听了职教“大咖”——华东师范大学终身教授、职业教育与成人教育研究所所长石伟平博士题为“升学趋势下中等职业学校专业教学标准的开发依据与路径”的讲座，讲座有较强的实践指导意义。这使正担负着上海市中职专业教学标准修订、教材编写重任的学员深受启发。

旅游服务与管理名师培育工作室主持人冯国群与学员利用通过视频会议系统，连线在德国攻读职教博士的同济大学顾剑峰老师，学习并解读德国旅游从业人员培训条例，帮助学员接触德国旅游职业教育的一手资料，把握其先进内涵。

案例二

中韩国际交流呈现双语教学

为加强国际技术交流与合作，增进与韩国中职校间的友好往来，来自韩国全北机械工业高中的李德子、金忠烈两位老师携5个工科专业的18名韩国学生来上海市大众工业学校开始了为期10天的交流学习。

此次交流活动时间为1月4日至1月13日，活动的具体安排由工作室卢红老师全

权统筹。为了更好地交流学习，在数控车间里便开启了“双语教学”模式。老师们提前做好了教案，并且把要用的教案提早翻译成英文，正所谓“万事俱备只欠东风”，一切妥当。正式上课之前我们对韩国18名学生做了摸底测试，对他们的识图能力、机械加工基础知识进行了一个初步了解，继而具体情况，具体分析。

由于18名韩国学生中只有2名学生是数控专业的，其他学生对数控专业的相关基础知识和机加工知识点概念相对薄弱，我们只能用事先翻译好的课件、教案教学，克服语言障碍，针对他们的基础进行特别教学：零件图识图、软件操作、数控编程、机床操作等等，工作室学员王文强老师主要负责数控车的CAM教学，课上下来，同学们的反响很好。当然也不排除有不好沟通的专业术语，卢红老师亲自上阵，配合肢体语言旨在让他们听懂，关注交流学习本身。在整个授课过程中，工作室老师几乎全程陪伴，不敢有半点马虎，主要原因就是语言不通，给交流带来很大障碍，没有别的办法只能是百度翻译软件，蹩脚英语、肢体动作等纷纷上阵，引得大家啼笑皆非，一片欢声笑语。培训内容中机床操作模块是最令人担心的，保证安全那是首要大事，卢红老师则在自己带教的班级中遴选出优秀的学生专门来担任韩国学生的小老师，同时在机床旁边配备专业教师保驾，给安全来了个双保险。

为了丰富他们的课外生活，我们还为韩国师生特地精心设计了陶艺文化、竹刻艺术等，让他们充分感受中国文化的博大精深，在上海文化的世界里畅游，并由卢红老师等相关教师全程陪伴，观看嘉定夜景，并举行了多场友谊篮球赛、足球赛。

中国文化博大精深，嘉定更是其中不可忽视的著名古镇，学校热情待客，用最朴实最诚挚的友好方式传达给韩国友人的真情厚谊将永远留他们心中，成为记忆脑海里的美丽扁舟。

（卢红数控技术应用名师培育工作室供稿）

2. 走出去，参观学习，深入企业

为了开阔眼界，学习借鉴先进经验，很多工作室安排了“走出去”系列活动。

宋彩虹学前教育名师培育工作室成员参观了“2017上海国际幼教展”，琳琅满目的幼教玩教具和各种智能化装备让学员目不暇接，了解了很多新玩具、新设备、新要求，这对目前各学校学前教育实训房的建设和改进，尤其对于学前教育课程教学改革打开了思路，奠定了基础。

姚圣煊焙烤食品名师培育工作室全体成员参观“第六届世界面包大赛中国队选拔赛”参观大赛选手制作法式面包、丹麦面包等，并与大赛裁判进行技术交流。活动使他们了解到了不同地域面包的制作工艺。

冯国群旅游服务与管理全体参观走访黄山职业技术学校（原黄山中华职校）的旅游管理系的办学模式历程、培养模式和专业设置，了解“徽州木雕”非遗工作室的运作情况。

校企联合，能共同培养一批具备高素质的优秀杰出人才，提升学生就业竞争力，满

足市场人才需求，助力人才型社会建设。有些名师培育工作室新学期开始，就高度重视校企联合，深入企业，了解企业对专业人才的需求，以求今后在更大范围和更高层次上培养出企业急需的技能人才。

王鸿食品工艺工作室全体成员深入企业调研，与企业专家讨论品牌专业建设与校本教材编写的事宜。

案例三

走进企业丰富名师学员内涵

——记“姚圣煊焙烤食品名师培育工作室”校企合作交流活动

为了更好地培养名师工作室学员的专业能力，姚圣煊焙烤食品名师培育工作室开启校企深度合作模式，即建立校企共建名师培育工作室模式，以“请进来、走出去”方式深化校企合作，共同开展课题研究与提高职业技能，通过企业技能大师进校园传授技艺、学员走进企业学技艺、产学研校企合作项目开展等，增强学员的专业教学实践水平和教科研能力，从而促进学员专业的可持续长远发展。校企深度合作模式成为焙烤食品名师培育工作室的特色之一。

2017年2月21日，焙烤食品名师培育工作室主持人姚圣煊带领沈春燕等学员走进巴黎贝甜培训中心进行校企合作交流活动。

首先，在企业工作人员的带领下，大家一起参观了巴黎贝甜培训中心的蛋糕房、三明治房、咖啡间、裱花间以及产品展示区。学员深刻感受了其浓郁的西点企业文化、西点品牌文化以及一流的管理水平，学习了其先进的教学管理模式、科学的实训室布局模式、操作间的可视化管理模式。

随后，主持人姚圣煊与企业咖啡间负责人就咖啡的原料选择、咖啡的制作方式、职业学校咖啡师人才培养规格以及咖啡在中国的发展趋势进行了深入的互动交流，并对共育工作室学员咖啡制作技艺双方交换了意见。

最后，企业师傅现场指导学员进行了意式咖啡的制作和丹麦面包制作，使学员深刻领略了企业师傅精湛的技艺以及精益求精、执着专一的工匠品质。

通过此次交流活动，不仅拓宽了学员的视野、增长了见识、提高了专业能力，而且校企双方实现了更紧密的合作，进一步提高了焙烤食品名师培育工作室校企深度合作模式的实效。

姚圣煊焙烤食品名师培育工作室搭建了学员学习的平台、研究的平台和交流发展的平台，与企业共同形成教师专业成长的教研共同体。这不仅体现了职教名师工作室的特色，而且使学员专业发展更贴近社会，贴近企业，让职业教育更好地服务于地方经济建设。

（姚圣煊焙烤食品名师培育工作室供稿）

总之，2017年名师培育工作室建设将继续在市教委的领导下，按照年度活动

安排，有条不紊地开展丰富多彩的活动，促使学员在师德水平、教育理念、教育管理、教学实践、教育科研能力等方面得到显著提高，继续深化培育成果，努力打造一支师德高尚、业务精湛、结构合理、充满活力的高素质、高技能、专业化的优秀职教教师队伍。

强于指导，重于提升　优于大赛，乐于服务

——上海市中等职业教育名师培育工作室工作专报(九)

上海市教委教育技术装备中心

职业教育的发展，离不开一支优秀的教师队伍。打造职业教育品牌的焦点应是师资队伍建设。而名师培育工作室正是师资队伍建设工程的一个有效载体。2017 年 4 月，在教委的领导下，在装备中心的指导下，上海市中等职业教育名师培育工作室(以下简称“名师培育工作室”)依据《2017 年名师培育工作室活动计划》，踏踏实实地推进名师培育工作室工作，陆陆续续开展了丰富多彩的活动，取得了一定的成效。

一、强于指导，促进名师培育工作室建设工作

1. 领导重视，提出建设性意见

名师培育工作室建设工作进入了关键的一年，而强化关键时段的指导与管理意义重大。第四协作组工作指导会议上，专家组听取各名师培育工作室的培育主题和主要工作后，对名师培育工作室的工作进行了回顾与展望，并对后续工作提出了建设性意见，希望各工作室能够集思广益，开展好特色活动，在活动中展示自我、提升自我。

2. 专家指导，优化展示方案

为了选拔名师培育工作室参加推进会的展示，提升展示效果，装备中心召开了推进会展示项目评审会。会上，6 名教育专家认真聆听了 13 个名师培育工作室的展示方案；经过讨论，遴选出了 4 个名师培育工作室。他们将在专家指导下进一步优化和确定展示方案。

二、重于提升，全面培育卓越的教育教学能力

1. 听课评课，提升教学技艺

名师培育工作室是未来名师提升自己的思想、提高自己的素养、提炼自己的特色的

"充电器"和"加油站"。在这里,老师们结合自身特点,通过不断探索、总结、修正、改进,打造适合学生发展的精品课堂,最终形成有积极创新意识、个性鲜明的教学。

卢红名师培育工作室组织了由学员王文强老师执教的随堂体验课交流活动,张帆应用电子技术名师培育工作室组织了由学员郑艳军执教的公开课交流活动,通过听课、评课、自我反思、专家教学研讨的互动教研方式,促使大家相互学习、取长补短,使他们在教学方面得到了磨炼和提高。

案例一

学员说课　专家指导　深化教研　促进成长

2017年4月11日,袁晖江德育名师培育工作室成员在上海市经济管理学校以"用发展的观点看待人生过程"为题进行教学研讨,信息技术学校、上海市中职职业生涯规划名师培育工作室主持人廖敏老师作为专家,共同指导此次的研讨活动。

王珊珊作为本次展示课的开课教师,前期做了大量的准备工作,在完成教学设计和试讲后,已针对先前出现的问题进行合理调整。在今天的研讨中,王老师先进行了说课,表达了自己的教学设计上的想法。随后,工作室成员和指导老师就这节课的设计提了自己的想法和意见。廖敏老师认为本节课利用胡炜伟和共享单车的主题贯穿这节课的主题,想法很好,但在教学设计、内容处理方面还应注意几点:一是教学主线要清晰;二是课堂教学要注意流畅度,合理过渡;三是PPT制作还可以进一步美化,尽可能使用关键词表达。袁老师指出,课堂教学要重视以学生为主体,学生能讲的老师就不要讲;在讲解量变与质变时要分清两者的界限;课堂小结要清晰明了。工作室的其他学员也纷纷出谋划策,共同学习研讨。王老师对两位专家的点评指导表示感谢,认为在整个磨课过程中,对自身教学成长有很大的帮助。

本次的教学研讨活动在大家集思广益中圆满结束。课堂教学是每名老师的立身之本,要立足三尺讲台,不断提升自己的教学业务水平。

(袁晖江德育名师培育工作室供稿)

2. 专题讲座,提升专业素养

有些名师培育工作室针对成员在教育教学活动中急需解决的共同问题聘请专家来举办讲座,培育有的放矢。

名师培育工作室展示活动和成果汇报等往往会用到演讲。主持人李立红老师和任玉芬老师发现学员们在这一表现形式上还需要进一步打造,因此联合邀请上海中职语文中心组成员、高级语文教师刘治国为学员们做了一次关于"如何做好一次演讲"的讲座。

宋彩虹学前教育名师培育工作室在群益职业技术学校开展了第三空间活动——"与钢琴家俞湘君博士面对面",聆听了俞博士的"走近音乐"的讲座,听取了俞博士最近研发的专门针对4～6岁儿童的音乐启蒙课程的介绍，让学员懂得了幼儿音乐教育的意义与方法。

另外，胡桂军机电设备安装与维修专业名师培育工作室邀请上海振华重工集团长兴基地副总经理李森教授级高工，洪李萍会计名师培育工作室与裘燕南金融名师培育工作室联合邀请同济大学职业技术教育学院蔡跃博士，苏巍体育名师工作室邀请黄浦区教育学院体育教研员夏昕老师，也开展了多种主题的专题讲座。

名师培育工作室举办讲座活动，旨在提升学员专业素养，打开学员的工作思路，培育学员拥有高层次的教学理念与育人思想，并最终付诸教学实践。

案例二

解读课堂教学评价表　提升名师教学能力

——记第四协作组名师培育工作室专家讲座及研讨活动

2017年4月20日，上海市中等职业学校名师培育工作室第四协作组在上海市材料工程学校，聆听了由上海市教委研究室主任陈丽娟的讲座，主题为“改善教学行为　助力学生发展——解读课堂教学评价表”。

陈主任对课堂教学评价指标进行了精到的解读。课堂教学评价指标分为5个部分：教学设计，教学环境，教学实施，教学效果，教师素养。

(1) 教学设计抓亮点，信息技术的深度应用，迫切要求教与学的“双重使命”，加快从以教为中心转变，从知识传授为主导向能力培养为主转变，从课堂学习为主导向多种学习方式转变。(摘自刘延东在全国教育信息化工作会议上的讲话)

(2) 教学环境体现教学理念，教学环境设计——智慧教室。

(3) 教学实施重“学生”。自主学习策略：主题设计、过程控制、数据监测。学习环境营造：情境设计、交互设计、优化体验。教学内容“主题化”“任务化”，课程内容采用任务化的组织方法，设计合适的主题进行引导，课程内容的安排应“碎片化”，却“不琐碎”。学习过程“情境化”，任务情境创设，强调“情境”的带入感，在学习中，强调交互式学习，激发学生的积极性。

(4) 教师素养重“调控”。

(5) 教学效果，向40分钟要质量，过程性指标，教学互动。唤醒沉闷课堂，变革评测模式，突破时空局限，满足差异化学习，提高听说课时效性。

典型案例的剖析。陈主任围绕信息技术与教学深度融合，展示了两节信息化(英语口语、职业生涯)说课，令人耳目一新。目前，在上海市第七届教学法评优课中，在教学中尝试学科与信息技术进行深度融合、构建的智慧课堂。实现了大数据下的精准教学，能让学生进行个性化学习。各学校正着力研究如何通过课前、课中、课后3个环节的全过程考核评价，培养学生智慧学习方式，以及建构各个学科的智慧课堂模式，让智慧教学的理念和实践融入常态化的课堂教学中，提高教学效能。平台交互功能＋信息化资

源改变学习模式。看中学——教学视频、手绘动画；玩中学——拍卖游戏、拖拽游戏；做中学——互动答题、校友案例。过程性数据采集＋智能分析改变教学结构。课前，游戏采集数据，了解学生真实想法；课中，数据实时反馈，记录学习痕迹，反馈思想动态；课后，依据数据分析，实现课后个性化辅导。改变教学结构，数据只能分析，锁定学生问题，及时调整教学，提高课堂效率。

根据陈主任的报告，在工作室导师董文良的主持下，马上结合下阶段的工作要求，导师和学员一起进行了充分的讨论，对教学录像课的指导思想、工作要求，教学上要反映的思想和环节进行了布置和要求，尽全力做到学用结合，学习就要产生效能。为此，董老师还专门设计了教案的规范样本，供学员在教学设计中思考和使用，这样就能使两年培育最后产出的成果更规范、更全面，教学的样本也更有先进性、科学性和可操作性。

作为未来名师的后备人选，课堂教学能力是必备能力之一。只有扎扎实实聚焦课堂，熟练掌握教学技巧，才能有效提高课堂教学能力。另外，信息技术以不可阻挡的势头奔涌而来，我们的学生就是在这种环境下成长起来的一代，作为教师要与时俱进，信息化应用能力也是我们要提高的能力之一。这次的讲座及研讨，对大家未来的学习工作都是一个促动，让我们更关注课堂、关注学生。

（董文良美术类名师培育工作室、章晓兰材料/环保名师培育工作室供稿）

3. 参观学习，提升学员见识

很多名师培育工作室组织或以协作组等形式联合组织了别开生面、主题鲜明的参观学习活动，有效提升了学员见识，拓宽了学员视野。而有些名师培育工作室每次外出学习，都要求学员写体会或心得，将所见所感记录下来，并及时地进行思考与反思。

洪李萍会计名师培育工作室赴武汉市财政学校、武汉市第一商业学校参观学习，了解"学做一体、工学融合，课岗对接、数字仿真"的人才培养模式，参观了电子沙盘实训室、综合仿真实验室、虚拟仿真实训平台和具备分组讨论多画面展示的实训室等。姚圣煊焙烤食品名师培育工作室前往广东省佛山市顺德职业技术学院，参观了烘焙实训设备、教学环境，学习专业课程设置。张斌数控技术名师培育工作室来到扬州技师学院，研讨和交流了数控专业建设的有关事宜。

案例三

走进教育电视台，领略数字影音技术

——记第二协作组名师培育工作室参观学习活动

2017 年 3 月 29 日下午，上海市中职名师工作室第二协作组的老师们在王培坚老师的带领下，集中参观学习了上海教育电视台的数字影音设备、节目录制和后期制作过程。

老师们在上海教育电视台技术部主任和导演的陪同下，首先来到了上海教育电视

台的《山海经》节目组，电视台主任向老师们详细介绍了演播室、主持人、嘉宾以及背景等，从专业技术角度讲解了拍摄人员的机位、控制等问题和注意事项等，并与现场老师进行交流互动。每名老师在录播现场也亲临感受演播厅氛围，操作各种影音设备，询问和交流设备使用心得。演播室中反光桌尤其受老师们欢迎，坐在桌边拍摄，桌上的反光纸可以照亮人脸，起到了很好的补光效果。我以前以为主持人的稿子是自己背下来的，但是我到了这里才知道主持人不是背出来的。在摄像机前面有一块镜子，镜子下面有一个电视机，镜子可以把电视机上的东西给主持人看得清清楚楚，这样就像是主持人背出来的一样，这些专业的设备都让电视节目制作方法有了很大的提升。

随后老师们参观了导播室和控制室，以及节目录制现场。观看了《帮女郎》节目栏目组的现场实录，看到了主持人在演播室录制实况，以及导播室里编导们的忙碌情景。导演给我们一一讲解整个栏目情况，包括前期的录播、外景拍摄、后期剪辑等。

最后，老师们观看了上海教育电视台节目组制作的两节微课——“汉字”和“拉丁舞”。通过汉字“字”构成演化来诠释“字”的内涵，通俗易懂，让我们感受到了专业制作的魅力。两节微课的观摩学习，也让老师们体会到，在教学中微课的制作，也可以借助某种特殊的形式烘托和宣扬。在整个活动的尾声，我们针对电视节目制作的困惑提出了一些问题，比如栏目制作周期、技术要求等，王金海主任一一做了详细的解答。

这次参观学习，让老师们开阔了眼界，了解了电视节目制作的流程、影音制作技术等，对今后的教育工作有一定的帮助和借鉴的价值。

（王培坚数字影音制作工作室学员撰稿）

4. 企业共建，提升专业水平

茹秋生机电技术应用名师培育工作室邀请全国著名数控专家、大连机床营销公司副总经理戚健先生就工作室的发展和规划进行交流，对学员进行企业专业技术指导。这对于缺乏企业实践的学员非常有帮助，对提升专业水平、更好地提升教学质量有着很重要的意义。

韩如伟制冷和空调设备运行与维修名师工作室奔赴上海九海金狮物业管理有限公司进行企业调研。通过这次调研，学员金杰老师发现自己以前编写的教材还可以再进行修订，把这次调研的部分资料整合进去，加入企业有关中央空调运行管理维护的规章制度内容。学员赵杰云老师表示，在讲授“制冷与空调系统运行”这门双证融通课程中可以加入中央空调运行管理维护这方面的内容，使课程教学更贴合企业生产实践。

有的名师培育工作室在专业建设及实训课程开发方面引入了企业共建机制，如黄斌华计算机网络技术名师培育工作室引入中软信息系统工程公司、神州数码公司讨论名师培育工作室需要编写的教材特点及范例要求，探讨出教材的新风格；王伟旗计算机网络技术名师培育工作室引入上海企想信息技术有限公司和新大陆公司，编写、开发与物联网课程实训设备相匹配的实训教程。

5. 课题研究，提升科研意识

名师培育工作室是教研与教学的结合体，是教学改革的试验田。很多工作室整合教育优质资源，开展教育教学研究，旨在促成学员由教学型教师向全能型教师转变。

胡桂军机电设备安装与维修名师培育工作室积极开展课题研究工作。课题“基于微课的‘港机液压技术’翻转课堂在线资源应用研究”获得中国交通教育研究会教育科学研究重点课题立项(项目编号交教研 1601-27)，同时也获得上海海事大学科技处科研项目立项。主持人胡桂军老师担任项目负责人，沈阳、栾东来、冯健明等学员以及振华重工专家朱昌彪教授级高工作为项目组成员。

章晓兰材料环保科研名师培育工作室观摩并参与 2017 年建筑职教集团立项课题“校企合作环境监测技术专业仪器分析共享课程建设”开题，主持人与学员一起讨论课题的重点和难点，如何关注校企合作的课程成果，体现职教集团特色等，让学员对课题研究和论文撰写有了更清楚的了解。

三、优于大赛，促进并验证名师培育工作

1. 星光大赛传佳音，成绩优异

比赛虽然不是目的，但从教师层面上来讲，能以赛促教，以赛促改，是对日常教学与大赛辅导水平的检验。名师培育工作室更以此为契机，加强研讨，促进并验证名师培育工作。

上海星光大赛已近尾声，有些赛事成绩已揭晓。本次星光设有智能家居赛项，王伟旗计算机网络技术名师培育工作室的 4 名学员通过前期培育，增强了信心。他们积极组队，加强交流，认真辅导。其中学员汤益华老师比赛辅导成绩取得突破，并带队第一次进入物联网技术应用与维护国赛决赛。

另外，在星光大赛中脱颖而出并代表上海市参加英语职业技能大赛的两组参赛队的指导教师，也全部是谢永业英语名师培育工作室学员(工商外语李文静和医药学校马增彩)。

2. 全国大赛显身手，收获颇丰

有些名师培育工作室积极鼓励学员积极辅导国家级各类大赛，取得了可喜的成绩。任玉芬德育名师培育工作室学员张军田老师辅导学生参加全国文明风采征文大赛，喜获全国二、三等奖。

案例四

导师学员齐协力，工作室培育竞赛能手

在职业院校开展各类学生竞赛，是从高水准高标准上检验学生，同时也是检验带教

老师水平的有效方式。作为名师培育工作室,带领学生积极参与到各级各类竞赛中,以赛促教,以赛促改,以赛促升。经过短期集中强化训练,师生知识和技能水平大大提高。

章晓兰材料/环保名师培育工作室,就是秉承这一先进理念,抓牢每一次竞赛机会,积极参与到其中。如工作室学员庄燕老师,以自身很强的材料专业背景,指导学生参加2016年"挑战杯——彩虹人生"全国职业院校创新创业创效大赛。经过工作室全体成员群策群力,获得全国二等奖、上海市一等奖的好成绩。在此基础上,庄老师根据积累的竞赛经验,申报研究课题——与专业融合的中职学校创新创业大赛教育,并发表了同题研究论文。

经过积累提炼,工作室在竞赛方面积累了丰富的竞赛经验。当全国第十三届"文明风采"比赛来临时,工作室又一次抓住了这个机会。此次比赛以"弘扬工匠精神,成就出彩人生"为主题,设立四类赛项,分别是征文演讲类、职业规划类、创新设计和摄影视频类。以工作室导师章晓兰为主,庄燕老师、沈硕老师配合,把工作室一年多来积累的环保主题的研究和实践经过提炼,指导学生以"蔬果垃圾变废为宝,环保酵素大显身"作为创新设计类参赛。首先指导学生撰写创新设计设计的目的和思路,然后提炼创新点,最后指导学生制作PPT进行演示。经过几个月紧张的准备,学生顺利通过初赛的筛选进入复赛。进入复赛后,竞争更加激烈,对学生对指导老师更是一个大的挑战。2017年4月3日,工作室全体成员带领学生参加复赛。结果不负众望,学生取得创新设计二等奖,同时入选参加全国比赛的资格。后期,工作室将面临又一挑战,这是提高整个工作室成员指导学生提高竞赛能力的很好契机。

创新创业大赛是近年来推出的一类比赛,旨在重点培养学生的创新能力和动手能力,鼓励学生展示与本专业领域相关的科技发明制作或实验。学生经历过这类比赛,学生的创新思维、创新能力、表达能力等综合能力得到大大提高,同时指导教师的综合能力也得到提高,这也是名师培育工作室积极参与各类比赛的真正目的。

(章晓兰材料/环保名师培育工作室供稿)

四、乐于服务,发挥引领、示范与辐射作用

名师培育工作室通过项目示范、专业技术咨询等方式,依托平台,服务学生,服务行业,服务社会,不断增强工作室在区域、行业内的影响力,并发挥工作室引领、示范与辐射作用。

范瑞琪名师培育工作室执裁第44届世界技能大赛印刷媒体技术3进2选拔赛;谢永业英语名师培育工作室开发与优化全国职业技能大赛"英语职业技能"培训资源,并且经专家评审,资源全市共享;王冬丽药剂名师培育工作室参与国家资源库建设,在药剂、药品经营与管理专业教学资源库(教育部)方面领衔一门课程建设,成果将用于全国职业院校相关专业。

总之,名师培育工作室建设至今,已发展到从行政推动到与草根式的自觉研究相结

合的状态，显示出了蓬勃的生机和旺盛的生命力，正在努力发挥了示范、辐射、引领的作用。各工作室成员潜心研究、大胆实践，令人欣喜。相信名师培育工作室在成员的辛勤努力下，在教委的大力推动下，一定会成为未来名师的孵化地，为上海职业教育乃至全国职业教育作出应有的贡献！

育人育神，立名立根　修业修能，博采博闻

——上海市中等职业教育名师培育工作室工作专报（十）

上海市教委教育技术装备中心

2017年5月，在上海市教委的领导下，在装备中心高度重视、管理协调下，上海市中等职业教育名师培育工作室（以下简称“名师培育工作室”）工作有序有质地开展，以教师师德水平和业务能力的提升为核心，通过听课评课、课题研究、参观学习等形式，激励培育对象不断进行日常学习、反思与改善，促进培育对象实现专业成长。

一、育人育神，育职教人职教精神

1. 育人育神，育职教人奉献精神

名师培育工作室是教师成长共同体和教学相长的平台。工作室主持人在培育学员的过程中，以更高标准来严格要求自己，才能不断发挥示范、带头、辐射等作用。他们竭诚奉献，既培养、成就他人，也培养、成就自己，扩大了自身在专业（学科）方面的影响力和社会认可度。

陈珺烹饪名师培育工作室主持人陈珺老师喜获由中华职教社举办的第五届黄炎培职业教育奖中“杰出教师奖”，体现了上海名师培育工作室主持人已在全国有一定的社会认可度。

在上海纪念中华职业教育社成立100周年大会暨“首届上海市黄炎培职业教育奖”颁奖仪式上，名师培育工作室主持人胡桂军、陈志红、谢永业、李立红、章晓兰等老师荣获“首届上海市黄炎培职业教育奖”中“杰出教师奖”。这是对他们为上海市职教发展所作贡献的表彰。

获奖后，名师培育工作室主持人胡桂军老师在工作室举行弘扬黄炎培职业教育精神研讨活动，使学员了解了职教大师“服务社会，服务人民”的办学宗旨及“手脑并用，做学合一”的教学方法等，这对学员提升职教思想，培育职教精神具有重要意义。

2. 育人育神，育职教人创新精神

名师培育工作室汇聚专业（学科）一线优秀人才与优质教育资源，解决教学实践中

的困惑，集思广益，刻苦钻研，勇于创新。

王伟旗网络技术（物联网技术应用方向）名师培育工作室"手脑并用，做学一体"的职教理念，研发了物联网基础实训平台，并成功申报专利。为此，召开了新产品交流研讨会，成员基于教学困惑与需求，又经过多次改进与完善，体现了工作室精益求精的不断创新精神。目前最新一代产品具有很多功能，如 App 可操控、模块可增设、程序可创新、机身可折叠等。

韩如伟制冷和空调设备运行与维修名师培育工作室、黄斌华计算机网络技术名师培育工作室、裘燕南金融名师培育工作室、王冬丽药剂名师培育工作室、谢永业英语名师培育工作室、金莉萍电子商务名师培育工作室等都在研发与时俱进的新教材、课程标准，或探索新的课堂教学模式。

二、立名立根，立杏坛人教学之根

1. 培育未来名师，走进课堂夯实教学之根

朱玉萍工程造价名师培育工作室深入学员学校，组织学员何书奇、陈瑜、钱玉婷、李梦 4 名老师的公开研讨课的磨课、听课与评课活动。通过聆听说课、观摩上课、研讨交流，进一步启发全体学员调整教学流程，优化教学设计，提升教学质量。

周红机电技术应用名师培育工作室组织了学员吴敏老师的"同轴度公差的测量"公开课活动。教学活动结束后，大家进行了评课、议课，对吴敏老师给予了充分的肯定，也提出了一些中肯的优化建议。

颜苏勤心理健康名师培育工作室、陈珺烹饪名师培育工作室、孙建辉高星级酒店运行与管理名师培育工作室、廖敏职业生涯规划名师培育工作室、宋彩虹学前教育名师培育工作室等也组织了不同主题的磨课、听课评课活动。

案例一

微格研究显威力，促进发展有成效

继 2017 年 4 月 20 日，上海市中等职业学校名师培育工作室第四协作组在上海市材料工程学校，聆听了由上海市教委研究室主任陈丽娟的讲座"改善教学行为　助力学生发展——解读课堂教学评价表"之后，董文良美术类名师培育工作室立即行动起来，导师要求工作室全体学员，利用休息时间，各自完成了一份在信息化背景下以"改善教学行为　助力学生发展"为主题，制订一份基于现代职业教学理念的教案设计，并在 2017 年 5 月 5 日，在上海市逸夫职业技术学校，由董文良导师主持，开展了五月份工作室的首次专题备课活动，活动的形式就是以学员的发展为本，用微格教研的形式，促进学员的发展。

微格评价　提升教学能力

所谓微格评价，就是针对教学过程中的每个细小环节，进行逐格逐段的研究，以期改善教师的教学行为。

这次活动是在这样具体的情境中展开的：首先，导师要求学员杜赟老师提供一份教学录像课。杜老师的这节课是一份典型的信息化教学设计课，其中对信息化手段的利用十分丰富，与专业匹配也做得很好，同时也提出了很多信息化的设想与实施细节，但教学实施中仍暴露出这样或那样的问题。导师针对杜老师教学中存在的问题，要求全体学员从"改善教学行为　助力学生发展"的角度，在信息化的背景下来审视、评价这节公开课。在学员发言环节，从杜老师的教学设计、教学实施、教学评价、教师的教学行为等方面发表意见和想法。在这个过程中，导师没有首先发表观点，而是要求每名学员分别发言，引导学员去发现问题、提出解决问题的思想和方法。这个环节虽然花费了一点时间，但这对于名师培育的目标和过程来讲，是名师培养的十分重要的过程。董文良导师认为，对于名师的培养，不单是教师自身教学能力的提升问题，还应有反思、改进、指导、研究教育教学的能力。所以，他创设了这样的环节，就是要培养我们学员能发现教学过程中的亮点与问题，变无意行为为有意识的教学设计，要"知其然"，然后才能做到"知所以然"，这样后才能有效地提升学员的教学与指导能力。

学员发言后，导师再次回放录像，对教学录像中的每个细节，进行了微格评价，就是针对录像课每个环节中教师的仪表、教态、教学语言的表达与设计、教学环节的设计与改进、教学手段的运用与价值、教学评价的方法与过程、教学环境的营造与变化等，都带领学员进行了有理有据的指导。这样的微格教研，针对性强、学用结合，给我们学员以很大的启发与收获，主要有以下体会：

(1) 备课要有现代职业教学的思想和意识，要基于学生的问题提高教学效能。

(2) 教学设计要在信息化背景下加以思考和实践，要有多样性、丰富性和针对性。

(3) 教学环境的创设要能激发学生学习的主动性与积极性，要能凸显互动发展的效能。

(4) 教学评价要以情动人，要有自我诊断和改进的渠道与功能。

这次活动，通过对杜赟教师的录像课进行的微格分析，再通过学员间的相互讨论及导师董文良的微格分析，使杜老师感受到了自己在教学中的成效与需要注意与改进的问题。这对于他和工作室全体学员的成长具有很好的实践意义。像这样的微格教研活动在后期还将继续开展，每名学员要有3次录像课的说课活动，我们还将以这种微格教研的方式来不断提高学员的教学的能力。

（董文良美术类名师培育工作室供稿）

2. 培育未来名师，联合教研夯实教学之根

茹秋生机电技术应用名师培育工作室和宋利明机电技术应用两个工作室联合教

研，聘请职教专家为学员的信息化课件进行指导、把脉和针对性的点拨辅导，学员反映收获较大。

谢永业英语名师培育工作室联合本年度全国英语职业技能大赛上海市代表队的两所学校——上海市工商外国语学校和上海市医药学校的辅导团队，针对国赛的4个模块具体要求，研究进一步优化指导方案，以赛促教。

卢红、万军、张斌和李文权4名老师主持的数控技术应用名师培育工作室举行了联合教研活动，特邀市第七届教学法评优的两位资深评委和机械大组的两位获奖老师，分享了市教学法评优的评选和参与经验，从而提升工作室学员课堂教学及设计能力。

案例二

在交流中学习 在反思中进步

——记上海市名师培育工作室第四协作组示范课展示交流活动

2017年5月18日下午，上海市名师培育工作室第四协作组在上海市师资培训中心举行了一次示范课交流展示活动。活动由药剂名师培育工作室主持人王冬丽老师主持，第四协作组全体主持人与学员参加了交流活动。

首先，第四协作组组长美术类名师工作室主持人董文良校长说明了本次活动的意义。他认为名师培育工作室对学员的培养首先要立足于课堂教学，因课堂教学是教师的基本功，是教师成长的立足点。同时，他也就本次活动流程进行了简单说明：要求每名学员进行10分钟的说课和20分钟的录像课汇报。其中，说课部分主要从教学理念、教学目标、教学手段及教学效果四方面展开。

其次，由药剂名师工作室、食品生物工艺名师工作室和服装名师工作室的3名学员分别进行了示范课展示交流。

第一个交流的是王冬丽药剂名师培育工作室的黄燕娟学员，交流示范课课题是“处方调剂”。她从教材、学生、教法与学法、教学设计过程和教学改革创新等五个方面展开。整个教学设计从岗位工作实践出发，分析工作所需的能力确定教学目标，通过真实的案例及情境模拟等手段来突破重难点。在教学改革创新中，黄燕娟老师采用了蓝墨云班课平台、微信等信息化教学手段，帮助学生记忆知识，提升学生的学习兴趣。随后，黄燕娟老师利用20分钟时间展示了视频录像课的重点，让与会教师直观地了解教学过程。最后，与会各名师工作室主持人进行了点评，大家认为黄燕娟老师的教学设计思路清晰、说课规范，教学方法的选择解决了教学重难点，蓝墨云端平台软件值得推广。同时，大家也对其提出了中肯的修改意见，如新课前与学生的互动适当简单些，互动时给学生的思考时间要多一些，等等。

第二个交流的是王鸿食品生物工艺名师培育工作室的龚簌玉学员，交流示范课课题是“认识革兰氏染色法”。她从革兰氏染色法的重要地位入手，点名课题的重要性；然后，从教材、教学目标、教学策略、创新与特色、教学过程及教学效果6个方面展开。整

个教学设计从革兰氏染色过程的热固定、初染、媒染、脱色、复染和镜检等六个步骤展开，穿插微课教学视频进行直观演示，提高了教学的效率。教学创新之处在于“做学一体”，将细胞壁的结构这一理论知识贯通于革兰氏染色法中。与会主持人认为本次课充分体现了主持人与学员之间的互动，总体流畅。同时，也对全体学员提出“教师要有形象、上课要有气势”的要求，以及要将课程设计印在自己的脑海里，要注意教学的组织等问题，希望全体学员进行共勉。

最后交流的是来自服装名师工作室的邱春艳老师，交流示范课课题是“线中情——手缝工艺的应用”。她从教学内容、教学资源、教学过程、预期效果四个方面展开。教学方法主要采用“任务咨询、任务计划、任务决策、任务实施、任务控制及任务评价”的任务驱动六步法，教学资源采用了微课、网络课堂等信息化教学手段给学生创设了完备的自主学习环境，整个教学从“土布书签制作”的公益性项目展开，具有很强的教育意义。董文良校长以邱春艳老师的说课进行了总结。他提醒大家：一是示范课展示的时候，要注意将精彩的、说课中看不来的、核心的内容在视频展示中呈现出来；二是录像课拍摄的时候注意画面感；三是课题最终要落实在课堂教学实践上。最后，他建议：说课要在规范中寻找创新点，让课程的现代感强一些，教学的评价要指向教学目标，教学形式要注意效能价值。

示范课交流展示结束前，上海市教育委员会教育技术装备中心的赵晓伟老师观摩了活动，并提出三点建议。一是活动要与学员的实践反思相结合。期望活动前有策划、有要求，活动中有参与、有反思，活动后有实践、有检查、有汇报。二是工作室的活动要与学员的工作相结合。期望活动前有沟通、有对接，活动中有参与、有指导，活动后有促进、有汇报。三是要进一步聚焦课堂，在协作组内部探索小型的教学比武或竞赛，更加有效地提高学员的教育教学能力。

示范交流展示课活动结束了，我们的新任务也开始了，在9月份的现场展示课中，我们会上交一份更令人满意的答卷。

（王鸿食品生物工艺名师培育工作室薛丽芝撰稿）

三、修业修能，修教育者科研之能

开展教育科学研究，是教师实现由“经验型”向“科研型”转变的有效途径之一，也是提高教师素质的道路之一。很多名师培育工作室都非常重视培育学员的教科研能力。

冯国群旅游服务与管理名师培育工作室本月活动主要围绕教科研工作开展，研讨和修改学员市级职教集团“基于校企合作的‘适岗性’教材开发的实践研究——以中职旅游专业为例”课题结题报告；商讨共同撰写专著《中职旅游专业教学转型与发展》，借此提升学员的科研论文撰写能力，梳理工作室教研成果。

洪李萍会计名师培育工作室前往坐落于徐家汇商圈的上海众望财务管理有限公司，开启2017年度企业访谈调研之旅，为开展“企业成本核算”课程改革课题研究及数字化教材的编写积累素材。

陈明宏职业教育教学专项研究名师培育工作室紧紧围绕“一个课题、一个实验、一本专著”展开培育工作。一个课题即“中职校‘以业定教’课程开发的实践研究”，一个实验即围绕课题进行试验班级的实践，一本专著即就课题研究完成一本专著。工作室导师学员“齐下水”，任务实，压力大。

案例三

课题研究引领　促进师资成长

——记名师培育工作室职教协会课题申报及立项工作

2017年5月10日，章晓兰材料名师培育工作室的导师章晓兰和学员庄燕完成了上海市职业教育协会课题申报，并通过上海市职教协会组织的专家评审，课题正式立项。自2017年3月上海职成在发出职教课题申报通知以来，工作室的全体成员积极开展讨论，商讨工作室的研究课题，撰写课题的申报书。

课题申报对中职教师来说是一个挑战，大部分教师专注在教学、班主任工作上，对科研方面的研究感觉难度较大。课题申报商讨首先从选题上进行筛选，筛选的原则是选题宜结合申报者本人教育教学实践中出现的难点问题以及目前教育教学的热点问题展开。其次，选好角度。同样一个教学中的问题，从不同的角度值得探讨。课题选好后，进行申报书的撰写，如何规范写出一份申报书也是对教师的锻炼。申报书撰写首先要体现规范，其次是要突出课题的亮点，最后要阐述清楚研究内容和研究过程。

在经过工作室成员的充分讨论之后，结合名师工作室长期的研究主题——现代学徒制教学资源和实践研究，章晓兰导师选择移动学习背景下现代学徒制“工学联动”教学模式的研究作为工作室的研究课题。此外，庄燕老师由于有带教了两届创新创业大赛的经验，提出把带教经验融入学生平时学习中，融合到专业课程中，因而提出课题申报名称——与专业融合的创新创业课程体系的开发及应用研究。经过一个多月上海市职教协会组织专家评审，章晓兰导师申报的课题中标市级重点课题，庄燕老师申报的课题中标一般课题。

中职校教科研一直是各中职校的薄弱环节，也是中职校教师的弱项。但作为名师工作室，科研能力是不可或缺的能力。通过这次课题中标及后续课题的深入研究，名师工作室导师和学员的整体科研水平都将上一个新的台阶。

（章晓兰材料名师培育工作室供稿）

四、博采博闻，博培育者远近之闻

1. 近水楼台先得月，市内交流长视野

周红机电技术应用名师培育工作室、张帆应用电子技术名师培育工作室、袁晖江德

育(科研)名师培育工作室参加了上海电子工业学校"匠心培育、责任感悟"校园开放日活动,参加人才培养模式创新分论坛,观摩开放课。聆听学校、匠人、企业、德方专家的发言,感悟工匠精神精髓,并与机电中心组成员、企业代表一同研讨人才培养模式的创新。

廖敏职业生涯规划名师培育工作室参加了由共青团上海市委员会指导,由WESTARTIN专业平台全程支持,由工作室学员卢吉老师所在上海市房地产学校团委、德育教研组承办的2017年青少年模拟职业体验营市房校专场活动。工作室主持人和学员受邀作为评审,全程参与活动指导与点评。

谢富敏国际商务名师培育工作室前往上海优益喜国际货物运输代理有限公司交流学习,了解最新企业运作流程,就校企合作等事项做了沟通。

张桂芳烹饪名师培育工作室前往贵都大酒店参观学习。酒店总经理讲解了大酒店餐饮文化的发展、茶文化和餐饮文化的关联以及茶文化和烹饪制作的有机结合等,学员受益匪浅。

案例四

"创业项目大家谈"进校园

——记李立红创业教育名师培育工作室5月创业沙龙活动

时值五四青年节,浦东创业服务品牌活动"创业项目大家谈"第一次走进中职学校,在上海市浦东外事服务学校举办专场活动,本次活动由我工作室承办。上海市人社局创业指导专家志愿团的三名成员作为专家出席并做了指导。上海市浦东外事服务学校、上海市工商外国语学院派出了师生代表参加了活动。

本次"创业项目大家谈"的交流主角是小仲。他2006年毕业于上海东辉职业技术学校(现上海市浦东外事服务学校),后留学于瑞士,专攻酒店管理。回国后从事过多种职业,但始终不忘开设一家民宿的初心。去年年底,梦想化为行动,小仲租下莫干山的一片村落,筹划着开一间民宿,取名为"小天堂度假名宿"。之后的几个月里,小仲在调研、方案设计等方面都倾注了大量的心血,各种困惑也接踵而来。上海市创业指导专家黄惠寅老师,是民宿"黄山小住一下"的联合创始人。他指出,莫干山经过多年的热炒,早已不是当年裸心谷一家独大的时代了。越来越多的设计师、文化人、投资人等涌向莫干山,同质化竞争非常激烈,因此如何选择差异化经营显得尤为重要。另一位专家,同样有在瑞士求学经历,现为港资上市公司上海区域资管、一号商学院客座顾问包旭峰老师,对于小仲这位有财力、有专业背景还有创业激情的师弟大加赞扬。他建议小仲做好资金规划,就如何筹措资金、分配股权,如何做好上海、莫干山两地人员管理等问题,都给出了真知灼见。

接着,又进行了"创业实践活动方案路演",两个学生社团介绍了他们在校园创业并盈利、从策划到经营运作的全过程,在场的人感受到了学生的聪明才智与创业热情。

最后进行了“创业者说”交流活动，通过往届毕业生介绍自己开东南亚餐厅的创业历程——如何选择场地，如何争取客户，如何确定经营特色等，在场师生感受到创业的艰辛与创业需要的智慧与勇气。

当天现场的大部分观众是在校学生，但同学们始终热情高涨，被学长和专家的互动中传递的创业激情所感染，活动后还有不少学生围着专家老师咨询问题。他们心中那个尚且稚嫩的创业梦或许会在将来的某一天展翅高飞。

（李立红创业教育名师培育工作室供稿）

2. 蜜蜂采蜜岂一园，国内跨省交流繁

李关华电子技术名师培育工作室与山东潍坊中职名师工作室考察交流团进行了交流活动，主持人李关华老师主持了该次交流活动，双方分享了工作室的建设经验、育人经验。

范瑞琪平面媒体印刷技术名师培育工作室参加了第九届北京国际印刷技术展览会，并进行了参观、调研，了解了印刷技术的新工艺、新材料、新设备。

3. 大度广交天下朋，国际交流启迪丰

朱建柳汽车技术服务与营销名师培育工作室、左适够汽车整车与配件营销名师培育工作室参加了2017IMI年度会议和项目专项研讨及实践分享活动，来自全国十多家IMI中心成员单位参加此次大会。工作室学员认真聆听了有关专家的《英国现代学徒制与实践》主题演讲，学习了IMI项目人才培养模式、教学理念、方法等。

范瑞琪名师培育工作室参加了平面媒体印制技术专业建设国际交流会，会议邀请了美国印刷工业协会副总裁James Workman先生、法国茜纳普斯公司总经理Thierry Mack先生做交流发言。通过此次交流会，了解到国外最新印刷工艺数字化发展境况，对平面媒体印制技术专业建设及专业转型发展也有一定的指引作用。

任玉芬德育名师培育工作室利用两天的时间接待了意大利巴兹职业学院师生访学团，带领访学团走进中华艺术宫等感受中国传统文化，还召开座谈会，就职业教育的影响力、实习教学、教学方法、教材使用、学生团队、行为规范教育、孔府学校等问题与意方进行了深入的研讨。这种跨文化交流使学员的视野得以拓宽，收获了很多启迪与思考。

总之，名师培育工作室在“名师带徒”式的带教模式下，通过开展丰富多彩的活动，指导、支持和提升教师专业发展。

穷理躬行，广识弘量　多维开发，多方辐射

——上海市中等职业教育名师培育工作室工作专报(十一)

上海市教委教育技术装备中心

2017年6月，作为教师专业成长和优秀教师队伍的一个平台，上海市中等职业教育名师培育工作室(以下简称“名师培育工作室”)通过名师带教培养，开展了形式多样的培育活动，促使学员确立现代教育理念，努力提升科学人文素养与教学能力，尽力拓宽他们的知识视野，不断培养他们勇于探索和创新进取的精神。名师培育工作室持续发挥着多方面的引领辐射作用，不断提升社会影响力和号召力。

一、穷理躬行，理论研究与教学实践相结合

1. 穷理尽妙潜心教研，崇尚善思笃学

教师只有学而不厌，才能做到诲人不倦。为了促进学员提升理论水平，名师培育工作室对学员提出了明确要求：热爱学习，善于学习，潜心钻研，严谨求真，不断反思总结。

董文良美术名师培育工作室高度重视学员理论素养的提升。督促学员广泛阅读，要求他们认真撰写学习体会、学习心得，指导学员撰写教学案例(要求每名学员最好撰写3个以上并发表)，布置教学论文撰写任务，激励学员要勇做研究型教师。

裘燕南金融名师培育工作室邀请华师大职成教所陆素菊老师对每名学员的教研想法给予针对性辅导，提炼主题，整理思路，每名学员确立了自己的研究方向。

卢红数控技术应用名师培育工作室邀请专家就教科研论文撰写举行了专题讲座，内容涉及教科研论文的写作要素、撰写要求、格式规范以及常见问题等四个方面，指导学员从科学性、先进性、创造性、实践性、应用性以及借鉴推广等方面有效地提升论文的学术价值。

案例一

专家齐聚把脉问诊　共话幸福教育研究

——袁晖江德育(科研)名师培育工作室活动

幸福教育项目调研汇报暨教程开发专家指导会于6月20日在上海市经济管理学

校教苑四楼会议室举行。

中职德育研究会会长闻人勇建、秘书长秦德英、教科院董奇教授、华师大职教研究所匡瑛教授、名师培育工作室协作五组组长陈明宏等专家学者齐聚一堂，与工作室成员共同研讨幸福教育，上海市经济管理学校的沈汉达、翁昊年两位校领导参加了会议。

袁晖江导师向专家汇报了幸福教育项目总体情况和教材主题框架。学员马晓慧讲述了项目中开展学生问卷调研、头脑风暴、深入访谈等工作的情况。随后学员王珊珊和王柳丽也分别汇报了对家长、教师、企业的调研情况。

在听取了工作室的汇报后，专家们对此项目充分肯定。闻人勇建会长认为该项目工作开展有宽度、问卷有深度、项目有温度。陈明宏副校长说幸福的团队做幸福的课题，值得推崇，认为本项目研究目标清晰、研究路径精准、调研维度全面、分工合作有序。董奇教授从整个社会进步角度，鼓励工作室做好幸福教育项目。匡瑛教授认为幸福教育项目运用科研方法，积极心理学理论支持，研究非常实在、有用。秦德英老师从教材使用对象、内容主题等方面提出建议。

会后，工作室成员就专家学者的指导意见进行了再次消化和讨论。袁晖江导师就后续项目研究的开展给每名学员进行了指导，并要求他们以专家意见为导向，切实做好幸福教育项目的研究工作。

［袁晖江德育(科研)名师培育工作室供稿］

2. 躬行实践侧重教学，打造高效课堂

名师培育工作室除了倡导理论研究，更侧重于教学实践，着力打造高效课堂。很多工作室从学员备课、上课、说课到集体评课，全程跟踪指导，促进学员不断反思并完善教学设计，这个过程对提高学员教学技艺、促进其成长至关重要。

蒋黎文服装设计与工艺名师培育工作室组织学员开设市级公开课。学员王凤老师以手工包扣为课题，进行服装实训课信息化教学示范，是运用信息化手段来解决实训课传统教学中学生只能围观而细节无法传递给学生的问题的一次尝试，获得了听课专家和教师的好评。

王忠园林园艺名师培育工作室协同市学科中心组组织了公开课研讨活动，学员庄翀老师展示了“骨干树的市场调查”教学。工作室通过此次活动，使学员能创新课堂教学理念，科学运用教学方法和手段，提升了课堂教学的有效度。

陈珺烹饪名师培育工作室学员王晓琳老师也开设了公开课，课题为“巧克力麦风蛋糕的制作——原料的选择与应用”，教学设计比较新颖，教学效果较好，听课专家认为这次课为今后烹饪类理论课教学提供了一种参考方式。

周红、茹秋生、宋利明三位导师带领各自的机电技术应用名师培育工作室学员开展了联合教学研讨活动。学员俞婕、薛君两名老师交流了各自参加第七届教学法竞赛的教学案例，他们或者在教学设计中力求“打造视觉、触觉互补驱动”“打造课内、课外翻转链接”“打造网络、实物虚拟务实”的教学效果，或者将大量的企业调研进行教学转化，并

借用“云班课”实现了学生评价等困难环节，从而调动学生学习积极性，提高课堂教学的时效，收到良好的课堂教学效果，与会老师深受启发。

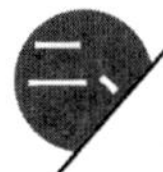二、广识弘量，“请进来”与“走出去”并举

1. 邀请专家指导，拓展学员专业视野

名师培育工作室主持人在发挥示范、带教作用基础上，充分利用自身资源优势，整合社会相关资源，邀请专家和大师走近学员，拓展学员视野。

姚圣煊焙烤食品名师培育工作室邀请SCA资深咖啡师Jacky Chan、上海市技师协会潘熠林老师、上海市质量监督检验技术研究院彭亚锋等老师参与工作室活动，对学员进行理论指导与操作示范。胡玉娟中式面点名师培育工作室特意邀请了中国烹饪大师、世界烹饪联合会国际评委邓修青大师，为学员提供宝贵的技能传授和经验交流。专家专业的理论解读与示范操作，使学员大开眼界，增长了见识，提升了技能。

茹秋生机电技术应用名师培育工作室邀请宝武集团高级主任工程师、上海市五一劳动奖章获得者彭志牛先生为学员开设专题讲座，他结合企业经典案例介绍了如何利用信息化手段解决企业机电技术实际问题，介绍了专利研发及申请的过程、企业技术管理流程等经验，这对学员了解企业运作、利用信息化手段、研发软件专利等具有很大的指导与参考作用。

陈志红国际商务名师培育工作室举办“我与企业专家面对面”讲座活动，对话企业精英，感知商贸魅力，勾勒未来图景，指导职业发展。浦东新区电子商务行业协会秘书长黄岳博士的“跨境电商发展趋势及对中职商贸类专业建设的影响”讲座，让学员详尽了解了当前跨境电商的现状及发展趋势，同时也感受到了当前中职商贸类专业在此大背景下的转型要求；费舍(上海)贸易有限公司总经理刘大伟的“我如何玩转Amazon”讲座，让学员了解了当前跨境电商激烈竞争的现状。

胡桂军机电设备安装与维修名师培育工作室邀请美国圣马丁大学教授、王伟旗网络技术(物联网技术应用方向)名师培育工作室邀请美国华盛顿大学科研信息服务测试经理丹·盖哥先生进行主题讲座和指导，使学员了解了软件测试的职业特性和技术要领，了解了中美职业教育体系的差别，体验到了不一样的教学理念、不一样的课堂组织方式。

案例二

学习影视录音　争做优秀录音师

——记参加王培坚数字影音名师培育工作室专家指导活动心得

影视录音技术一直是电影电视拍摄中比较难处理的技术点，在影视拍摄中，同期录

音是和画面录制同等重要的工作。同期录音相较于后期配音，其声画可以实现完全同步，并且真实性艺术效果更强，艺术感染力也更强。但是同期录音在噪声和诸多细节方面仍然存在问题。这也是我在实践指导中反复遇到的技术问题。

2017 年 6 月 7 日 13:30，在上海信息技术学校 8 号楼 108 室，上海知名录音师施颖伟老师向我们分享了他丰富的剧组录音经验，让我们有机会系统地了解录音技术和实践录音模式。

施老师从拾音设备的分类讲起，介绍了电容式传声器、电动式传声器的区别，通过传声器性能的指标灵敏度、频率响应、指向特性、动态范围等让我们在对比话筒收音效果的同时，学会了辨别拾音设备的应用功能。接着施老师介绍了传声器的附件，包括传声器架、传声器杆、减震器、防风罩等在实际拍摄过程的选择和使用方法。

施老师告诉我们一名优秀的录音师，如果没有称心如意的录音设备也是无法录制出上佳的影视艺术作品的。因此在制作影视节目时，录音设备具有十分重要的作用，它是录音师强有力的战斗武器。当然，由于行业中对于预算的控制，高性价的录音产品是剧组录音师们的首选，如何在有限的资源条件下获得更好的收音效果，为影视后期制作提供支持，施老师也是在工作中不断地摸索，自制了一些音频链接设备并展示给我们，让我们看到了老一辈艺术家对技术与艺术的追求。

通过这次学习，我了解了影视录音技术的理论和实践技巧。对影视剧同期录音的后期制作来说，要首先通过对音轨等加以编辑而实现调教，保持声画同步。其次，可以通过多种技术手段来实现降噪和特殊效果处理。这是一次很有指导性和实践意义的活动。

（王培坚数字影音名师培育工作室张艳撰稿）

2. 感知外面世界，培育学员宽宏胸怀

1）参观调研：登高峰获仙草，入海底得骊珠

聚焦课堂是教师成长的主阵地，但宽宏的胸怀是名师应该具备的特质，为此，名师培育工作室主持人搭台铺路，走出学校，感知社会，拓宽学员胸怀和视野。

近年来，物联网技术与产业发展迅速，王伟旗网络技术（物联网技术应用方向）名师培育工作室与时俱进，联合物联网协会，组织学员开展企业参观调研工作，了解物联网技术最新发展的状况，深入天臣、企想以及中国物联网领军企业南京物联传感技术有限公司（Wulian）等企业进行调研，及时总结交流，为今后各学员学校物联网技术专业的人才培养方案的完善和修改提供调研依据。

谢富敏国际商务名师培育工作室深入企业，积累素材。全体成员深入上海美城报关有限公司、上海合森货运代理公司、上海元初物流公司“取经”，学习了进出口报关、空运代理、海运代理的最新要求和空运报关的进出口流程、所需的单据以及每个单据的具体作用等，熟悉了公司报关使用的最新软件并在公司员工的指导下并进行了模拟操作。

李玉美发与形象设计名师培育工作室举办艺术展观摩活动，导师提供艺术展信息，

学员按导师提供的艺术展名单自主选择观摩其中的两个艺术展，活动采用分散观摩、集中交流的形式，使学员既能各取所需，又能互补长短。

宋彩虹学前教育名师培育工作室来到北京信息管理学校、实美职业学校参观交流，学习了两所学校在办学特色、教学组织管理、课程设置、学生的专业十项全能考核、以赛促教等多个方面的做法与经验，并观摩了“2017 年北京市职业院校(中职)学前教育技术技能比赛暨京津冀地区邀请赛”。

协作四组有 9 个名师培育工作室，在组长董文良导师的统一组织安排下，赴广州、深圳开展为期一周的参观学习活动。主要参观了广州白云工商技师学院、广州市城市职业技术学院、深圳技师学院等职业学校以及深圳大芬油画村，感受一流的职业院校实训条件和先进的办学理念，了解了创新的人才培养模式及多形式的深入的校企合作。

陈明宏导师带领协作五组 8 个名师培育工作室的导师及学员一行 24 人赴深圳华为公司总部基地深圳第一职业技术学校进行交流学习。了解华为在技术研发、企业管理、员工内训等方面的独特方式；学习深圳第一职业技术学校以生为本，贯通现代职业教育体系、科学定位，创新产教融合人才培养、实体运行，发挥职教集团集群效应的具体做法和经验等。导师和学员们都深深感受到了深圳特区企业、职业教育的活力和创新精神，收获了诸多的视觉冲击和创新灵感。

案例三

欲知山中事，须问打柴人

——洪李萍会计名师培育工作室企业调研记

企业发展为职业教育带来了活力，洪李萍会计名师培育工作室在主持人洪李萍老师带领下继续企业调研的行程，本次调研的企业是上海金由氟材料股份有限公司，除工作室成员外，本次调研还特邀了上海职教专家王芬老师一同前往。本次调研的目的是积累上海典型制造业成本核算的原始资料，为企业成本核算数字化教材的撰写积累更多素材。

活动环节一　行中获真知，欲知此事须躬行

知中有行，行中有知，知行合一。我们结伴同行，共同调研上海金由氟材料股份有限公司，行中获真知。公司财务总监介绍了公司财务人员的岗位设置、岗位要求、财务人员的职业素养、会计软件的使用、公司产品生产流程结合成本核算的方法等方面的情况。在此过程中，王芬老师询问了公司年产值，产品品种，产品的生产、销售、出口等情况，我们不仅学会了企业访谈的方法，更详尽了解了该公司分步骤成本核算流程。同时，徐经理也指出公司成本核算岗位的任职条件一般设定为专科学历层次以上，但是公司更注重个人的职业素养，尤其是严谨、细致的工作态度，应具备较强的职业判断力，这让我们意识到在编写企业成本核算教材时应融入职业素养培养的内容，职业教育不仅要关注职业技能的培养，更应将中职生职业素养的养成放在首位。

活动环节二　浏览记录,数字化教材编写提供素材

近年来,随着信息技术的普及,企业核算的信息化加快了处理信息的速度。调研中我们知道,公司年产值2亿~3亿元,但是财务部门只有4人,包揽了公司所有的财务工作。公司采用用友畅捷通T6会计软件进行核算,分设总账模块、工资核算模块、往来结算模块、购销存模块等。这点类似于我们职业技能星光大赛中会计技能的比赛项目。公司成本核算主要在电子表格EXCEL中采用自制汇总表、分配表等完成。一直以来我们都知道EXCEL在会计核算中的重要地位,但是真实的电子表单我们都很少看到。徐经理拿出了当月成本核算的原始凭证及记账凭证供我们浏览、记录,吸引了在场所有人的眼球。在征得徐经理的许可下,我们拍摄了部分原始凭证、记账凭证,将这些真实材料进行电子化保存,打算将这些内容转化为教学资料,为后期数字化教材的编写积累原始素材。张红军老师具有"双高"职称,也有一定的企业实践经验,她在浏览的过程中不断询问、记录,生怕有遗漏。我们发现这些在EXCEL中自制的成本计算表、分配表编制并非很难,计算也是采用常用函数完成,中职生如果具备严谨、细致的职业素养,在职业技能上稍加培训就完全可以胜任这份工作。

活动环节三　交流调研心得,整理调研材料

在交流中感悟,在感悟中成长。公司调研后,工作室进行了心得交流。在工作室成员的交流中我们也达成共识,会计信息化确实带来许多便捷之处,但是会计原理、核算方法并未发生巨大变化,只是核算、信息处理的手段变化,需加入信息化核算的方式。洪李萍老师要求我们及时整理素材,并分配后续工作任务。王芬老师也对我们的调查问卷内容提出了诸多合理的建议。工作室成员陆炜渊回来后按导师和专家的要求整理、归类访谈资料,思考在企业成本核算课程中如何注入信息化元素。

职业教育之路漫漫修远,需上下求索,但是以梦为马,便尽可奔腾超越。洪李萍会计名师培育工作室企业调研活动更让我们坚信职教梦想,我们将携手并进,砥砺前行!

(洪李萍会计名师培育工作室陆炜渊供稿)

2) 专业培训:学而不思则罔,思而不学则殆

名师培育工作室以终身学习的理念,聚焦教学、科研、反思、实践,着力培育研究型、学习型的未来名师。

协作二组6个工作室的导师和学员在组长王培坚的带领下,参加了福建网龙华渔VR虚拟现实技术培训,学习了VR显示设备操作、采集技术,开放的产业生态链以及在各行业的应用及远大发展前景。受训教师还结合自己专业,应用VR编辑器制作了课件,体验了VR平台强大的功能。

张桂芳烹饪名师培育工作室全体成员参加了上海市教委组织的为期3天的"旅游类教师专业能力提升"培训,学习杉达学院酒店式管理的办学模式,参观杉达学院实训场地;聆听新加坡工艺教育局副署长富强教授的情境教学讲座;与上海市青年教师教学

竞赛特等奖获得者陈思老师开展获奖案例交流，受益匪浅。

冯国群旅游服务与管理名师培育工作室邀请妙计旅行产品负责人对全体学员进行了旅游定制师行业培训，促使学员善用互联网工具，提升定制效率。

案例四

精准专业培训，助推培育发展

为了进一步提升工作室学员的专业理论与实践的融合能力，为了让学员进一步了解企业开发新产品提升竞争力的方法和过程，2017 年 6 月 26 日到 29 日，上海市中等职业教育茹秋生机电技术应用名师培育工作室一行 3 人在工作室主持人茹秋生老师的带领下，赴南京旭上数控技术有限公司参加专业培训。

该企业对此次培训非常重视，通过多次沟通，他们专门对此次培训精心地制订了培训方案。公司总经理为参加培训的老师上了第一堂课。他以机器人仿真控制为重点，讲述了企业如何把国内一些院校机电专业的先进理念和企业的产品创新有机地结合起来，成功研发出国内第一套机器人仿真教学系统，最终不仅促进了学校的专业发展，而且使企业得到了发展，得到了学校的认可。吴经理的精彩讲座引起了培训老师的共鸣，双方进行了深入的交流和探讨。

之后，该公司机械工程师殷工以该公司精密滚齿机的发明为案例进行了机械设计方面的培训。殷工重点介绍了该滚齿机的齿轮送料机构和加工定位机构，从最初的设计版本到最终结构进行了详细的讲述。由于机构的精巧设计，使得该机床的精度达到了瑞士精密机床的标准。翔实和精彩的讲解使培训老师大受启发。在电气控制方面，该公司电气工程师潘工重点介绍了该滚齿机电气控制的架构以及 PLC 和伺服控制与通信的实现，特别是在位置和伺服控制方面，潘工对 PLC 编程、伺服参数设置着重进行了讲解。

3 天的紧张学习，参与培训的工作室老师不仅对企业的了解进一步深入，而且学到了平常书本上学不到而又在课堂上非常有用的精彩专业案例。通过培训，工作室全体成员提升了信心，也更加明确了专业建设和发展的方向，纷纷表示将继续在名师培育的道路上向着目标奋力前行。

（茹秋生机电技术应用名师培育工作室供稿）

三、多维开发，培育创新进取精神

1. 不断研讨、反思与改进，努力开发教材

教师不仅是教材的使用者，还应是教材的开发者。教材开发，于一线教师来讲，实际上是对教材的消化、扬弃与创新的过程，也是反思教学实践、改进教学的重要形式。

李玉美发与形象设计名师培育工作室集中优势资源，开展了“双证融通”专业教材编写研讨会，针对双证融通教材《戏剧与影视化妆基础》《女士修剪造型》初稿展开研讨。通过各方专家（中心组、高校、行业）指导和交流研讨，教材从整体架构到专业性得到进一步完善，该教材出版后将填补中职专业教材空白。

裘燕南金融名师培育工作室着力开发财经素养课程教材。每名学员选取一个主题并已经完成了初稿，正在公司的帮助下进一步的完善。

王冬丽药剂名师培育工作室指导学员进行校本教材《药剂专业化学技能实训指导》修订研讨，组织学员认真讨论，形成教学研究成果。

朱玉萍工程造价名师培育工作室邀请梁镜德专家结合 2016 新定额对教材编制进行专项指导，有效帮助全体学员深度学习，进一步推进了工程造价综合实训教材的编制与完善。

陈明宏职业教育教学专项研究名师培育工作室与相关专业机构联合开展教材开发交流活动，明确教材编写理念、目标、步骤和预期成果。

黄斌华网络技术名师培育工作室尝试开发网络数据分析教材，邀请北京铁道出版社等相关机构专家参加了工作室教材编写研讨活动，确定了编写规范，明确了配套资源。

2. 联系行业专家与课程专家，开发修订课程标准

冯国群旅游服务与管理名师培育工作室召开市旅游专业教学标准修订研讨会，对学员陈坚敏起草撰写的《景区服务课程标准》，采取头脑风暴的研讨形式，会同各校旅游专业的专家共同实施修订。

金莉萍电子商务名师培育工作室成员共同参与上海市电子商务专业学分银行项目试点工作，通过开展与参加联合教研活动，共同参与课程建设，较好地完成了首门沟通课程《市场营销课程标准》的研发工作。

3. 丰富教学手段与学习形式，开发课程资源

开发微课是冯国群旅游服务与管理名师培育工作室的课程建设的主要组成部分，意在提升工作室团队成员的信息技术应用能力、教学创新能力和专业发展能力，促进信息技术与课堂教学的深度融合。根据前期撰写的脚本，在上海市知名旅行社门店进行真人实景拍摄，完成了“门市岗位认知”“迎宾获取需求”“国外产品推介”三节微课的制作。

在学习翻转课堂教学模式的背景下，张帆应用电子技术名师培育工作室让学员根据自己的教学内容，了解动画和微课制作过程，利于学生课前、课后自主学习和精品课程建设。工作室将帮助每名学员各制作 1 个动画和 1 节微课。

四、多方辐射，发挥引领带动作用

1. 辐射新进教师规范化培训，名师奠基础

名师培育工作室的建立，旨在发挥名师的引领作用，从而对当前教育教学产生辐射影响。上海市新进教师规范化培训活动获得了很多名师培育工作室导师的重视和支持，有些导师担任了新进教师的市级带教导师，奠定了新进教师的专业发展的基础。

公共艺术名师培育工作室主持人周婕作为新进教师带教导师，积极参加新进教师听课评课活动，同时要求每名工作室学员根据自己的工作节奏选择适合的时间和课次，至少要听两次课。工作室导师和学员的积极参与、指导与切磋，使新进教师感受到浓浓的教研氛围和敬业乐业的精神。

制冷和空调设备运行与维修名师培育工作室主持人韩如伟带教上海科技管理学校制冷教研室黄晶晶老师，从开课选题、教学设计、教案编写到说课，都详细地指导，进行了两次磨课，工作室学员也全程参与，最终，黄老师的公开课获得了听课专家的一致好评。

新进教师听课评课活动中，上海市公用事业学校高娟老师和秦媛媛老师得到了名师培育工作室左适够导师、马桂秋导师以及朱建柳导师的指导，三位导师纷纷率领各自的学员参与听课评课，给予新进教师以团队的学识和智慧。

谢永业英语名师培育工作室学员杨懿俊老师应邀担任上海市新进教师培训第四组(外语学科组)听评课专家评委，前往上海市工商外国语学校、上海电子工业学校等学校听课，累计达11节，他为执教的每名教师提出了非常有价值的建议，受到好评。

案例五

踏出青春　踏出活力

6月9日在上海商业会计学校听了新教师凌霄的一节“踏板操”汇报课，感叹现在的新进教师竟然拥有这么好的机会，由我们工作室的苏巍导师带教，短短的一年时间，就有了这么精彩的呈现。

在苏老师的指导下，凌老师充分运用了新课程理念，通过自身精心准备，教学内容安排得体，教学难度适合学生身心发展的特征，课的结构合理，教学手段、方法多样，措施与策略运用到位，尤其在重视学生的主体地位、发展学生的个性、激发学生的学习兴趣、课堂气氛的调动与教师语言的组织和表达更为突出。

首先，汇报课充分调动了学生的学习积极性和主动性，营造轻松、愉快的课堂气氛。本节课的准备活动利用了多种健美操的基本步伐的组合动作来引入主题。在热身操时，配合上音乐，利用递减法的方式，对一字步、慢步、V字步、A字步、前侧后点步以及

一些组合步进行练习。教学中学生学习的动作设计较为简单，但具有一定的代表性，学生易学易会，但老师在动作标准上提出了较高要求。这些方法都增强了学生学习的趣味性和热情。

其次，体育与健康课程关注的核心是满足学生的需要和重视学生的情感体验，促进学生全面发展。在教学设计上，苏老师指导凌老师改变以往课堂教师带领学生学习的方式，把学习的主动权交给了学生。特别是 iPad 的引入，学生带着好奇、探索的心情进行学习和练习，充分激发了学生学习的积极性和学习潜能，高效地完成了教学目标。

最后，本课采用分组练习并小组展示的方法，小组成员互帮互助，自主强化学习练习，树立他们的团队意识，提高他们自主学习评和价的能力。

总体来说，凌老师的教学活动紧凑、有序、不拘泥形式但又围绕教学目标进行，达到了“学中乐，乐中学”的教学效果。而新进教师能有这样的教学展示，既和她本人的教学素养有关，也是我们工作室苏导师认真带教的结果。

（苏巍体育名师培育工作室徐士宏撰稿）

2. 辐射专业大型活动与赛事，影响多层面

名师培育工作室建设不只是满足工作室成员的专业成长和发展，还要带动校、区、市乃至全国的专业建设与课程研究，进而实现全方位的引领，推动中职教育的发展。

谢永业英语名师培育工作室联合上海市教委教研室中职英语学科中心组、上海外语教育出版社举办上海市中职英语课程资源建设研讨会。谢永业导师作了《中职英语课程实施介绍、现状、存在问题》的报告，并和其他有关名师培育工作室导师一起推介优秀案例。学员杨懿俊老师作为代表展示教学法评优英语学科一等奖的优秀案例。这些案例为上海市外语教育数字资源平台提供了优秀的素材。

在“上海市新高考背景下中职教育改革高端论坛”上，谢永业英语名师培育工作室成员吴文斌老师作为特邀代表发言。吴老师就学业水平考试和中高、中本的教学管理谈了自己的做法与经验，受到与会领导与老师的一致好评和赞扬。

第 44 届世界技能大赛印刷媒体技术项目赛事中，范瑞琪名师培育工作室成员与海德堡专家、行业专家执裁中国赛区印刷媒体技术 2 进 1 选拔赛，对参赛选手印刷实施、数字印刷、专色油墨、印刷模拟、裁切等进行考核，工作公平公正。

2017 年世界技能大赛在世博展览馆盛大举行，来自 35 个世界技能组织的 400 多名选手和专家应邀参加大赛。李关华电子技术名师培育工作室黄艳飞、汪振中老师都是大赛现场技术支持人员，他们高度重视，一丝不苟，第一时间发现技术隐患并排除故障，保障了大赛的顺利进行。

3. 辐射学生及学校，服务创品牌

孙建辉高星级酒店运营与管理名师培育工作室孙建辉导师带领学生参加了黄浦区职教学科带头人、骨干教师联合研修组在黄浦区青少年活动中心举行的展示活动，他和

学生一起展示调酒技能,使学生展现自我,收获自信。

任玉芬德育名师培育工作室带领上海市浦东外事服务学校 21 名学生走进浦东展览馆,学习浦东的发展历史,使学生接受活化德育教育。工作室还带领德国访学团走进艺术宫,让他们了解中国文化,如今“走进艺术宫”已经成为任玉芬德育名师培育工作室和上海市浦东外事服务学校的服务窗口和活动品牌,让不断前来的外国访学团了解中国和上海文化,为中外职教师生的友好往来贡献了力量。

总之,在上海市教委的领导和重视下,名师培育工作室的建设工作顺利进行。工作室培育活动丰富多彩,正不断地成长为教育教学研究的平台、教师成长的驿站、教改成果辐射的窗口。

战高温　自我提升正当时

——上海市中等职业教育名师培育工作室工作专报(十二)

上海市教委教育技术装备中心

名师是教育改革和发展的中坚力量，培育和打造职教名师队伍可以极大地促进职教的特色发展、内涵发展和优质发展。2017 年 7—8 月，酷暑炎炎，在很多老师享受着以休息、游玩为主的假期生活的时候，47 个上海市中等职业教育名师培育工作室(以下简称“名师培育工作室”)的导师和学员却视暑假为难得的自我提升的好时机，放弃休息，组织、安排了丰富多彩、集中高效的培育活动。他们静心读书、撰写读书笔记与论文、参加培训、深入调研、进企业实践、编写教材、修改教学标准……真可谓是“时不我待，只争朝夕”。

一、静心阅读，提升理论素养和精神境界

阅读是与伟大灵魂对话，从而使精神世界得以提升，知识得以更新。名师的一个基本素养就是能广泛阅读，坚持不懈地学习，从而走在时代前沿。很多名师培育工作室利用暑假，开展了名著、专著阅读活动。

章晓兰材料/环保名师培育工作室虽然以材料环保为教学专业，但主持人高度重视名著阅读对增长职业智慧，完善教师道德的作用，临近暑假，章晓兰导师带领学员庄燕和沈硕前往钟书阁挑选、购买图书，最终选择了《卓越领导的七项修炼》《匠人匠心：用一生，做好一件事》和《请给我结果》等作为学员暑期读书活动的读物，这些都是针对工匠精神、能力提升、思维训练等方面的专著。学员通过阅读，使教学实践有一个更高的理论基础，提升自我心灵修养，培育工匠精神。

金莉萍电子商务名师培育工作室开展“名著精读”活动，通过学习单中惠教授对杜威名著《我们怎样思维》的解读，进一步了解了杜威这位西方教育大师的教育思想。导师引导学员进行深入思考如何在课堂教学和班级管理工作中增加思维含量。每名学员都撰写读后感，交流、分享读书心得，在名著精读中走进教育大师，提升教育思想境界。

陈志红国际商务名师培育工作室要求学员根据个人规划和工作室活动计划表，按需进行自主研读。学员谢丽芳老师精读了《跨境电商》《重塑商业新生态》《爆品战略》《跟着小贤学运营》等财经图书，了解当前社会出现的一些经济事件和在互联网思维下

商业领域发生的变化，这使她作为一名财经商贸类的教师，思想能与行业同步，从而保证课堂与时代接轨。

洪李萍会计名师培育工作室学员唐晓芳自主阅读《工作过程系统化的课程开发中若干重要问题解读》《牛奶可乐经济学》《国富论》等图书，并撰写了读书笔记，结合课程开发，理解专业内涵，提升专业素养和课程领导力。

裘燕南金融名师培育工作室学员充分利用暑期时间整理原来的读书笔记，并静心研读维克托·迈尔·舍恩伯格的"大数据研究的先河之作"——《大数据时代》，启发学员思考大数据时代背景下数据与教学的结合，在信息化背景下如何运用数据及信息化的技术手段，使教学更贴近学生，从而进行个性化、针对性教学。导师要求学员在暑假阅读的基础上撰写一份能够体现大数据的思想教学设计，从而达到学以致用的效果。

案例一

《大数据时代》读书笔记摘要

在教育领域，大数据正发挥着不可忽视的作用，给教育模式带来了颠覆性的改变。首先，我们利用一些教育平台可以对学生学习状况进行个性化的跟踪和分析，这样的大数据系统能获取某个学生以前的学习表现，并分析学生已获得的成绩和接下来学习课程表现之间的相关性，重点关注学生有可能成绩差的课程学习状况，可实施针对性的预防，强化引导措施，有效提高学生的学习效果。然后，通过大数据，我们可以对教学情况进行实时监测，当旷课、违纪、课堂表现等行为使得学生的在校表现显示非常差的时候，提前进行干预，使学校有足够的时间让学生的情况向好的方向发展。最后，我们可以通过采集学生对任课教师的意见数据，并加以分析汇总，对教师的表现进行评估，相较于定性，这样的定量评估更有说服力。

（裘燕南金融名师培育工作室学员张琦撰稿）

二、用心研讨，提升育人水平和教学设计能力

名师的本质是"师"，教育教学是名师的根本任务。各名师培育工作室抓根本，立根基，以育人能力和教学能力的提升为核心，用心开展研讨活动，积极探索和改进教育教学方法，提高教育教学效果。

王培坚数字影音名师工作室针对中职数字影音课程教学中音频技术方面存在的薄弱环节，第二次把常年奋战在电影拍摄制作一线的录音师施颖伟专家请到了信息技术学校高清演播室，与学员们一起拆解、分析电影拍摄现场拾音、影视后期配音、立体声录音等关键技术，探究数字音频教学实践中共同关切的技术问题。

孙建辉高星级酒店运营与管理名师培育工作室开展"餐巾折花——杯花的制作与运用"的磨课活动，采取学员说课、学员互评、专家指导、学员主体模式，提高了工作室成

员的教学能力，继而完成了餐巾折花技能课教师示范视频的录制。

陈志红国际商务名师培育工作室开展项目教学法学习实践活动。从项目教学法的起源开始学习，让学员系统全面准确地了解在职业教育中运用项目教学法的重要性。邀请广州职业教育名师邱泽伟教授从学习任务表设计、学习任务描述、项目教学设计等方面进行指导，通过举例、实践、点评、再实践、再点评的反复演练，使学员对项目教学法在教学中的应用有了更加全面的认识。学员谢丽芳的"物流单证制作实务"的项目教学设计，获得好评。

4 个烹饪类名师培育工作室导师陈珺、胡玉娟、姚圣煊以及张桂芳带领学员举行了联合研讨活动，交流烹饪专业教学及信息化应用，研讨优质微课的拍摄与制作。整整 3 个小时的时间，大家学习了 10 节不同形式的微课，采取比较的方式，分别针对不完善的案例、成功案例和获奖案例进行剖析和精解，让大家对拍摄好一堂微课有了更为深入的认识。大家纷纷表示这样的活动在内容上更契合教学实践，今后将结合实际需要，继续组织开展相关活动。

案例一

聚焦课堂　学员主体

——上海市中等职业教育李玉形象设计名师培育工作室导师手记

2017 年 8 月 30 日下午，上海市中等职业教育李玉形象设计名师培育工作室教学活动在上海市中等职业学校师资培训中心进行。工作室成员外，学员学校校长及上海市中等职业学校美容美发中心组成员代表与会。

本次活动聚焦微专题，探索和讨论"艺术性实践操作课"的教学，是一次非常实在、高效的针对性带教活动。

一、聚焦教学专题，活动特色鲜明

1. 立足课堂，聚焦微专题

本着立足课堂的原则，此次活动主要是围绕学员张晓燕老师公开课前的说课展开。张晓燕老师的教学设计从一次失败的案例入手，导入本次课题"睁眼有神，闭眼无痕——明眸术"。从失败的案例说起的教学形式比较新颖，给大家留下了深刻的印象，得到一致好评。本次课力求学生在学会技能的同时，明确岗位要求，理解审美标准。活动中大家纷纷对"美瞳线的画法"这一微课题的设计表达看法，进行了精细化研究，继而探讨如何将美的教育，提升学生审美水平和艺术修养渗透到每一节课。

2. 学员为主体，专家指点迷津

学员张晓燕说课完毕，先由学员点评再由专家点评。学员胡思云老师首从知识点和技能点的对应，如何明确技能点的标准方面提出了自己独到的见解，点评观念新，思路清晰，有理有据，结合了国际相关标准，实属不易。

专家指导环节尤为精彩。上海市中等职业学校美容美发中心组成员代表曹青老师从专业术语运用严谨性的角度提出了自己的见解，给张老师以启示。张校长和滕校长分别就评价标准的设置和作品优劣的总结方式等方面给了学员很多启发。邬宪伟专家首先介绍了如何在一节课中从“明”和“会”两方面形成学生素质以及如何通过基本要求和拓展要求的设置在一节课中实现分层次教学，他的见解和点评让大家茅塞顿开；然后他又阐述了大数据的理念，更使大家耳目一新。

二、自我反思总结，学习成效显著

针对此次教研活动，大家一致表示这是几年来收获最大的教学教研活动之一。

学员赵欣老师说：“专家指出在模特分配环节，老师可有意识地进行分配，让成绩优秀的学生挑战高难度的模特，把不好着妆的人画得好看；让成绩相对差的学生画容易上妆的模特，把好画的模特不要变丑，这样达到我们教学目的的同时，也体现了教学设计的心思。这真的是开学前的一堂满满的能量课，受益匪浅。非常感谢李玉名师工作室这次活动。”

学员张晓燕老师说：“本次教学探索的研讨让我收获颇丰。同伴们将自己教学时的创意与我分享，专家们的点评让我如醍醐灌顶，豁然开朗。我对于提升教学设计能力，开拓教学创新思路等多方面有了一步探索的激情。如此种种，真是我的好运。”

工作室就像一个舞台，导师是导演，学员是主演，导师必须时刻以学员为主体，放手让学员去想、去做，让他们在名师培育工作室这一舞台上尽情绽放自己的才华，在导师及各方支持与指导下真正成长为具有不同风格、特色的新一代名师，为上海市职业教育发展不断输入新鲜血液。

（李玉美发与形象设计名师培育工作室导师李玉撰稿）

为了提升学员的教学能力，左适够汽车整车与配件名师培育工作室以赛促教，要求所有学员都报名参加“上海市中等职业学校教师教学能力竞赛”活动。工作室开展教学设计方案交流和微课制作学习活动，学员介绍各自选题和设计方案，互评互鉴，集思广益；并邀请专家进行专题讲座和指导。左适够导师还带领学员参加教练心理学工作坊，让学员与企业人事总监和技术经理、IMI 教师、IMI 班学生以及学者等进行交流研讨，从不同的视角了解教练心理学，共同探索心理学在中职教学中的作用，提升教学实效。

姚圣煊焙烤食品名师培育工作室暑期开展系列研讨活动。解读信息化大赛比赛规则与信息化教学设计的技巧，观摩历年信息化大赛优秀作品，学员详细、准确了解了全国信息化大赛的比赛规则，体会了信息化给教学带来的便捷，优秀的作品给予了极大启发；还开展了以教学诊断为主题的研讨会议，学习了教学诊断的途径和评价措施，学员认识到教学诊断对学校发展的重要性，常州工程职业技术学院在交流中进行了研究成果分享。

廖敏职业生涯规划名师培育工作室廖敏导师倾情带教，不遗余力。为了提升学员的带赛水平，她向大家解读了全国文明风采大赛，认真分析自己辅导的两篇一等奖作品

的特点、每个细节和设计理念。她将多年的实战指导经验毫无保留地传授给每名学员，令人敬佩。

为了备战全国信息化教学比赛(钳工组)，胡桂军机电设备安装与维修名师培育工作室学员冯健明老师利用暑期时间，指导学生进行训练。冯老师利用名师工作室培育平台，认真吸取导师及其他学员的经验，指导自己的教学活动。他还参加了万军数控技术应用名师培育工作室召开信息化教学专题研讨活动，学习了与会企业行业技术专家分享的往年全国信息化教学大赛一等奖案例，这些都为他提供了极其有益的启示与借鉴。

案例三

不断尝试　勇创辉煌

——记卢红数控技术应用名师培育工作室暑期集训活动

7 月 5 日到 7 月 10 日的中望软件应用培训圆满结束，紧接着工作室就投入到“中望杯”零部件测绘与 CAD 成图技术技能比赛的指导工作中，整个指导工作全部利用暑假时间(7 月 31 日至 8 月 27 日)。

8 月 25 日至 8 月 27 日，首届金砖国家技能发展与技术创新大赛暨 2017 年全国机械行业职业院校技能大赛——“中望杯”零部件测绘与 CAD 成图技术技能大赛在青岛市黄岛区职业教育中心顺利举行，来自 84 个学校的 128 支队伍通过紧张激烈的角逐，比赛获得了圆满成功，顺利闭幕。卢红导师担任此次参赛队的领队兼指导教师，学员王文强老师担任此次比赛的裁判员工作。

本次比赛在教育部、工业和信息化部的指导下，由金砖国家工商理事会、全国机械职业教育教学指导委员会、机械工业教育发展中心和青岛市教育局主办，青岛市黄岛区职业教育中心、广州中望龙腾软件股份有限公司承办。

比赛于 8 月 26 日上午 8 点正式开始。本次比赛的重点是考察选手的零件测量、徒手绘制零件草图、使用 CAD 软件精准绘图和实体建模、三维装配的综合能力。一场比赛历时 4 个小时。两名来自数控中高职贯通班级的学生组成团队参加了本次比赛，比较可喜的是此次比赛获得了二等奖的好成绩。

回顾本次大赛，工作室卢红导师和陈巍老师第一次接触中望软件，辅导学生参赛，原本心中没底，非常忐忑。但在暑假中，他们不断挑战自我、突破自我，努力学习、集训强化，用实际行动证明了一个道理：有付出终究有收获，坚持就是硬道理。

(卢红数控技术应用名师培育工作室供稿)

三、潜心钻研，提升学术水平和教育科研能力

每名名师都会经由经验型教师向反思研究型教师的转变。有专业发展需求的未来

名师更要努力丰富自己的理论素养，在实践中不断总结、反思和提炼，善于开展课题研究，与时俱进地高质量开发教材、课程标准和课程资源，拥有自己的鲜明的教学主张或形成可推广的教学模式。很多名师培育工作室在这方面可以说是充分利用了暑假较长的时间，孜孜不倦地搞教育科研。

1. 积极撰写论文，提升学术水平

冯国群旅游服务与管理名师培育工作室安排学员撰写工作室专著《中职旅游专业教学转型与发展》，将平时的教学工作经验和理论进行梳理和提炼，形成具有一定理论水平的论文集。

裘燕南金融名师培育工作室导师要求每名学员在暑假阅读基础上，结合各自的教学实践，进行论文或课例撰写，暑假结束每人至少提交 1 篇论文，导师给出相关建议和主题，供学员们参考。

案例四

研究·提升

——上海市交通学校朱建柳名师培育工作室论文撰写研讨会

8 月 22 日，在上海市交通学校四楼会议室召开了朱建柳名师工作室研讨会，参会的人员有上海市交通学校朱建柳老师、上海市交通学校朱列老师、上海浦东外事服务学校胡鑫老师、上海市现代职业技术学校余炜老师、上海市大众工业学校吕冬梅老师、上海市杨浦职业技术学校李巍伟老师。

在工作室主持人朱建柳老师的引导下，工作室学员分别谈了自己在培养期内的个人发展中遇到的问题。4 名学员的问题都很有针对性。朱建柳老师针对学员所提出的疑问，做出了解答，给出了思路引导，并且提出要有一条逻辑主线，深度挖掘一个点进行提炼总结。

会中，对于论文初稿九月十五日提交，九月中下旬进行打磨，十月底进行汇编达成了共识。朱列老师在会中得到启发，提出反思，基于原有的基础，将平时工作和相关标准形成对应比较，将其中的差距形成一个论点，通过一系列的总结充实到论文中去。

理论学习、行动研究、教学反思、教学研讨等使工作室成员们得以相互促进，在压力中产生动力，在交流中取长补短，分享智慧与快乐，在进取奋斗中幸福成长。

（朱建柳汽车技术服务与营销名师培育工作室供稿）

2. 合力开发教材和课程标准，创新教学载体和规范

廖敏职业生涯规划名师培育工作室认真钻研了相关理论与研究成果，确立了以案例解读为切入点，以学生个体成长为主线索，采用理论与体验相结合的方式，利用暑假

开始进行《职业指导》教材编写。在做中学，始终是廖敏工作室的宗旨，全体学员在导师带领下探索，有效促进学员对专业知识进行梳理和掌握。

洪李萍会计名师培育工作室针对信息化形势下的专业变化和企业岗位需求，与时俱进地修订了上海市中职会计专业1份教学标准和18门课程标准。任务艰巨，但工作室成员密切配合，团结互助，每门课标修改次数都在10遍以上。暑假中，修订工作经历了专家研讨、再修订和终审的过程。可以说，课标的撰写、修改过程是成员们不断成长的过程。

袁晖江德育(科研)名师培育工作室为了编写《幸福教育课程》教材，面向家长、教师展开调研，汇集、整理、分析家长和教师对培养学生幸福感工作的看法与建议，广泛查找资料，培养学员科学、严谨的精神和态度。

裘燕南金融名师工作室开发《财经素养》教材，学员们结合各自研究领域及专长，分模块合力撰写，既调动了学员的积极性，又激发了他们团队合作的精神。

案例五

开展教材　编制研讨　交流提升

——记上海市朱玉萍工程造价名师培育工作室2017暑期学习活动

2017年7—8月，上海市朱玉萍工程造价名师培育工作室按照上海市教委要求，围绕《工程造价综合实训》教材编制开展各项工作，经过一个暑期，全体学员顺利完成了各自负责的教材编写工作，形成了教材初稿，为后续的教材出版奠定了基础。

6月底，工作室主持人朱玉萍老师制订了暑期教材编制的计划，并进一步明确了各名学员的具体分工，她要求工作室全体教师充分利用网络资源，开展各种形式的研讨学习，学员与学员的小组对接，网络形式的专题研讨等，进一步开展教材编制工作，利用暑期两个月完成教材初稿，并完成“老年之家”工程全套施工图纸的绘制，将其作为教材配套资料。同时为每名学员推荐了理论书籍《职业教育教与学的过程》《职业教育理实一体化课程研究》等，要求每名学员撰写读书心得和随笔，加深对职业教育教学改革的思考。

围绕朱老师提出的要求，学员们利用暑期时间，通过QQ、微信等形式进行教材编制的研讨和理论学习的心得交流。同时进一步梳理了一年半来，参与名师培育工作室的阶段收获，包括优质教案的整理、教学研究的汇编等。利用暑期休息时间，开展了组员与组员的小组对接形式的学习活动，有效解决了教材编制中的问题，在完成教材初稿的同时，组员之间也进行了分组的审核和校对，为后续的教材出版工作做好充分的准备。

名师培育工作室的每一次学习、每一次活动对每名学员而言都是一次宝贵的学习机会，共同的任务——《工程造价综合实训》教材的编制又同时为大家提供了研讨和学习的载体，通过教材编制工作，全体学员进一步梳理问题、解决问题，有效提升造价专业教学能力。我们相信,名师培育工作室将见证每名学员的专业收获与成长!

(朱玉萍工程造价名师培育工作室供稿)

3. 尽力开发课程资源,为课堂教学提供素材

陈珺烹饪名师培育工作室在暑假中集中利用五天的时间,为教材中25个西点品种进行了制作过程拍摄,这些西点制作过程都经过行业大师的示范并在教学中反复实践过,对学生的西点技能的提升有切实帮助。短短几天的拍摄是学员对自己的学习成果的总结,也为今后其余西点品种的制作过程拍摄积累经验,为西点教材在西点教学领域的推广和应用奠定了基础。

张帆应用电子技术名师培育工作室学员根据自己的课程,精心设计微课的各个环节,认真编写微课脚本,并学习了应用图片处理软件,收集微课制作的素材。学员李梅老师完成了3个动画脚本初稿,为市级公开课“PLC交通信号灯的控制”做好准备。

张桂芳烹饪名师培育工作室完成了上海菜点“红烧鮰鱼”“蟹黄鱼丝”慕课的拍摄,让每名学员了解上海菜的烹制工艺及制作要求和上海本邦菜的精髓,不仅开拓了专业教学的新视野,促使学员探讨、尝试慕课在烹饪翻转课堂方面的应用。

案例六

联合制作微课,打造市级品牌专业

——记章晓兰材料/环保名师培育工作室课程资源建设

为了进一步发挥名师培育工作室对专业建设的作用,章晓兰材料/环保名师培育工作室联合上海建工集团专家、上海建筑工程学校实训老师为上海市材料工程学校品牌专业“建筑与工程材料”建设课程资源——微课制作。

工作室章晓兰导师指出,目前,学校已经建成微课程云平台,建筑与工程材料专业正在打造上海市品牌专业,在课程建设中。微课作为一种教学手段形式,是信息化技术在职业教育中运用的重要表现形式,越来越显示出不可替代的作用。它是针对职业岗位核心课程和职业技术基础课程中的技能节点开发的,从视觉的角度在较短的时间内展现某个技能的操作流程。

在微课制作的前期,工作室联合专业组老师、企业专家对专业课程进行梳理,选出核心课程的核心项目、任务计划制作微课,并对微课程的教学内容、教学方案进行探讨,对开发制作过程中遇到的难点和疑点进行了深入的交流,后期对微课的制作形式、脚本也进行了讨论及反复修改。

工作室和企业专家到上海建筑工程学校实训中心进行现场拍摄。首先制作“建筑工程概论”课程的微课,对该课程的门窗结构、楼梯的结构、功能由工作室导师和学员共同配合进行现场拍摄。采集完现在资料,后期就需要对微课的整体风格进行渲染、剪

辑、配音等。

工作室带领学员一步步地开发微课程，注重细节，齐心协力，精益求精，有效提升了学员们课程资源的开发能力。学员们也都表示后续要用好微课程，提升教学效果，并积极引导学生进行自主学习，提高资源的利用率。

（章晓兰材料/环保名师培育工作室供稿）

四、虔心培训，提升专业水平和突破创新能力

优秀教师必须有自我提升的内在需求力，而参加培训、获取专业的指导是很多教师内心自发的渴望和需求。很多名师培育工作室应学员需求，在暑假中组织、安排学员参加集中培训，或动手操作，或聆听讲座，或参观研讨，形式多样，学员收获颇丰。

陈珺烹饪名师培育工作室开展了大师技能培训活动，研讨并制作马卡龙、柠檬塔、热巧克力蛋糕以及焦糖香蕉蛋糕。大师不仅在技能上对大家指导，更在理念上对学员进行提升，可谓是“授人以渔”。

周红机电技术应用名师培育工作室成员赴烟台参加了由中国职业技术教育学会组织的“职业院校互联网＋时代精品在线开放课程建设与设计制作”研修班。主要学习了“互联网＋”时代下如何获取和利用优质资源做好专业建设、课堂教学改革与创新、微课程的设计与制作案例等。启发了大家在今后的教学中大胆尝试信息技术与教学深度融合，通过信息技术拓展教学时空，促进教学内容、方法和模式变革。

王鸿食品生物工艺名师培育工作室成员、陈志红国际商务名师培育工作室学员张申云等根据工作计划和学校工作需要，报名参加了为期 3 周的全英文浸没式澳洲职业教师资格证书培训。了解澳大利亚的职业教育体系及其运作的科学性与严谨性，注重教育教学过程中的人性化关怀，例如每节课之前都会强调教师考虑至少 3 条突发状况的应对方法及人性化可调节因素，尽量做到有备无患及让所有不同学习特征的学生都能保持相似速度学习、互动互助。这也是目前国内职业教育过程中比较薄弱的环节。

冯国群旅游服务与管理名师培育工作室全体成员参加了“旅游类教师专业能力提升”课程培训，聆听了几位专家的讲座，并观摩公开课。

五、走访实践，提升行业认识和岗位操作能力

1. 走访交流：欲问山中事，须问打柴人

走访外省市职业院校，学习先进办学理念和教育举措，这是拓宽视野的重要途径。韩如伟制冷和空调设备运行与维修名师培育工作室冒着酷暑深入福建省武平职业中专学校和福建机电工程职业技术学校调研学习，收集校企合作这方面的资料和经验。金

莉萍电子商务名师培育工作室走访重庆市科能高级技工学校和渝州职业中等专业学校，了解了重庆市职业学校电商专业的招生、教学、实训及就业情况，大家都认为中职学生的专业学习要与学生的发展规划联系在一起，重庆学校着重于在创新创业，这一做法让学员们开拓了思路，放宽了视野。胡桂军机电设备安装与维修名师培育工作室赴长安大学工程机械学院调研学习。长安大学拥有业内有名的“公路养护装备国家工程实验室”和“工程机械虚拟仿真实验教学中心”，6 个虚拟仿真实验平台给学员们留下了深刻印象。

走访企业，了解行业动态，让教育与企业发展相适合。袁晖江德育(科研)名师培育工作室深入深圳鹏威公司学习，助教体验“以学生为中心的”教学技术训练，学员王珊珊说：“第一次从培训师角度看受训教师，感觉很不一样，培训师在授课中采用体验式教学方式让我感触很深，我们的幸福教育也要让学生多体验、领悟，这次企业实践真是雪中送炭。”

洪李萍会计名师培育工作室来到上海皇廷花园酒店调研，了解了酒店的规模、硬件设施、财务核算、酒店房价等；收集了酒店核算的原始凭证。此次的企业访谈让学员意识到，校企合作越来越接地气，课程改革需要企业的协助。

谢富敏国际商务名师培育工作室今年暑期活动的主体就是深入企业交流学习，以编写与时俱进的《国际空运代理》教材和岗前实训教材。工作室成员前往报关行考查学习，获取了 14 套完整的空运进出口单据。回来进一步加以整理，形成岗前实训教材，供实训课程中使用；他们还深入走访上海元初国际物流有限公司，企业专家对中国(上海)自由贸易区保税仓库的报关单、备案清单使用进行了详细讲解。

金莉萍电子商务名师培育工作室开展系列参观调研活动。通过走访沐事服饰进一步了解电商新零售的发展状况和其后台大数据分析系统，可以让更少的店员向更多的客人提供更精准的服务，减少人力成本，降低管理成本。在丰趣海淘(重庆分公司)了解了由快递衍生出来的纯电商企业拓展新零售的举措，调研了企业在跨境电商平台中的运营操作流程。

案例七

体验全域旅游，拓宽教学视野

——景泰国旅专业见习专题报道之一

我们工作室第 3 次下企业学习实践来到景泰国旅，旅服专业刘芳、陈坚敏、谢俊琳、潘莉丽 4 名老师被安排在导游部。

景泰国旅根据 4 名老师的专业特征，安排导游部负责人高老师作为带教师傅，并量身定制了循序渐进的学习任务：第一周，熟悉现有旅游产品；第二周，体验田间课堂；第三周，观摩小金盾夏令营半日活动；第四周，尝试设计“哈途”相关产品。

第一周的学习观摩中，景泰国旅的顾总和千雅老师对我们进行了“哈途”教育旅游

产品的专题培训。在培训中,我们了解到这3年景泰的产品升级艰辛程度不亚于二次创业。全域旅游时代,互联网+的大背景下,传统旅行社业在各大旅游电商平台的强势冲击下,给人一种英雄迟暮、日落西山的悲凉感。但景泰在逆境中断尾求生,借势转型,在原有市场基础上,全面更新现有产品,以适应市场需求。“哈途”教育旅游产品根植于青浦本土,极力打造自己的产品基地,努力把传统旅行社“中介”的角色往“终端+中介”的定位转型。在今年6月,与枇杷园联手推出了“田间课堂”,敏锐地把目光瞄准了“旅游+教育”市场,分别针对学生、亲子和成人团建客源市场推出个性定制产品,给整个青浦旅行社业注入了一股新的生命力。

第二周的体验观摩以深入“田间课堂”为主。“田间课堂”是景泰“哈途”教育旅游产品的一个重要组成,它以枇杷园为基地,融教育、科普、学农、拓展、互动等多种功能于一体的深度体验活动,以此来感知水乡文化,体验乡村生态,培养独立人格。这两天,4名老师冒着近40 ℃高温,走进了“田间课堂”的大棚教室,在这里我们第一次知道地下水还能制冷,亲眼看到了“水冷空调”和“水帘”;了解到不仅桌上的食材是来自于眼前的土地,连烧火做饭的燃料都是厨余垃圾制造的沼气……第一次让我们真真切切近距离地感受到人们用智慧去保护生态和环境,而不只是随口一说。

从这两周的学习、观摩和体验中,我们4名老师学到了不少,也深受“刺激”。现如今的旅游业者不仅是以前的“杂家”,而是切切实实的多领域“专家”,作为培养这些未来旅游业从业者的我们很迫切地需要去反思:学校应该为社会和行业输送怎样的人才?应该怎么培养学生去顺应社会大环境和行业的需求?行业自身在不断求新求变,学校和教师能做些什么而不被大环境淘汰?

企业的这种求新求变、顺应市场的积极进取精神,让我们4名老师颇有紧迫感,更让我们有了一种跃跃欲试的冲动。希望在下阶段的见习中,我们要从理念的转变上升到行动的转变。

(冯国群旅游服务与管理名师培育工作室供稿)

2. 企业实践:纸上得来终觉浅,绝知此事要躬行

在信息技术时代,企业的发展突飞猛进。教师深入企业进行实践锻炼,是校企办学和促进职业教育发展的需要,是提高教师操作技能和教学能力的重要方式,是培养走上讲台能教学、下到岗位能干活的“双师型”教师的有效途径。

胡桂军机电设备安装与维修专业名师培育工作室为了提高学员的企业实践能力,利用暑期先后赴山东淄博交调设备检测基地进行了高速公路图像识别系统的调试、检测,赴上海港城危险品物流有限公司进行港口危险品物流管理系统的调试,赴天津港中化危险品物流有限公司进行危险品作业系统调试。在企业实践活动中,学员获得了学校无法体验的工作场景以及处理生产过程中各类问题的宝贵经验。这将有助于学员在今后的专业课程教学中能够积极引入企业真实生产案例,有利于提升机电类高技能型人才的培养质量、拓宽学生的就业渠道。

张斌数控技术名师培育工作室成员在南京市南京晨伟机械设备制造有限公司进行了为期2周的下企业锻炼。培训人员被分别派往数控铣床实践岗位、数控车床实践岗位和三坐标测量实践岗位，了解了企业的新工艺和加工方法，提高了学员的操作能力，有利于更好地进行专业建设。

周红机电技术应用名师培育工作室赴上海航星通用电器有限公司、上海恒南橡塑制品有限公司、上海鼎龙机械有限公司进行专业学习实践，了解了企业对机电技术应用一线操作技术人才的专业能力、职业素养等方面的要求；深入电器接线车间和总装车间，进行电器元器件安装、电器接线、机械装配、总装与调试。学员邹岚老师说："穿上员工服装，我们进入了企业的多个工作岗位，在工人师傅的指导帮助下上岗操作实践，逐渐熟悉相关专业领域的新知识、新技能、新工艺、新方法，深刻领会企业工作的精细化管理和更加要注重质量、规范和安全性的操作，切实感受日常教学和企业对工人的技术要求之间的差距，帮助我们更精准地调整教学，为促进我们的教学改革具有深远的现实意义。"

陈志红国际商务名师培育工作室学员蔡蓓蕾到东方商厦进行企业实践，对柜台、楼面巡视、营销等不同岗位进行轮岗，累了很多真实的实践案例，对当前的商业环境有了切身的体验，这对她今后丰富教学内容、促进课堂教学有极大的帮助。学员唐颖深入上海新海国际船舶代理有限公司进行顶岗实践，重点参与了市场部、班轮部的实践学习活动，了解企业文化，明确企业用人标准，有利于教师培养适合企业人才。

案例八

实践出真知

——记暑期企业学习实践活动

李文权数控应用技术名师培育工作室针对自身教育教学中的薄弱环节，积极开展暑期企业实践活动。经过长达2个月的实践，各名学员提升了自身的操作能力和专业技能，为今后的教育教学增加了更多案例和经验。

学员段美珍学习目标非常明确。进入企业实践后的第一周，在周益华老师带领参观学习的基础上，多次沟通，希望能在最短的时间内学习到最多的东西。于是，在第一周学习结束后，就锁定以压缩机内的曲轴加工与检测作为学习内容。难易程度中等，适合在学校里作为一个轴类零件的综合练习项目。有了企业的一手资料，相信段老师以后教学更有底气。

学员赵宏明老师在李文权老师带领下参加三坐标测量培训，积极动手操作三坐标测量机测量工件，掌握了基本的测量方法，能够完成较为复杂零件的测量。多次深入企业车间，了解数控技术在车间实际应用情况以及对操作人员的要求，为今后教学提供参考依据。

（李文权数控技术应用名师培育工作室供稿）

六、用心服务，提升专业示范和引领辐射能力

名师的名望是在示范引领中形成的，他们以高超的专业能力和学平水平走在专业领域的前沿，同时具有乐于奉献、乐于分享，乐于服务等高尚的品质，为教育事业和社会发展积极贡献自己的力量。

名师培育工作室注重示范引领，在分享与服务中提升影响力。洪李萍会计名师培育工作室学员陆炜渊老师在教委组织的 2017 年教师企业实践动员会上做了“互联网＋会计教育”成为会计专业创新育人的新动能的汇报，分享、示范，名师培育工作室学员正陆陆续续崭露头角。

名师培育工作室积极应邀参加社会活动，不断获取业内的认可，提升了社会知名度。李立红创业教育名师培育工作室导师李立红担任“今天设计一个梦想，明天收获一个奇迹”周浦创业大赛评委，部分学员也观摩了选手路演。

王忠园林园艺名师培育工作室受闵行区浦江镇人才中心和浦锦街道居委之邀请，双方合作，在浦江镇红星美凯龙面向浦江镇社区居民进行中国传统花艺表演、展示、讲解、示范互动。在活动中，社区居民积极踊跃参加，这不单是工作室对社会的一次开放活动，更是职业教育辐射社会的一次活动，本次活动受到了社区、居民的一致好评。学员李春妹感受颇深：“本次活动是我第一次走出教育系统，走进社区，与街道居委合作，为当地青年进行职业体验，与花艺爱好者的一次交流学习的过程，在此过程中，我深刻体会到了职业教育在民众心目中的地位越来越高，希望能有更多的机会让职业教育走进社区，走进百姓，我也为自己是一名职业教育工作者感到自豪！”

案例九

走进艺术宫爱上一座城，从了解她的历史开始

——记“寻找历史足迹——红色故事我来讲”小小金牌解说员活动

让中职课堂走出校园，走进中小学生，让职业精神感染年少一代；从一个设想出发，不断实践、不断创新，开启职业课堂的新篇章——这就是本次以“寻找历史足迹——红色故事我来讲”为主题的小小金牌解说员活动的精彩呈现。

8 月 5 日 13:30，“历史号”列车于中华艺术宫 0 米层“上海历史文脉美术创作工程成果展”展厅，启程了！任玉芬德育名师培育工作室任玉芬导师和学员俞露老师带领她们的学生团队，于中华艺术宫 0 米层艺术沙龙，开展了以“美术・美育・美德”为主旋律的“小小金牌解说员”儿童体验课。小解说员为“乘客们”讲述上海故事。年龄最小的解说员只有 9 岁，最大的 14 岁。活动中他们不仅了解到上海发展的历史，还挖掘出自身解说能力，达到了增强其自信与拓展社会见识的目标。

本次活动共解说七幅油画，建立七支解说团队，每支队伍由两名中职学生做“小师

傅”前期分别从内容与艺术两个角度指导。小师傅们帮助小解说员们理解画面、背诵稿件、控制微动作等，提升他们的能力。为了保证解说流利，解说员和中职小师傅们一站就是半小时以上，一对一进行彩排，反复模拟纠正不足之处。他们的成功不是偶然，他们得到的赞赏不掺水分！小小金牌解说员活动，它体现的是小学生与中职生思想的交流，是学校与学校的融合，让孩子们学习和传承优良传统，坚定理想信念，不忘初心。

本次“小小金牌解说员”活动将课堂与中华艺术宫文化资源充分结合，指导老师报以有错必纠的指导态度贯穿整个课程，以学生为中心，以能力培养为本位，真正实现为学生服务的宗旨。

在不少家长们看来，生活即教育，社会即课堂。他们都希望活动可以长期连贯地举办下去，让孩子们在高雅的艺术殿堂中展现自我。小解说员冯熙然的父亲看到孩子经历活动的打磨十分欣慰：“看到孩子们在中华艺术宫这样一个艺术殿堂内，面对艺术品说出自己想说的话，我感到非常自豪。用心是这个活动带给我最直观的感受，如果有机会，我还会带着孩子来！”

此次活动，展示了中职名师培育工作室的风采，越来越多的人意识到职业教育是当今社会中必不可少的能量，是最具有活力与干劲的力量！

（上海市“星光之约”记者团代宇婷、刘怡汶撰稿，任玉芬指导）

暑热难当，却阻挡不了名师培育工作室自我提升的热情。在教委装备中心的高度重视和统一管理下，名师培育工作室按计划进行了暑期的培育工作。他们强化学习，积极参加培训，进行企业走访、顶岗实践，为自己加油、充电，提升了自身的职业能力和专业素养。名师培育工作室的活动以点带面，辐射职教教师群体，服务学生，服务社会，行业影响力、社会美誉度不断提升。

多措并举抓管理　多维培育促卓越

——上海市中等职业教育名师培育工作室工作专报(十三)

上海市教委教育技术装备中心

时逢学习型社会,学生、学校需要名师,社会、时代呼唤名师。2017 年 9 月,中职校陆续开学,上海市教委教育技术装备中心采取多种举措,促进上海市中等职业教育名师培育工作室(以下简称“名师培育工作室”)建设全面推进。各工作室在导师的带领和精神感召下,学员锐意进取,不断开展教育教学研究、实践与反思,专家引领的方式减少个人探索的无效劳动,让教师突破了发展上的“高原现象”和事业停滞期。越来越多的名师工作室在专业领域内显现了引领教育改革发展方向的雄大气魄,学员日益具备成为卓越教师的潜质。

一、多措并举:经纶为事业,燮理是生涯

管理出质量。装备中心作为此项工作的管理者和服务者,高度重视中职卓越师资队伍建设,统筹 47 个名师培育工作室,将督促管理和服务指导相结合,紧密跟进,强化管理,提升培育质量。

(一) 合力共建,举办主持人向校长汇报展示活动

经纶事业须用心,燮理功夫讲方法。装备中心创新名师培育工作室建设方法,广泛调动各方力量支持、参与、指导工作室建设,形成合力共建的态势。在原有的教育专家、行业专家指导基础上,努力建立工作室所在学校校长参与工作室建设的机制。装备中心根据工作需要,以名师培育工作室协作组为单位,开展工作室主持人向所在学校校长汇报展示活动。开学不久,协作三组最先响应和落实,协作二组也紧跟其后。活动中首先由工作室主持人向校长们汇报工作室成立以来的基本理念、主要做法、初步成效及后续思考,校长们对名师培育工作室有了更进一步系统全面的认识,他们纷纷从职业教育的大视野、大情怀的角度对装备中心名师培育项目的意义进行了由衷地肯定,后续将继续予以关注和支持,同时,希望市教委继续推进此项工作,以期取得更多成果。

(二) 飞行检查,督促工作室完善过程化管理

装备中心对名师培育工作室的管理采用了过程化管理的理念,从制订每名学员的

带教计划、培养方案到活动计划的落实，环环相扣；为每个工作室配备《2017 年度上海中等职业教育名师培育工作室主持人带教手册》和《2017 年度上海中等职业教育名师培育工作室主持人带教手册学员手册》，要求各工作室进行带教活动，要记录活动内容与体会反思等。从 9 月 15 日起，装备中心限时抽查了 13 个工作室的主持人带教手册和每个工作室《学员手册》。经过检查结果汇总，主持人带教手册合格率 100%，优秀率达 62%；学员手册合格率 100%，优秀率近 40%，名师培育工作室整体运行状况良好。

（三）课题研究，探索理论支持和科学依据

为推进此项工作深入开展，装备中心同步开展课题研究，旨在与名师培育工作室项目同步展开，理论研究与工作实践相辅相成。

（四）纲举目张，继续充分发挥协作组作用

装备中心继续充分发挥协作组的作用，在工作室活动上，既有协作组共享层面的，又有工作室个体特色活动。这样，协作组召开的联合活动，能让专业相近相关的各工作室充分交流，互相借鉴与启发，也能传播压力。协作组的带动，使各工作室的培育工作增色添彩。

协作二组组长王培坚老师召开了组内“如何成为当代职教名师”的研讨活动，既有工作室学员的交流，相关工作室主持人针对性点评，也有主持人的交流和专家的指导点评，从更高的层面进行引领。

（五）获奖统计，了解名师培育工作室建设成效

装备中心对名师培育工作室自成立以来的区级以上获奖情况进行统计，经各工作室初步上报，主持人与学员获国家级及以上奖项（荣誉）152 项、获市级奖项（荣誉）356 项、获区级奖项（荣誉）118 项，合计 587 项，人均 2.6 项。通过摸底统计，可见名师工作室的建设已取得初步成效，工作室成员在工作中勇于担当，积极发挥示范引领作用，拥有良好的社会认可度。

二、多维培育：以品德为基，以才识为要

（一）立业养德，以修身为本

名师培育工作室努力提高学员的思想政治素质和职业道德，自觉践行“学高为师，身正为范”，教书育人，为人师表，通过组织学员参加多种形式的活动，陶冶情操，爱生敬岗，关心他人，关注社会热点，激发社会责任感和使命感。

名师培育工作室主持人们在各自的工作岗位上和带教过程中，兢兢业业，资源共享，对学员起到了耳濡目染、潜移默化的影响作用。主持人李关华老师幽默地说：“我把

带国赛的获奖的经验没有保留地传授给了学员，如今学员辅导的学生获得了一等奖，反而超过了我的学校的学生，徒弟带出来了，老师要饿死了……”脸上写满了欣慰和自豪！

主持人颜苏勤老师荣获了“上海市教书育人楷模提名奖”，实至名归。她既重视心理健康教育上的专业引领，又加强品德的熏陶和濡养。她把自己真实的成长心路历程分享给学员：心怀教育信仰，永不放弃；努力踏实工作，一分耕耘，一分收获。她还经常做心理健康志愿者，积极为社会服务。

案例一

培训残疾人，积极承担社会责任

2017 年 7 月至 9 月，学员汤益华老师作为王伟旗计算机网络技术名师培育工作室代表应邀至上海市残疾人就业服务中心，对来自 19 个区的 22 名参加“2017 年中国技能大赛——上海市残疾人职业技能竞赛”的残疾人选手，进行了计算机组装的职业技能培训。此次大赛是为进一步提升本市残疾人职业技能水平，培养造就具备“工匠精神”的残疾人高技能人才队伍而开展的。

学员汤益华老师多年从事“计算机组装与维护课程”的教学工作，历年来多次指导上海市星光计划比赛的计算机组装赛项，有着丰富的教学经验和实际操作能力。在 7—9 月的高温天气里，汤老师放弃休息，克服了语言沟通上的障碍，从比赛实战和实际工作应用的角度出发，为上海市各区县选拔出来的比赛选手进行计算机组装、Windows 操作系统安装、架设局域网、搭建常用网络服务器以及数据备份等职业技能的强化辅导，由于特殊培训工作量比较大，其间王伟旗主持人还增派学员张侃帮助做考务工作，为进一步提升残疾人士的计算机单机及网络维护的职业技能尽献绵薄之力。

通过参与本次竞赛活动的培训指导工作，汤老师进一步了解到了本市残疾人职业技能发展现状，也深深体会到残疾人职业技能培训的重要性。如果将来有机会，整个工作室的所有成员一定会进一步为更多的残障人士提供多元化的职业技能培训，更积极地承担起这份社会责任。

（王伟旗计算机网络技术名师培育工作室供稿）

（二）研教促改，从实处着脚

1. 致力于课堂教学，培育学员卓越的教学能力

名师出于课堂。名师培育工作室向来重视提升学员的课堂教学力。宋利明名师工作室唐娴老师将德国进修的心得与大家分享，她发现德国职业教育专业课的课堂教学过程就是产品的生产过程，即根据客户要求，修改设计冲压模具，并加工，完成装配等。

裘燕南金融名师培育工作室邀请国赛一等奖获得者周凯教授进行了一场信息化课堂教学设计的主题沙龙活动。学员们每人进行了 10 分钟的教学设计展示，努力将《翻

转课堂的可汗学院》和《大数据时代》两本专著思想与课堂教学相结合。而周教授的主题分享，使学员们认识到了“为追求技术的新颖、酷炫，而忘记了教学的本质”误区。

左适够汽车整车与配件营销名师培育工作室动员全体学员参加“精彩一刻——上海市中等职业学校教师教学能力竞赛”，研讨参赛方案，为每名学员落实选题，研讨教学设计，积极联系参加“七步出师：授课呈现能力训练营”，听取行业著名培训师周家栋讲解从企业培训角度如何来评价授课能力和效果，并为每名学员的微课制作提供技术支持，工作室以教学能力竞赛为抓手，以期大大提升了学员课堂设计能力和教学水平。

茹秋生机电技术应用名师培育工作室邀请学员部门领导、校内指导老师参加“新学期公开课研讨会”，就学员公开课内容、信息化手段运用等方面进行了认真细致的研究和探讨，工作室与学校合力提升学员培育效果。

朱玉萍工程造价名师培育工作室、谢富敏国际商务名师培育工作室等都纷纷开展课堂教学研讨活动，邀请专家对将要进行的学员市级公开教学课进行了专项指导，大家开诚布公，纷纷提了很多宝贵的意见和建议。

说课体现教研能力，体现说课者的思维层次和教学眼界。宋彩虹学前教育名师培育工作室开展磨课说课活动，邀请专家进行指导，集体的智慧互相碰撞，不断产生新的火花，使学员们对说课、课堂教学设计有了新的认识。

案例二

创新教学模式　塑造高效课堂

9 月 27 日，洪李萍会计名师培育工作室的 6 名教师又集聚在一起，本次活动主要是研讨基础会计课程教学改革。

我们的课改是有底气的。这之前，工作室学员在主持人洪李萍的带领下，修订会计专业教学标准 1 个，制订课程标准 18 个，让我们明确了专业教学方向，初步绘就教学改革的蓝图。

为了实现这幅“蓝图”，落地实践是关键。工作室成员陆炜渊老师在主持人洪李萍老师和其他学员的帮助下，对会计专业的核心课程——基础会计进行教学改革，将模拟企业经营沙盘推演的理念运用于基础会计课程的教学中。在暑假的 2 个月中，陆炜渊老师设计了电子沙盘，上海会计职教专家王芬老师冒着酷暑协助设计，广州汇知思行教育科技有限公司在技术上给予了大力支持，目前电子沙盘和物理沙盘已初步完成。

本学期，陆老师已经在商会校 17 级会计国际水平班中进行试点。创新教学模式的实践，让他体验到课堂上学生的欢声笑语，良好的教学互动，在寓教于乐中使学生掌握专业知识。高效的教学课堂让陆老师信心百倍，他下定决心将教学课改进行到底。

这项创新教学模式的探究吸引了广东省广州市商贸职业学校会计名师邹春梅、肖英姿的关注，她们已经将该沙盘运用于课堂教学，形成教学示范课，并将她们教学资料反馈给陆老师。

工作室全体成员意识到该物理与电子沙盘是能“颠覆传统课堂教学”的。会议决定，后续将以工作室为主体，与上海市中职财经中心组联合举行基础会计课堂教学改革研讨会，以课堂教学为主阵地探索教学改革，聚焦课堂具体环节，重塑高效课堂。

（洪李萍会计名师培育工作室供稿）

2. 投身于教材编撰，培育学员卓越的梳理能力

社会飞速发展，企业高歌猛进，教育若要跟进前行，必须要淘汰严重滞后的教材。卓越教师要敏锐感知社会变化，将先进技术与思想和教育教学相结合，在教改洪流中勇于击楫弄潮，奋进于教育的前沿。

廖敏职业生涯规划名师培育工作室召开教材《职业初体验》审稿会，对各章节内容再次审议并作修改，通过面对面沟通交流学习、共同分析与探讨，提炼出教材的基本框架及特色是：创设情境—确定问题—理论指导—自主体验。会上还邀请专家参与指导与论证。工作室正是在教改中探索，在研究中提高。

陈明宏名师培育工作室召开教材《职业素养教材开发》第三次研讨会。在专家的指导下，确定教材框架，改变了传统教材编写的模式。全书按照企业对员工要求的职业素养来编写，主要分成六大模块，分别是：成长导航—时间管理—现场管理—思维管理—计划管理—问题管理。工作室每名成员各领一个章节的任务，根据专家提供的材料和编写体例，大家分头行动，寻找素材和资料，紧锣密鼓的开展中。

袁晖江德育（科研）名师培育工作室围绕幸福教育项目撰写体例，大家多次研讨、修改体例，最终形成样稿。并邀请多方专家提出了宝贵意见，突破了一直困扰项目组的编写瓶颈，使得幸福体验项目以科研的路径开展研究，更加具有科学性。学员唐春凤老师说：“一直希望能将自己多年的德育课程经验进行一下梳理。这次的幸福课程建设是一个很好的机会。但在实践中，还是遇到了一些瓶颈，幸好工作室的良师益友帮助我攻克难关。”

3. 勤勉于课题研究，培育学员卓越的反思能力

名师培育工作室重视提升学员的教育科研能力。学员都是工作在教学第一线的教师，有大量的教学感性认识，有丰富的实践经验，有鲜活的教育教学案例，这些都是开展课题研究最有力的支撑。

陈明宏名师培育工作室“以业定教”课题研究进入收官阶段，研究成果约20万字，从文本理论到一线实践，全面梳理了课题研究的路径与历程。全体研究成员按照主持人的分工，认真校审。在个体细读的基础上，同伴们再次对有分歧的问题或论点直陈己见，直至达成共识。最后，主持人负责最后再次审读，交付出版。整个活动过程，兴奋、顿悟、分享洋溢在每名成员的脸上……

教学诊断是高级的教学反思。万军数控技术应用名师培育工作室就中职校教学质量诊断与改进进行了研讨，包括以建立中职校人才培养工作状态数据，推动中职校人才培养质量持续提高为目标，学校自主诊断、自主建立诊断机制，全员参与、全过程监控、

全方位实施等，学员深受启发。

案例三

大力促进教师科研能力提升

由谢永业英语名师培育工作室和工商外国语学校联合组织开展的“教师科研能力提升系列培训”正式拉开帷幕。首次活动的主题是“青年教师科研课题申报”。

为了能够更好地让老师们把握选题方向和相关规范，谢老师特地邀请了上海市教委教研室的袁笑老师来指导。

我工作室成员和工商外国语学校的部分老师参加了本次学习活动。培训过程中，袁笑老师从四个方面对青年教师开展课题研究进行了指导：突出能力优势、资源优势和环境优势；做好申报课题需要注意的几个关键点，包括选题、研究综述、研究内容、研究方法与步骤、研究成果及其推广应用等；在教学研究中要说“行话”，说“实话”，说“原话”；课题研究要有独特性、研究性、创新性、实用性和规范性；青年教师需要不断优化研究思路，制订详实的研究计划，做好基础准备工作，掌握科学研究方法来做好课题研究。袁笑老师还对专业课和文化基础课教师在选题方面分别给出了具体的建议，并与我校老师就课题研究的细节问题进行了交流。

（谢永业英语名师培育工作室供稿）

4. 努力于教学资源，培育学员卓越的开发能力

很多名师培育工作室都倡导“要用教材教，而不是教教材”的理念，要积极围绕教材开发课程资源，这是教师对教材的筛选补充和调整。卓越的教师在吃透教材的基础上，充分发挥自己的独创性，努力开发相关的课程资源；唯有这样，才能创造性地、个性化地使用教材，做到因材施教。

胡桂军机电设备安装与维修名师培育工作室开展了课程教学资源建设研讨会。上海港湾学校教育研究室罗老师首先介绍了学校 2017 年内涵建设中所遇到的有关专业核心课程资源的内容和建设步骤、方法、重要性等问题。胡桂军老师重点介绍了其中专业课程 CAD 的教学资源项目的建设目标及思路与要求，提出了当前本课程的不足之处。两名学员表示尽量丰富文本类、实物类、多媒体类等教学资源形式，加快学校互联网+时代混合式教学模式的课程资源建设，充分体现教育教学改革的特色和成果，符合职业院校技术技能型人才培养特色的需求。

（三）参勘躬行，从广处弘识

1. 专业智慧多参详，开阔视野促成长

胡玉娟名师培育工作室开展技能培训，行业大师应东章传授像形点心的制作，讲解

非常详细,示范很到位。大师通过不同的盛器与不同原料的装饰和点缀就展现不一样的分格,提高成品的档次。大师培训给学员带来意想不到的体验和收获,对专业教学能力的提升很有益处。

任玉芬德育名师培育工作室与李立红创业教育名师培育工作室联合开展培训。主讲贾老师从教师角色的转变,环境的转变,微课开发理念的转变、开发建设思路、制作方法等方面展开论述。让老师们大开眼界。此外,贾老师还耐心教大家怎么用好手机AP和“美摄”软件。微课制作的培训从教育技术上给老师们带来支持。任玉芬工作室还与廖敏工作室和袁晖江工作室联合开展“多元智能思维”的培训活动,学员理解了什么是多元智能,领悟到开发和挖掘学生的多元智能是教育教学的重要任务。

马桂秋汽车运用与维修名师培育工作室学员刘华锐、徐之力、俞杰赴英国参加了为期4周的IMI三级培训学习,回国之后交流研讨。国际上一直认可英国标准,培训重视过程考核。过程决定结果,细节决定成败。学员感受到了英国培训教师的谦虚礼貌、认真勤勉、时间观念。培训的过程也是理念冲突与碰撞的过程,

朱建柳汽车技术服务与营销名师培育工作室4名学员在导师安排下,参加了SGAVE项目机电教师培训。SGAVE项目为中德战略联盟共同开展职业教育人才培养项目。工作室积极搭建平台,丰富学员学习方式,学员们不仅提高了技能水平,取得了SGAVE考官证书,更拓宽了他们的国际视野。

颜苏勤心理健康教育名师培育工作室组织学员多次参加黄宗坚教授沙盘培训,在黄老师的示范和体验中,通过层层递进的共情和同理来接住个案的情绪,看到个案的渴望。再通过象征或者隐喻的力量让个案找到问题的解决方法。

案例四

沙游不是技术

——颜苏勤心理健康教育名师培育工作室学员刘琰沙盘培训心得

1. 沙游真的不是技术,而是为我们提供了一种视角! 沙游背后的荣格理论训练无疑是内功心法。

2. 沙游不是为了分析来访者,而是为了帮助来访自我觉察,感悟和自我成长。

3. 今天更深刻地理解了黄教授的理念,学习运用沙游,与其他任何咨询流派一样,需要扎实的咨询基本功训练作为倚仗,自己在这方面还需要多加努力。

4. 感谢两名合作的工作室小伙伴,一名内敛而如沐春风,一名洒脱而利落明快,她们与自己是不同的特质,吸引了我,也启发了我。

(颜苏勤心理健康教育名师培育工作室供稿)

2. 出得校园多勘查,进得企业勤实践

职业教育发展到今天,越来越多的有识之士意识到职业教育不能脱离社会、企业而

闭门独修，而是要多走出校园，走入社会。名师培育工作室搭建平台，借助丰富的资源，让学员更多地接触社会，深入企业，拓展了他们的视野，深化了学员的对企业岗位的认识和动手操作能力，进而反思和改进自己的教学。

孙建辉高星级酒店运行与管理名师培育工作室走访瑞金洲际大酒店，参观瑞金洲际大酒店的各个部门，了解该酒店的运营与管理情况、百年历史和洲际的品牌特色，访谈该酒店的人事部负责人，听取他讲述该酒店对未来员工的要求和专业教学建议。

李立红创业教育名师培育工作室本月度的主要活动围绕全国双创活动周的系列活动展开，学员们带领各自的学生观摩了为期 2 周的 2017 全国大众创业万众创新活动周的各项展示和路演活动等。

王冬丽药剂名师工作室高度重视学员企业实践活动，主持人不仅要求 3 名学员到企业进行 3～4 周的实践锻炼，为设置、构建与中职培养目标、国家职业等级标准相适应的专业课程体系做好市场调研，而且要及时总结，及时付诸教学改革与教学实践。

案例五

参观上海国际机床展，感受行业快速发展

2017 年上海国际机床展在新建的上海展览中心开幕了，作为“李文权数控技术名师培育工作室”的成员，我们在第一时刻冒雨来到会场。

一个小小的手机外壳，牵涉五轴加工、激光加工、工业机器人等高端领域，这些高科技设备如要用于教学实训，需要巨大的教育开支和极高的技能要求，很多学校无力购入。这样，我们的数控教学实训只能够停留在拼装线上，这始终是教师的心头痛。今年在展会上，我们和一家相关企业进来了探讨，欣喜地发现设备更高端，但相比较以往的价格，明显下降了很多，或许在不久以后这些设备就能进入我们的课堂，服务于学生。

本次展会，参展商提出了多种解决生产过程中质量不高、效率低下的方案，出现了车、铣、刨、磨、电火花和热处理等多种加工工艺数字化制造技术。我们还参加了智能化汽车大会，了解到智能电动汽车带来的不是软件革命，更是一场产业革命：新的底盘设计，更加高要求的安全设计，不是缝缝补补而是另起炉灶。

作为数控教师，有一些墨守成规。参观展会，让我们感受到行业快速发展的状况，开拓专业视野，启发我们去探索教学与行业快速发展同行的途径！

（李文权数控技术应用名师培育工作室供稿）

总之，装备中心在教委的领导、重视、支持下，不断加强对名师培育工作室的建设与管理，多措并举，多管齐下，使得名师培育工作有序、有质量地开展。各名师培育工作室借助积累丰富的资源，多维培育学员，他们在中职教育战线上已经成为一道亮丽的风景线！

三结合铸立名师之鼎　多格局共襄桃李之教

——上海市中等职业教育名师培育工作室工作专报(十四)

上海市教委教育技术装备中心

2017年10月,在教委的领导支持下,在装备中心的管理协调下,47个上海市中等职业教育名师培育工作室(以下简称"名师培育工作室")继续充分发挥市级名师及学科带头人的专业引领作用,优化各种资源,努力让优秀学员脱颖而出。如果说名师是一只鼎,那么教学、科研和写作就是鼎之三足,三者缺一不可。各工作室支持和鼓励学员开设公开课、参与各种形式的听课评课和教学比赛活动,加强科研,开展考察调研、培训学习、学术交流和专家讲座等活动,形成多方位的名师培育格局。

一、铸立名师之鼎:教育教学、科研开发与著书立说三足结合

(一) 教育教学,从技术走向艺术

1. 市级公开课引领,着力提升课堂教学能力

课堂教学是教师的基本功,名师必须具有卓越的教学才能和良好的教学效果。教学本领只有在课堂教学实践中才能够真正学到。名师培育工作室重视学员教学能力的提升,努力使他们的教学从技术走向艺术。工作室纷纷帮助学员打磨课堂基础,开设市级公开课,培育学员成为精于教学的能手,起到了示范引领的作用。

王鸿食品生物工艺名师培育工作室学员薛丽芝、龚漱玉在市级公开课上,首次尝试运用网络直播技术,即使未能到会的老师也可以通过手机微信直播方式进行观课和评课,对于提升教研活动的时效性和打破时空限制具有很好的借鉴意义。2名开课老师扎实深厚的教学基本功,大气自然的教学风格,广博的知识,驾驭、调控课堂的能力,亲切大方的教态,灵活的教学机制,独到智慧的教学设计,富有艺术性的课堂,给人留下了深刻的印象和多方面的启迪。参与活动的兄弟学校的食品专业教师、医药中心组专家、教研室教研员等,给予广泛好评和针对性建议。

黄斌华网络技术名师培育工作室组织了学员饶文老师的一堂信息安全的市级公开课,以往网络安全课程较为抽象及不可见,这堂公开课不同,利用攻防平台显性地呈现

学生进行攻击的过程与状态，让学生在安全任务中转换不同角色，从而更直观也更有兴趣完成任务；也是工作室努力尝试用不同手段进行授课的呈现。说课、评课中，大家头脑风暴，形成了一次生动而有碰撞的同课异构。

王冬丽药剂名师培育工作室学员李剑锋开设“氢氧化钠滴定液的标定”主题公开课。内容选取遵循“需用为准、够用为度、实用为先”的原则，使课程内容更符合专业培养目标。与会者在高度肯定李老师课程设计和信息化教学手段的同时，也对课程时间把控、任务流程安排给予了诚恳的建议，整场评课环节气氛热烈，分享共识，形成共鸣。

王培坚数字影音名师培育工作开展了公开课活动。学员高嬿充分利用网络平台，从叙事流畅、动作逼真、艺术夸张三个维度层层深入地进行教学。采用小组合作探究的学习模式，学生自主发现问题，小组讨论找到解决问题的途径。本次活动基于听课、说课和评课形式，给参与活动的专业教师深刻的启迪。

2017 年 10 月，共有 14 个工作室相继开展学员公开课及磨课活动。名师培育工作室的系列公开课为全市相关专业的教师带来了先进的教学理念，起到了示范辐射作用，活跃了上海中职教育的教研氛围。

案例一

技能引领学做一体

——记谢富敏国际商务名师培育工作室市级展示课暨专业建设经验交流会

为了发挥优秀骨干教师的示范引领作用，同时促进校际协作交流，提高广大教师的课堂教学水平和教学质量，10 月 19 日下午，工作室开展了学员彭宏春“叉车驾驶作业”物流公开课活动。上海市教委教研室领导、同济大学职教专家、中高职贯通物流专业联合教研组全体成员、上海市物流中心组全体成员、兄弟学校物流专业教师代表及谢富敏名师及工作室全体成员共 35 人参加了观摩活动。

彭老师在学生操作环节采用分组教学方式，学生逐一进行操作，教师从旁适当引导，真正的做学一体。在达成“将叉车开到指定位置并完成装货和卸货任务”方面，70%学生能够很精准很规范地完成。30%的学生能够基本完成，还需进一步训练达到精准。这是一堂比较震撼的课程。

课后，各位专家和老师分别做了详细点评。大家一致认为该实训课程教学规范，效果明显，课程组织灵活，践行学做一体，增强了学生实际操作能力，促进学生就业。另外，专家在教学环节和设计方面也给出建议，希望增加学生互评环节。学生人数偏多，练习时间偏少等。

学员彭老师所在学校校长张宏旭表示，本课一开始进行学生安全宣誓，是一大亮点，符合企业生产的最根本原则。上海市教委教研室领导认为要发展物流专业需要抓落实，抓专业建设就要抓课堂教学，将理念落地于教学，才能切实将专业做大、做强、做特。在课堂教学中，要将学生作为主体，培养学生的实践技能和职业素养。不断探索培

养模式上的创新，对现代学徒制、双证融通和学分银行方面取得的经验要总结、提炼和推广，真正提高学生素质，使学生成为企业所需要的人才。

本次活动展现工作室学员的教学风采，提高教师课堂教学水平和授课技能，加强了物流专业建设的交流，具有积极的引领作用。

（谢富敏国际贸易名师培育工作室供稿）

2. 以赛促教，用大赛经验反哺日常教学

教学技能大赛是教学水平的试金石。以赛促教，鞭策教师不断学习，与时俱进，是很多名师培育工作室参赛的初衷。

名师培育工作室积极参赛，斩获大奖。金莉萍电子商务名师培育工作室成员指导学生参加第二届“奥派杯”全国移动商务技能竞赛上海市选拔赛。经过激烈的角逐，在参赛的 26 支上海市中高职院校队伍中，导师金莉萍和学员夏冬英指导的两支参赛队伍分获上海市中职组第一名、第二名，并包揽了所有单项奖，两名教师同时获得了“优秀指导教师”称号；学员徐春凌老师指导的学生团队获得上海市中职组第三名。本次竞赛成绩，充分展示了工作室的业务水平及建设成果。

陈珺烹饪名师培育工作室主持人陈珺以及学员朱莉全程参与了上海　年　度的“中华杯”教师职业技能大赛，大赛设 3 个比赛项目，他们负责两个项目的策划与统筹工作。学员彭艳妮老师与王晓琳老师参加了第五届上海市“中华杯”教师职业技能竞赛，竞争激烈，但她们经过努力，分获金、银奖。她们取得的成绩与工作室培育密不可分，在今后的教学中将更自信，更有底气。

名师工作室关注大赛要求，解读与实践同步。孙建辉高星级酒店运行与管理名师培育工作室邀请世界技能大赛西餐服务项目评委解读比赛选手选拔要求、训练的技巧、评分细则以及区级、市级、全国、世界技能大赛的异同，使学员们进一步明确了今后大赛辅导的方向。

李关华、张帆两个电子技术名师培育工作室联合举行世界技能大赛电子技术项目的研讨交流活动。李老师着重介绍了世界技能大赛电子技术项目比赛的历年比赛情况、试题及其难度分析等内容。在他带领下，所有学员组装并调试电路板，完成第 43 届世界技能大赛电子技术项目题目中电子元件的焊接、组装和调试。活动中，学员们既切磋理论，又动手操作，效果很好。

案例二

大赛引领数控技能人才培养

——记上海市数控技术应用名师培育工作室联合教研活动

为充分发挥上海市名师培育工作室的辐射和引领作用，10 月 27 日下午，在上海市高级技工学校，万军、卢红、张斌、李文权领衔的 4 个数控技术应用名师培育工作室联合

举办了市级联合教研活动。邀请第44届世界技能大赛数控车项目中国技术指导专家组组长、北京航空航天大学宋放之教授以及上海第二工业大学杨荣祥举办讲座。

宋放之教授介绍了世界技能大赛、教育部全国职业院校中职组数控项目大赛、全国数控技能大赛数控车项目,详细解读了世界技能大赛数控车项目技术标准要求、评委赋分过程、大赛带来的变化和影响,并对大赛未来发展方向做了展望。

杨荣祥教授主要讲解了模具比赛与数控技能的一个联系,要想在模具技能大赛中拿奖,是离不开数控技能人才的培养,两者缺一不可。杨教授以模具专业为切入点,介绍了职业院校对人才培养模式改革方向的探索,促进职业院校不断改革完善教学模式和教学方法,以大赛为导向展开新的人才培养模式的改革,为企业提供急需的各类专业人才。

通过两位教授的讲解,与会教师们对世赛比赛规则、技术要求有了清晰的把握,对于今后教育教学与世赛的对接有了自己的思考,同时大家都感受到,中国职业教育正以令世界瞩目的速度和姿态,走向世界职业教育的舞台。中国职教教师的技能水平,以及学生对于职业技能的兴趣,已经受到各级各类大赛的感染和激发,有了很大提升。今后在教学中要崇尚职业技能,以培养出社会需要的高技能人才。

(李文权数控技术名师培育工作室供稿)

(二)科研开发,从平凡走向卓越

1. 谋变革,勇创新,专利成果丰硕

教师是教育教学的实施者,也是开拓者。名师培育工作室是精英强强组合,他们借助工作室平台,大大激发、融合了彼此的聪明才智和创新热情,敢为人先,勇于创新改革,破解教育难题。目前3个工作室均有专利在手。

王伟旗网络技术(物联网技术应用方向)名师培育工作室研发了物联网多功能教学演示仪(专利号是ZL201620167221.2),破解了物联网教学缺乏操作、演示设备的难题,如今工作室正逐步将科研成果转化成有效教学资源。专利设备已更新至第四代,越来越完善,相应的实训手册也陆续编写完成。为更好地检验开发的教材、实训设备的实用性,工作室按计划先在学员学校进行试讲,全体学员在主持人的带领下集体备课、讨论,针对重点题进行讲解,对出现的问题进行解决和完善,并为接下去的学员市级公开课做准备。

张斌数控技术名师培育工作室开拓创新,专利先行。为检验在工作室成员在科研方面的培训成果,他们研发了多功能教具——变速齿轮箱智能测试系统,申报了国家专利,已获专利局受理。整个系统由调速齿轮箱、传感器、数据采集器及系统软件组成。专利设备重量轻、结构简单,适用于机械基础专业课教学。后续还将在教学教具公司工程师指导下不断完善了专利的结构和加工方案。

2. 教育科研，团队共进强强联合

教师是研究者。各名师培育工作室奉行“在工作中研究，在研究中工作”的理念，指导学员加强反思、总结，研教一体。

宋利明名师工作室引导学员勤于反思。开展课题报告、论文撰写交流会议，学员交流撰写课题论文的心得体会，导师点评，在反思中提高，在解决实践问题中去验证，在实践中不断提高自己的学术水平。

洪李萍会计名师培育工作室开展个性化辅导活动。学员陆炜渊《基于财务人工智能转型视阈下的基础会计课程改革》论文，将自己在基础会计课程中的教学改革实践以论文的形式进行了提炼和归纳，将会计课程教学改革与财务人工智能转型紧密结合，与时代合拍，洪李萍导师在内容阐述、概念界定、逻辑层次等方面进行指导，同时，洪老师深有感触地说：“指导的过程也是学习的过程，有些新观念确实需要向年轻教师学习。”正所谓“教学相长”，导师和学员一起成长。

周红机电技术应用名师培育工作室与企业专家交流，探讨企业生产技术发展应用情况，优化“机械分系统”“电工电子技术”“电气系统安装与调试”等专业课程标准，根据企业岗位需求，对课程标准中“技能与学习水平”“知识与学习水平”的内容进行了微调补充；针对职业能力标准提出合理的修订建议，体现出不同的知识水平、技能水平，同时融入职业素养、提升人才培养质量等要求。学员对专业课程教学内容也有了更全面的了解，对专业核心课程体系和专业培养目标更清晰，有效提升了对专业人才培养的把控能力。

(三) 著书立说，从内省走向分享

学术专著和独立建构的理论体系是名师的重要标志。为此，工作室主持人通过著书立说，注重培养自己和学员的教育思想、教学风格和教学方法，力求从内省走向分享。

“以业定教”是职业教育教学专项研究名师培育工作室主持人陈明宏的一贯教学理念和教学主张。他以此为主线，不仅开展课题研究与实验，而且通过工作室合力编写教材的方式进行推广和辐射。目前编写的教材第一稿已完成，内容安排突破了传统教材的编写模式，按照行业导向的结构设置，按照企业的需要和职业要求设定，是一本真正意义上的“以业定教”的课程开发。

“幸福教育”项目倾注了袁晖江德育(科研)名师培育工作室的大量心血，在前期各方调研的基础上，经专家问诊把脉，工作室分工编写《幸福教育教程》，突显工匠精神、时代特色和文化内涵。他们不断从各方汲取研究成果，通过参加由上海交通大学医学院主办的第二届科学与幸福研讨会，聆听国内外专家学者探讨幸福与科学的关系等论坛报告，不断拓宽幸福教育视野，深入幸福教育项目的课程研讨，将幸福教育项目推进到课程宣讲新阶段。

“手脑并用，理实一体”是王伟旗计算机网络技术名师培育工作室素来奉行的准则。

他们不仅研发了物联网教学演示仪，而且编撰实训教材，为工作室成果的推广、发明专利教学资源化奠定了基础。

职业素养决定职业高度。廖敏职业生涯规划名师培育工作室召开《职业素养读本》教材校对审核会议。学员互相审核检查，章节格式、内容素材、语言精练等逐一检查校对。然后，审核后的稿子再次交给总负责人进行校对检查。学员感悟到了做事需严谨、认真的道理，在导师带领下一遍一遍、一字一句地精雕细琢。教材编写、自检和审核的过程也是对读本认识逐级深入的过程。

案例三

开展教材复审　助推专业成长

——记上海市中职朱玉萍工程造价名师培育工作室专题研讨

10月19日，朱玉萍工程造价名师培育工作室在上海市城市科技学校8号楼底楼会议室开展了教材复审专题研讨活动，活动由朱玉萍老师主持，工作室学员悉数出席。

本次活动的主要内容是朱玉萍老师带领全体学员进一步开展工作室合编教材《工程造价清单计量综合实训》的复审工作，从而进一步确保出版教材的专业质量。目前《工程造价清单计量综合实训》教材已完成初稿，共计204页。设计了12个项目26个学习任务，全书以项目、任务为载体有序推进课堂教学，希望通过知识准备、任务实施、任务拓展、能力训练4个环节层层递进，帮助学生在常规造价课程学习的基础上，进一步提高建筑工程工程量清单编制能力。

教材中“老年之家”工程项目初稿中共计列项106项，经复审后，优化到100项，其中分部分项工程量清单项目71项，措施项目29项。同时对应工程列项的优化与复核，同步优化完善了工程施工说明，最终定稿。针对出版教材，朱玉萍老师要求团队每名学员进一步结合优化的工程列项与施工说明，对应修改教材中涉及的相关内容，尤其是对教材中的图片作了统一要求。

“共性＋个性”是朱玉萍老师为工程造价名师培育工作的工作思路，全体学员在每一次的活动中收益。共性任务《工程造价清单计量综合实训》教材编制，不仅记录了每名学员的付出，也见证了大家的精彩收获。立足课堂，聚焦学生，聚焦课程，聚焦课改，聚焦教法，做教学改革的先行者。我们正在路上！

（朱玉萍工程造价名师培育工作室黄鸽撰稿）

二、共襄桃李之教：考察调研、培训学习与专家讲座多格局并行

（一）走出校门，结合专业体验社会

教育不可能脱离社会、脱离现实生活进行。蒋黎文名师培育工作室在东华大学实

训室专题调研实训室信息化建设，并到世贸调研了今年的流行色和了解手工布艺的合作方向。通过市场调研，深入了解专业建设方向，为学员今后的自我发展打好基础。

周红机电技术应用名师培育工作室观摩在南京举办的2017(第二届)Education+世界职业教育大会暨展览会。本次展览会集国际峰会、产教融合论坛、德国专家教师研修和行业展览于一体，200余家企业参展与50多所职业院校共同展示了职业教育行业与院校的建设成果。观摩中，学员们将重点落在智能制造重点领域企业，关注工程机械实训装备供应商、教育信息化产品集成商等展示的教学实训设备，阅读教材出版社印刷的教材，细致了解企业在气动、电子、液压、机电一体化等各专业技能的掌握程度，聆听了国际职业教育的实践经验，领略与感受世界职业教育同行的职业热情，也接触感知行业及技术的最新动向，为每个人职业发展带来更多的思考与启示。

案例四

重在体验　贵在创新

——裘燕南金融名师培育工作室考察国泰君安证券投资者教育基地侧记

10月12日，裘燕南金融培育名师工作室与兄弟院校融系专业老师一行来到国泰君安证券投资者教育基地进行参观考察。

在投资者接待区，老师们在留言设备上“手写”签到，兴致勃勃地和智能机器人“聊天”，快速了解投教基地的基本情况；在证券历史和现在展示区，老师们从人、物、事、法4个维度，了解了证券市场发展历程、标志性人物与历史事件；在未来展示区，借助先进的网络视频技术，老师们通过智能柜员机与后台人员进行“面对面”沟通，结合机器人客服、机器人投顾功能，老师们切身感受到方便快捷地自助办理业务以及全方位的服务，并了解了证券市场未来的发展前景；在互动交流区，专区配置了4台触摸屏交互设备，借助视频、图片、文字等手段，老师们逐步认识了解证券市场基础知识、投资理念和方法、风险防范方法和手段；在互动体验区，专区配置了一台体感互动游戏设备，老师们在游戏中轻松愉悦地掌握知识、了解风险，同时还可分享体验；在模拟交易区，老师们在模拟环境中丰富交易体验，并通过实战演练提升金融知识水平和实践技能，感受投资带来的乐趣；在风险警示区，专区以展板的形式，告知投资者非法证券活动的特征、反洗钱知识、防范非法证券活动等典型案例，老师们深刻认识到投资者应时刻敬畏风险、保持警惕意识。

之后，国泰君安负责人与老师们进行了深入交流。裘燕南导师提出，希望能与基地进行长期深入合作，组织学生来基地参观学习，通过基地邀请国泰君安证券中心的一线从业人员开设针对性讲座，以及开展学生至基地进行一系列深度的志愿者服务等。负责人刘宗昕表示十分欢迎，他坦言投教基地目前主要面向高中生、大学生和老年人群体，而在学生群体中他们更乐意向中职生开放参观，对于金融专业的中职生来说，他们已经学习了相应的金融理论知识，更是投教基地欢迎的对象。他还向每名老师推荐了

“牛人牛股”模拟炒股软件，让仅在区域发挥效力的投教经验可以扩展到全国范围，通过线上线下联动的方式扩大投资者教育活动的受力面，以几何速度提高投教工作效率。

此次参观考察活动给老师们带来了全新的体验，开拓了教师尝试证券课程互联网教学的新思路，这必然激发学生从理论到实践学习证券课程的热情。

（裘燕南金融名师培育工作室供稿）

（二）培训研讨，关注专业前沿，反思教学促提高

冯国群旅游服务与管理名师培育工作室组织学员参加上海市旅游局主办的“定制旅游”专题培训。学习定制旅游品牌塑造与人才培养、中国特色的定制游发展之路、旅游突发事件与应急管理、黄浦江水岸旅游新看点等内容，意识到“定制旅游”将成为行业的新领域，这次培训为工作室修订教学标准时增加“定制旅游”的内容，提供了很好的参考。

论坛是智慧的碰撞，常给人带来国际的视角和专业的启迪。张桂芳烹饪名师培育工作室参加第三届中国酒店及餐饮业职业教育国际论坛，报告围绕“凝聚职教共识培育餐饮人才”主题，从行业发展、职教之路、国际合作等层面，具体阐述国际化视野下的餐饮（酒店）职业教育发展现状、供给侧改革背景下的人才培养模式创新、新形势下职业院校转型升级的问题与对策、现代餐饮职业教育体系构建与中高职、本科专业的有效衔接以及职业教育中外合作的创新实践与探索等内容，使人深受启迪。

李立红创业教育名师培育工作室参加了第四届财经风云榜暨上海国际金融投资高峰论坛，聆听新加坡资博市场发展现状及未来前景、外汇供应商如何在中国市场实现本土化、区块链引领 AI 世界的到来、新全球格局下的汇市投资机会、跟单系统对于 IB 开展业务的核心价值等报告讲座，共同学习和研讨平时不容易接触到的双创教育更深层次领域的知识。

案例五

通过麦忒听世界早教的声音

——宋彩虹学前教育名师培育工作室活动感悟

10 月 15 日，宋彩虹学前教育名师培育工作室全体成员再次汇聚一堂，参加 2017 年麦忒第三届 0～3 岁婴幼儿早期教养国际高峰论坛会议。

这次会议采用同声翻译，在会场外面还展示了麦忒教育自己研发的每月课程和相应的绘本，看着这些展示就能感到麦忒做事情很用心。这次会议嘉宾知名度都非常大，报告理念非常前沿。研讨会围绕“把握教养真谛，方能赢得未来”这一主题展开，面向我国 0～3 岁儿童教育蓬勃发展的趋势，以主旨报告、热点对话、论坛研讨、经验分享等形式，汇聚国内外诸多学前教育及相关领域精英，关注早期儿童教育创新与发展的理论和实践成果；倾听世界的声音，探索早期儿童教育的核心及创新发展；特别是展现麦忒教

育科技有限公司近些年来以研究为导向，为社会提供的优质早期教育服务系统。薛烨教授的《隔山望海：中美早期教育的政策和发展》对中美两国早期教育进行了比较；严仲连教授的《早期教育的现状与趋势：社区将是早期教育未来发展的“落脚点”》提出了互助应该是早教工作的新形式，他认为早教要建立保基本、有质量、广覆盖、多元供给、多元参与的服务体系。约瑟夫·托宾教授在《人类学视角下的0～3岁儿童保育与教育》中提出了混龄教育的积极作用。榊原洋一教授等都在报告中提及了情感交流的重要性。琳达·鲍艾、黎诗佳等从科技的层面介绍了早教的未来走向，让我们对面向人工智能时代的早期教育有了更新的理解和感悟。

精彩的报告、翔实的内容、跨国界的交流，让我大开眼界。同时也深刻领悟了麦忒的理念之先进，一群麦忒人正在用心做着事情，他们不是为了自己，是为了中国的孩子，他们要孩子们都有平等的教育，他们肩负着责任，这些精神更是我应该学习的。

（宋彩虹学前教育名师培育工作室学员游鹂撰稿）

(三) 分享专家智慧，专注课堂实践

专家引领是名师成长过程中的必不可少的要素。工作室更是通过参加各种各样不同级别的学术研讨会的方式，来获得向专家学习取经的机会，使学员体验到“站在巨人的肩膀上”的内涵和意蕴。

谢永业英语名师培育工作室邀请上海市教科院研究员董奇老师举办讲座。董老师从什么是文献、文献怎么用、文献怎么找三个方面进行了详细的讲解。听了董老师的报告，学员们收获很大，纷纷提出了自己在科研上碰到的困惑并向董老师请教，董老师耐心回答了大家的问题，给予了大家很大的启发。

任玉芬德育名师培育工作室本月邀请专家开设了两次讲座。一次是引导学员怎样撰写德育论文，强调职校教师论文的多重积累与跨界融通，不要只是一个教书匠，要有自己的独创性、科学性和原理性；一次是“如何上好一堂主题教育课”，重点讲解了怎样组织主题教育中的准备阶段。从活动主题的提炼、活动内容的选定、活动形式的更新及其注意要点展开，为学员提供了丰富精彩的优秀视频案例。小中见大，以学生发展为本，学员们啧啧称赞，纷纷感慨。

王忠园林园艺名师培育工作室邀请园林专家举行了“草坪的建植与养护技术”和“我国花卉行业现状分析与国外先进生产方式比较后的反思”讲座。草坪方面的知识一直是园林园艺专业老师的短板，听了企业专家的讲座，对学员们完善知识结构有积极的意义；在讲座中，学员们第一次看到发达国家园艺生产的现场视频，国外发达的技术，物联网、智能化在园艺生产上得到了广泛的应用，令学员们感到震撼。

苏巍体育名师培育工作室共同聆听了专家们，了解体育的安全教育、上海体育课改的系列化设计和实施、美国体育课程标准和设置、日本的快乐体育等知识，拓展了学员们的视野，激发深层思考，增强了“健康第一、终身体育”的学生体育教育观。

综上可见，名师培育工作室活动丰富多彩，形式多样，可谓是“八仙过海，各显其能”。所有成员同伴共振，在活动中共同成长。他们勇于开拓创新，勇于钻研求索，努力把握社会发展和职教改革的主旋律，使自己能走在上海中职教育教学改革的前列，成为时代的“弄潮儿”。

汇报交流　达成共识　形成合力

——上海市中等职业教育名师培育工作室主持人向学校校长汇报工作专报(十五)

上海市教委教育技术装备中心

自2016年上海市中等职业教育名师培育工作室名师培育工作室开展以来，上海市各中职学校给予大力支持，殷切期待。为了进一步达成共识，形成育人合力，应校长要求，在装备中心的统筹安排下，组织开展了工作室主持人向学校校长的汇报活动。

一、基本情况

上海市中等职业教育名师培育工作室共有47个，分布28所学校，根据专业大类相近原则，成立5个协作组，搭建相互交流、资源共享、协助互助、共同提高的平台。

汇报活动以协作组为单位，先后向20余所中职校的校长汇报，校长出席30余人次。主持人采用PPT、微视频等形式进行汇报，图文并茂，重点突出，主线清晰，围绕两年工作室主要工作理念、做法、取得的初步成效及思考。

(一) 有理念

名师培育工作室主持人根据装备中心提出的梳理需求、聚集发展、整合资源、搭建平台、促进成长的要求，结合工作室和学员实际，带教工作有思想，有理念，特色鲜明。

王培坚数字影音名师培育工作室以“一切为了学员”为培育理念，从师德、认知、教法三个维度去培育学员。

陈明宏职业教育教学专项研究名师培育工作室以“因材施教，各得其所”为培养目标，促进学员“人人担当、广泛学习、埋头科研、促进实效”。

朱玉萍工业与民用建筑/建筑预算名师培育工作室以“共性+个性”为工作思路，既从名师素养上全面培养，又注重学员个体差异及个性化需求。

黄斌华计算机网络技术名师培育工作室以“乐知·乐行·乐思·乐享”的理念，全面提升学员的职业素养和专业能力。

不仅工作室有理念，协作组层面也能跨界融合，互相借鉴。第四协作组在组长董文良带领下，所属9个工作室积极探索信息化时代教育教学改革，丰富教学手段，提升教学效果。

（二）有做法

名师培育工作室结合工作室主持人自身优势，以及能够整合的专家资源、社会资源、企业资源等，可谓是“八仙过海，各显神通”，既有共性的聚焦课堂的教学法研究与实践，也有专业研究等特色活动。

颜苏勤心理健康名师培育工作室组织主持人、主持人学校校长、学员、学员学校校长四方参与的带教培育签约仪式，为学员争取学校最大程度的支持，形成育人合力。

姚圣煊焙烤食品名师培育工作室多次开展“大师进课堂”活动，借助知名企业专家，学习企业最前沿最先进的技术，培养学员动手操作能力，开拓了学员的视野，使学校教育与企业用工需求较好地衔接。

王冬丽药剂名师培育工作室依据带教方案有针对性地开展活动70余次，其中技能提升活动12次，调研学习8次，示范课展示与观摩13次，交流汇报10次，每人深入企业实践至少35天，学员学习心得35篇。

同时，协作组层面也有形式多样的活动。在组长的组织协调下，开展联合活动，加强交流学习，互相借鉴，开阔视野。

第一协作组有4个数控技术名师培育工作室，4个机电技术应用名师培育工作室及3个汽车类名师培育工作室，他们资源共享，多次共同组织教研，与学科中心组、兄弟院校联合活动，起到了很好的示范辐射效应。

第二协作组信息技术类6个名师培育工作室，在两年中，协作组集体活动共有10余次，有名师素养研讨，有企业考察调研活动，有专业前沿科技的培训学习，实现了共建平台，资源共享。

第三协作组结合专业特点，针对全体学员，组织开展了集体说课比赛、公开课展示交流、专家讲座等系列活动。

第四协作组把信息化背景下的教学改革作为协作组整体教研方向，与时俱进，积极探索新时代课堂教学模式。

第五协作组专业众多，涉及职教研究、英语、德育、体育、创业教育、学前教育等，协作组以“共享・跨界・融合”为理念，开展了参观考察、跨省交流等活动，每个工作室的特色活动都会邀请其他工作室，形成了浓厚的协作组交流氛围。

（三）有成效

1. 搭台铺路，反思研究见成效

各工作室聚焦课堂教学，两年里不断地组织学员开展课堂教学的研讨，并通过开展市级公开课发挥示范辐射作用。47个工作室先后组织学员开展市级公开课，活跃了中

职教育教学研讨与交流的氛围，获得了参加听课评课的各方人士的好评。

洪李萍会计名师培育工作室组织学员和广东、江苏、安徽等外省市兄弟院校教师开展“同课异构”活动，通过比较提升教学设计水平。

陈志红国际商务名师培育工作室开展“项目教学”系列活动，从理论学习到课堂教学实践，探索完善有效的专业课程教学模式。

名师培育工作室不仅聚焦课堂，还努力提升学员的教科研水平。章晓兰材料/环保名师培育工作室主持人章晓兰老师是材料工程专业的博士，充分发挥科研优势，根据学员需求，开展系列课题申报、研究及论文撰写的辅导研讨活动，工作室3名学员，两年来已公开发表论文6篇，另有2篇已被收录。

陈明宏职业教育教学专项研究名师培育工作室围绕“以业定教”的教学主张，合力完成了三个“一”的研究工作——一个课题，一项实验，一本教材。

袁晖江德育(科研)名师培育工作室开展“幸福教育”项目系列研究活动，在向教师、学生、家长、企业及其他相关人士问卷调研和网络广泛调研基础上，工作室不断从各方汲取研究成果，跨界交流，聆听国内外专家学者探讨幸福与科学的关系等报告，不断拓宽幸福教育视野。经专家问诊把脉，工作室分工编写《幸福教育教程》，突显工匠精神、时代特色和文化内涵。

洪李萍会计名师培育工作室联合市财经中心组及教学专家，修订了上海市中职会计专业教学标准和18个课程标准，使会计教学更符合当前企业要求。

王冬丽药剂名师培育工作室主持人王冬丽是全国食药行指委职业标准体系建设委员会秘书长，她发挥个人资源优势，积极搭建平台，带领学员参加教育部组织的国家职业标准制(修)订及药剂、药品营销资源库建设，提升学员教科研能力。

2. 师徒共进，各类大赛展风采

汇报中，各工作室主持人纷纷介绍了积极组织、指导学员参加各类比赛、以赛促教情况。很多学员在工作室培育中不断突破自己，斩获大奖。

上海城建(园林)学校李双全老师，是王忠园林园艺名师培育工作室的学员，他原本对专业竞赛内容和技能要求比较懵懂，进入工作室以前，2015年指导学生参加第六届星光计划技能大赛一无所获。在参加王忠园林园艺名师培育工作室之后，不断汲取了导师和其他学员的带赛经验，2016年5月指导两个学生团队参加中国技能大赛——第44届世赛上海市选拔赛园艺项目，分获第三名、第四名，李老师个人获得‘优秀指导教师’称号；2016年9月指导学生组合获第44届世赛园艺项目全国选拔赛第六名；2017年5月指导学生参加第七届上海市星光大赛花艺项目包揽前四名；2017年5月指导蒋孟良参加国家林业局举办的全国林业院校技能竞赛艺术插花项目比赛，获得二等奖；2017年6月李老师作为教练组成员之一指导蒋孟良同学参加中国国际技能大赛获得金牌；2017年作为中国教练指导潘沈涵同学参加第44届世赛花艺项目选拔赛获得中国队正式选手资格，并于2017年10月在阿联酋阿布扎比举行的第44届世赛花艺项目的比赛中获得金牌。成绩意味着不断借鉴和超越自我，这一路走来，名师培育工作室都是李老师坚强的后盾，工作室导师和同伴给予李老师的指导和帮助令他感念不已。

金莉萍电子商务名师培育工作室成员学生参加第二届“奥派杯”全国移动商务技能竞赛上海市选拔赛。经过激烈的角逐，在参赛的 26 支上海市中高职院校队伍中，导师金莉萍和学员夏冬英指导的两支参赛队伍分获上海市中职组第一名、第二名，并包揽了所有单项奖，两名教师同时获得了“优秀指导教师”称号；学员徐春凌老师指导的学生团队获得上海市中职组第三名。本次竞赛成绩，充分展示了工作室的业务水平及建设成果。

陈珺烹饪名师培育工作室主持人陈珺以及学员朱莉全程参与了上海一年一度的“中华杯”教师职业技能大赛，大赛设 3 个比赛项目，他们负责两个项目的策划与统筹工作。学员彭艳妮老师与王晓琳老师参加了第五届上海市“中华杯”教师职业技能竞赛，竞争激烈，但她们经过努力，分获金、银奖。她们取得的成绩与工作室培育密不可分，在今后的教学中将更自信，更有底气。

诚如主持人汇报中所说的，名师培育工作室佳音频传，收获颇丰。据装备中心不完全统计，工作室成立后至 2017 年 9 月，区级及以上获奖（荣誉）共 587 项，具体见表 1。

表 1　2016—2017 年工作室获奖情况统计

（截至 2017 年 9 月 8 日）

工作室成员	人数	区级/集团	市级	国家级及以上	获奖合计
主持人	47	17	65	39	121
学员	176	88	291	87	466
合计	223	105	356	152	587

3. 革新创造，发明专利成果丰

在名师培育过程中，积极引导和培育学员，在创新、创造方面有所突破。

物联网是个新兴事物，王伟旗计算机网络技术名师培育工作室为了破解实训教学难以开展的难题，全体学员在主持人王伟旗的带领下，与企业合作，手脑并用，研发了物联网多功能演示仪，获得了国家专利（专利号是 ZL201620167221.2），应用于实训教学，彻底转变了实训教学针对性不强的困境。工作室还配合编写了实训教材，便于专利设备的推广和教学应用。

李关华电子技术名师培育工作室主持人发明了多功能升降实验台（专利号是 ZL201620332634.1），以满足实验过程对实验台的不同需求，具有结构简单、教学方便，不仅提高了实验台的功效，而且还能对仪器等设备保护的作用，起到一台多用的功能。另外，还有工业机器人基础教学工作站、工业机器人教学综合应用教工作站等 6 个专利

项目申请，已获受理。

张斌数控技术名师培育工作室开拓创新，专利先行。为检验工作室成员在科研方面的培训成果，他们研发了多功能教具——变速齿轮箱智能测试系统，申报了国家专利，已获专利局受理。

洪李萍会计名师培育工作室团队，聚焦“基础会计”，进行大胆尝试和创新，根据教学需要，联合开发教学沙盘，发明了会计借贷记账教学教具、会计要素认知教学教具、会计等式和会计科目认知教学教具、企业经济活动认知教学教具等 4 项教学沙盘实用新型专利。

二、活动成效

通过主持人向学校校长工作汇报，达到信息沟通、相互配合、深入推进的成效。

（一）校长们对工作室工作有了全面了解，给予充分肯定

借此活动，各工作室主持人对自己的两年来的带教工作的理念、做法、取得成效等方面进行了全面地梳理，既向校长做了全面汇报，也为迎接 2017 年年底的结业考核做好了初步的准备。

每次汇报结束，校长们纷纷发表感言。作为学校领导，他们对主持人的工作及工作精神有了比较全面地了解，并给予高度的肯定和赞扬。

上海城市科技学校张巨浪校长表达了对主持人的敬佩，他说，名师培育工作室以共享、融合、跨界为理念，体现了高端引领，并且辐射了新进教师规范化培训，辐射了行业、企业、专业的融合，提升了成员的眼界，工作室工作体现三个“实”：一是目标很实，相比培养方案，基本达到培育目标，可能超过预期；二是措施很实，聚焦课堂，大量的公开课研讨、观摩活动，切实提升教师教学水平；三是效果很实，带领学员走向了更高的舞台，我们学校也有几名学员，他们工作热情很高，积极性强。

上海科技管理学校王玉章校长盛赞各工作室成果丰硕，他说：“名师培育工作室打造了一个好平台，提供了一种新的师傅带徒弟的培养模式，造就了一批模范人物，培育了一批未来名师。”

上海市宝山职业技术学校薛和兴校长表示：“以前对主持人工作关注不够，对不起大家！学校发展靠教师，有一批好教师，校长很放心。各项评比、专业建设都不成问题。”

上海市群益职业技术学校冯立竹副校长说：“主持人工作有特点，结合专业特点开展工作，有计划，有特色，有成效。市教委拱建了一个很好的平台，让更多的教师成长，‘抱团取暖’是很多主持人的做法，体现了协作组和工作室团队的力量。工作室是一个个学习共同体，主持人也在成长。名师引领，学员受益，最终学校受益。我很钦佩主持人，付出了很大的努力和艰辛。以前虽然知道这个项目，没有了解得这么深入、这么

全面。”

(二)校长们表示将大力支持和推进名师培育工作室的工作

校长们一致表示,感动于主持人的默默奉献、无私帮带,名师培育工作室项目意义重大,一定从学校层面大力支持,希望教委要继续开展。

上海信息技学校陈强校长肯定了主持人的无私担当之后,表示了对项目的支持:“学校的资源毕竟有限,教委拱建平台,调动市级优秀资源来培育未来名师,硕果累累。人的成长的确需要平台,名师培育工作室给个人成长提供了一个方向。我们学校已为4个名师培育工作室准备好了‘房子’,提供专用活动场所,只等教委挂牌了。”

上海市浦东外事服务学校(东辉职校)陈耀校长说:“工作室主持人工作做得比较全面,有责任心,注意发挥团队的力量,希望名师培育工作室能够继续突破学校界限,能够多多帮忙学校指导专业建设;学校也以李立红创业教育名师培育工作室和任玉芬德育工作室为班底,成立学生体验中心。他们不是因为我支持才优秀,而是他们优秀了,我才支持,我这是被动支持。”陈校长一直支持名师培育工作室的活动,他的谦逊令主持人很感动。

(三)校长们对名师培育工作室工作积极建言献策

1. 上海应构建以名师培育为核心的多层次创新型育人台阶

校长们认为,名师的培养需要一个过程,但两年的时间太短,希望打造名师培育为核心的多层次创新育人模式。

上海市宝山职业技术学校薛和兴校长说:“希望名师培育工作室能够继续办下去,两年是不够的,出科研成果时间不够。他们往往是业余时间进行学习,任务太紧。科学培育师资要有时间。学员是好苗子,但人不是教会的,而是学会的。时间上应适当放长。至于多长时间合适,名师培育工作室主持人最有发言权。”其他校长也纷纷表示,名师素质的培养两年时间确实太短。

2. 名师培育工作室工作应该持续开展

校长们表示,名师培育工作室试点为期两年,希望教委在总结试点经验基础上,继续开展名师培育工作,为教师成长铺路。

上海医药学校蒋忠元校长用了三个“不”抒发了参加活动的感想:一是“不了解”,原本对名师培育工作室不是十分了解;二是“不容易”,名师培育工作室起点高,突破校园界限,集合优秀老师,跨校、跨界、融合,导师完全倾情付出,不计个人利益,毫无保留,与学员在同一大赛平台上竞争,有勇气,有魄力;三是“不间断”,这么好的平台,应该连续地开展。47个名师培育工作室都有“掌门人”,装备中心能否考虑后续扩大队伍、扩大受益面,每个名师培育工作室都是一个门派,也需要第二、第三“掌门人”,既能使主持人压力减轻,又能让更多人参与。在激励上,能否将此项工作与品牌专业和优质校建设挂钩,这是更高层次的激励。后续继续提升,精益求精,由教学水平、

教学实践的关注上升到职教发展的高度上，意义更重大。名师培育工作室也可往下再发展，由个性化指导，深化到普适性经验的总结，让更多教师提高；也可向学生延伸，让学生受益。

上海信息科技学校陈强校长、上海市商业学校王云玺校长等也纷纷表示：名师培育工作室目前有学员 176 人，占上海中职师资比例不高；名师培育应像滚雪球一样，受益面应宽一些。一代代名师是需要传承的。

上海市群益职业技术学校冯立竹副校长也表示："名师培育工作室持续地发展是新时代的要求，受众的群体应该扩大，让更多的人通过平台，成为名师。名师培育工作室不仅是精英的培养，还应是春色满园，百花齐放。"上海市宝山职业技术学校薛和兴校长说："希望名师培育工作室能持续办下去。方方面面都需要人才，名师培育工作室能带动学校建设。"

3. 名师培育工作室要走出上海，要有国际化视野

在谈到名师的眼界和视野时，校长们和主持人一致表示，希望教委能够搭台，让更多的职教名师走出国门开眼界。

上海新闻出版职业技术学校钟勇副校长说："名师培育工作室应立足于上海，走出国门，眼界更高，视野更开阔，要有国际化的视野，加强国际交流，职业教育强国有一些可供研究、借鉴的教育经验，学习国际先进职业教育办学经验及师资培养途径、机制等，有利于更加科学地培养学员，平台更宽，辐射更广，培育内涵更高。"

上海市电子工业学校凌航建议："名师培育工作室要走出上海，走向国际，进一步扩大影响力，注意发挥引领、辐射作用，也是为上海争得荣誉。"

4. 名师培育工作室应该多宣传，多推广，打造成为上海职教的品牌

校长们在听取主持人汇报后，一致表示希望教委要加大总结和宣传力度，大力弘扬职业教育战线奋战的优秀教师的光辉形象，营造有利于职业教育发展的良好氛围。

上海城市科技学校张巨浪校长说："教育是一个长周期，名师培育工作室能激发更多的老师参加到完善自我的队伍中来。名师培育工作室是师资培育的重要一环，应被打造成上海职业教育的一个品牌。正如广东职教重实在、江苏教育重细腻一样，上海职教应重培育。上海十年前是开放实训中心，从 2012 年起是职业体验活动，而如今应该考虑怎么让名师培育工作成为上海中职教育的品牌，让这种默默耕耘、成果丰硕的育人形式建立品牌效应。"

上海市电子工业学校凌航校长表示："名师培育工作室打上海牌，应扩大影响力，走出上海，为上海争得荣誉。"钟勇校长也表示："好的平台和资源，应进一步宣传、传播。"

5. 名师工作要在工作开展基础上，加强理论研究

校长们建议，名师培育工作是一个崭新的领域，需要在试点基础上，总结经验，并进一步加强理论研究，探索名师素养构成、名师培育路径，总结出具有可推广、可复制的名师成长模式。

上海市商业学校王云玺校长说:“名师培育工作室主持人必须有核必的教育理念和主张,必须是教育实践家,师徒帮带,激发、唤起学员的内驱力和反思。主持人要有自己的把思,要有高度,学员也会站得高。名师素养我认为主要有高尚的人格、有鲜明的教学理念和主张、完整的知识结构、完善的能力结构。”

上海市贸易学校曹国跃副校长建议:“名师培育工作室试点工作已进入收尾工作,希望教委能够总结名师培养的经验,提炼出一套模式,便于推广,也为学校提供可以借鉴的师资培育方式。”

三、相关思考

结合工作室工作实际及校长们的建议,应进一步总结经验,做好反思、提炼工作,在培育名师道路上走得更远。

1. 加强顶层设计,进一步完善中职教师成长的平台

名师培育工作室是学习共同体、成长共同体。职业院校教师很多自我成长的需求还不够,要唤醒、激励,要给平台,给机制。上海中职师资培养拾级而上的成长机制已初步建立,从新进教师规范化培训、各类骨干教师培训、名师培育工作室到“双名”工程、名师工作室,为教师发展搭好了成长的梯子与展示的舞台。这种相互衔接拾级而上的名师培育模式使上海中职教师入职有门槛,发展有途径,成长有目标。

2. 加强教师专业发展规划,形成育人合力

基于相互衔接、拾级而上的台阶式发展机制的建立,要更加重视教师专业发展的规划,并整合资源,搭建平台,提供服务,形成教师专业发展的内外结合的合力。

3. 总结培育试点工作经验,进一步加强宣传

今后,将在总结试点工作基础上,积极开展课题研究,努力探索名师成长的途径、培养机制,为后续工作的开展提供理论支持与依据。

在宣传方面,挖掘优秀的主持人和学员,形成典型案例,利用《上海教育》《解放日报》和移动媒体等平台,讲好职教名师故事,扩大社会宣传,营造全社会关心支持职业教育的良好氛围。

综上,名师培育工作室主持人向校长系列汇报活动加强了装备中心、学校、工作室之间的交流与沟通,对名师培育工作室项目的意义、工作开展情况、取得的成效、进一步推进等达成了共识,形成了合力。

组织精心　汇报精彩　点评精准

——上海市中等职业教育名师培育工作室学员结业汇报暨考核活动专报(十六)

上海市教委教育技术装备中心

上海市中等职业教育名师培育工作室(以下简称“名师培育工作室”)自2015年9月启动,两年试点即将结束。根据《上海市中等职业教育名师培育工作室管理暂行办法》及《上海市中等职业教育名师培育工作室结业汇报暨考核方案》,2017年11月份,在装备中心统筹安排下,47个名师培育工作室组织开展了学员结业汇报暨考核活动。

一、工作开展:精心组织,有条不紊

上海市中等职业教育名师培育工作室有47个,按专业大类分为5个协作组。名师培育工作室结业学员共175人。为了考核学员两年来在工作室主持人梳理需求、聚焦发展、整合资源、搭建平台、促进成长等举措下取得的学习感悟、成果成效以及存在的不足,助推学员未来的发展,装备中心充分发挥工作室主持人的专业优势,由主持人精心组织,拟定考核方案,邀请专家评委,制作汇报材料。

学员结业汇报暨考核活动自2017年12月中旬起至2018年1月中旬止。在考核前一周,各工作室以协作组为单位,将工作室学员考核时间、考核方案,报送装备中心。活动期间,装备中心组织专家随访。考核结果分为优秀、合格、不合格3个等级。

活动中,各工作室邀请所在学校领导、学员学校领导以及教育专家等组成考评专家组,本着客观公正公平的原则进行学员考评。学员们认真梳理,全面呈现两年来所学、所思、所悟、所得。他们按规定时间有序汇报,向校领导及专家们展示了参加工作室的初衷、面临的困惑及工作瓶颈,两年来在主持人带领下参加的磨课、听评课以及培训学习、参观调研等活动,并呈现了自己在聚焦课堂、课题研究、论文发表、教材与课程资源建设、企业实践及专利发明等方面的成果,大部分学员能够脱稿汇报,借助PPT、微视频等,形式多样,效果突出。

考评专家们聆听学员汇报,认真翻阅各工作室学员两年来的学员手册、学习成果集及获奖证书等材料,与主持人和学员进一步交流,深入了解情况,围绕学员出勤率、学习态度、学习成果、特色亮点及现场汇报等方面,对学员汇报进行考评。考评既有量化分数,也有人性化的个性化的点评指导。

学员考核结束,各工作室主持人都及时汇总了专家打分和具体指导建议,结合学员两年来培育的全面情况,为每名学员进行结业考核等级评定;并在此基础上,建全学员成长档案,撰写学员考核工作总结,全面总结了学员考核工作开展情况,图文并茂,点面结合。

二、学员汇报:精彩纷呈,各有收获

1. 感恩培育,共燃一瓣之香

在汇报之初,很多学员首先深切表达了对名师培育工作室平台、主持人及指导专家们的感激,尤其是感谢工作室主持人两年来对他们成长给予地帮助,主持人毫无保留地指导、精益求精的精神及高尚的师德师风等都深深地影响着他们。

苏巍体育名师培育工作室的学员徐士宏说:“在申报参加工作室时我已有 13 年教龄,但参加名师培育工作室的这两年就抵上了前面 13 年所有的培训。我在郊区,以前到市区参加活动不容易,但这两年我参加了 30 多次各类活动,我是如饥似渴地学习,成长在路上……”她是在激动、哽咽中完成汇报的。

卢红数控技术名师培育工作室的学员蒋燕(来自上海市工程技术学校)的汇报主题是“平台培育,助我成长”,她说:“我来自长兴岛,参加工作室后主持人组织听评课活动,这是我参加工作十几年第一次踏出长兴岛来听课,我非常珍惜……”

宋彩虹学前教育名师培育工作室学员汇报中对主持人宋彩虹带领她们“走南闯北观世界悟教学”表示感谢,让她们学到了国内学前教育的优秀办学经验,也通过参加国际论坛聆听了来自世界早教的声音。学员张艳娟说,她感觉自己变了,视野变了,心态变了,方法变了。工作中不再抱怨任务沉重,而是懂得去承担,去从专业的学校的角度去考虑问题,开始敬畏课堂了。她对工作室主持人、常务专家表示了由衷的谢意。

2. 反观自我,在奋斗中成长

名师培育工作室学员回顾了自己申请加入工作室的初心,当时面对的困惑、工作的瓶颈以及自我期许等,主持人对他们量体裁衣,以需求导向、问题导向、成效导向为他们制订个性化培养方案。他们回顾了主持人为他们提供的培育活动,有读书交流、听评课、开公开课、下企业调研与实践、专家讲座、国际高峰论坛等,切实提升了他们的理论水平、教学能力、专业技能操作能力及教科研能力等,突破了职业倦怠期和工作瓶颈,提高了他们的自信力和工作热忱。

王伟旗计算机网络技术应用(物联网方向)名师培育工作室所有学员原本和上海其他物联网相关专业教师一样,在物联网教学中面临合适的教材缺乏、没有合适的实训设

备上课空洞的难题，在主持人王伟旗的带领下，他们合力开发实训教材与设备——物联网教学多功能演示仪，并获得了国家实用新型发明专利，解决上海职业教育物联网相关专业课堂教学与实训教学中的问题。他们还不断在有关学校相关专业利用设备开设专业课，积极地将专利开发转化成教学资源，让更多学校与师生受益。在汇报中，学员展示了第四代专利设备各自负责模块的操作流程，他们迎难而上的精神、激情四溢的讲解感染了在场的每一个人。

王培坚数字影音名师培育工作室学员阮毅以“执著·奋斗”为主题展开汇报，她说：“在名师培育工作室学习的两年，是成长最快的两年。”她创新教育方法，借鉴“创客空间”概念，不断钻研教法。2012 年她参加全国信息大赛获二等奖，2015 因失误无缘大奖到参加工作室重拾信心再战，2017 年终获一等奖，这一路的执著与奋斗，让她丰富了经验，提升了自我。她在工作室支持下参加澳洲资格证培训，全英文的培训没有难倒她，她说：“一切为了学生，我可以勇往直前。”

左适够汽车汽车整车与营销名师培育工作室学员黄新老师汇报说，他进入工作室时，自己觉得教学上有待提升，左老师要求他“进得了课堂，讲得出名堂”，在左老师帮助下，积极参加教学法评优、开设公开课、编写教材、开发课程项目资源，他将学校汽车英语课程考核从笔试改为口试，让口试内容更切合实际运用，激发了学生的学习兴趣，学生良好的上课状态也使黄老师更坚定了继续探索、创新教学提升教学效果的信心。

3. 成长加速，结出硕果累累

名师培育工作室学员在主持人的带领下，积极参加活动，实现了不断自我提升，弥补短板，实现了成长加速，学员们的学习成果丰硕，一部分学员取得的成绩令人惊叹。

董文良美术名师培育工作室 5 名学员两年期间共有市级信息化重点课题 2 项，区级课题 1 项，职教集团课题 3 项，发表论文 8 篇，教学案例 8 个，举办公开课 5 次，拍摄微课 57 个，编撰教材 9 本，完成网络课程 3 门，完成虚拟仿真教学软件 1 个，完成 MR 混合现实教学软件 1 个，实训中心设计与建设 1 项。另外，工作室注重以赛促教，帮助指导学员本人或学员辅导学生积极参加各级专业竞赛，经统计，学员本人或学员辅导学生两年吉累计区级奖项 11 项，市级奖项 54 项，全国类奖项 5 项。学员们表示，这些成果的取得得益于工作室主持人的指导和同伴之间的互通有无。学员展示的学习成果之丰硕令与会专家惊叹不已。

朱玉萍工程造价名师培育工作室学员们汇报了在工作室“共性＋个性”培育下的学习收获，共性成果有学习心得 40 篇、优秀教案 20 份、教学论文 12 篇，发表 7 篇、总结 6 篇、活动简讯 24 份，出版教材《建筑工程清单计量综合实训》，包括 12 个项目、26 个学习任务、100 项清单列项；个性化成果包括各级课题、课程建设等共 36 项。学员取得的学习成果受到了与会专家的一致肯定。

裘燕南金融名师培育工作室学员在主持人带领下合力开发《互联网金融基础》教材，实现该领域教材零的突破；开发财经素养系列课程“财子修炼记”，用专业知识为更多的学生服务，让更多的群体受益。两年来，学员共发表论文 5 篇，4 项课题结题，4 节市级公开课，开发校本教材 4 本，指导学生 15 人获国家级、市级、职教集团级奖。学员们表示，这些成果的取得只会鞭策自己，以此为经验，更坚实地前行。

上海商业会计学校陆炜渊老师参加了洪李萍会计名师培育工作室，在主持人洪老师的“传帮带”下，他在课程改革方面收获颇丰。两年中分别荣获市级及以上奖项有上海市信息化教学设计大赛一等奖、全国“创新杯”中等职业学校信息化教学设计及说课比赛荣获一等奖等 5 项，国家实用新型专利 4 个。他说，这些成果的取得与工作室的帮助是分不开的，而且，洪老师用爱感染人，用心育人，潜心科研的精神指引他继续扎根职业学校，且行且探，永无止境。他道出了他的心声，更是工作室每名学员的心声！

4. 辐射引领，在示范中前行

作为走在名师之路上的学员，他们在汇报中讲述了在工作室的支持、帮助或安排下，两年期间做了大量的辐射引领工作，帮助学校进行专业建设或推进校企合作等，或在街道、社会、市相关机构开展活动，承担更多社会责任。

陈明宏职业教育教学专项研究名师培育工作室学员们汇报了自己努力在教育教学工作实践中践行“以业定教”的理念，不仅取得了丰硕的教学成果，而且都非常注重“以业定教”的理念传播与延展，不断地扩大辐射半径。学员张伟和邵元君在各自学校内、区域内进行分享宣传传播；学员韩晓艳在与贵州、云南、四川、安徽等地的师资培训交流活动中，通过带教、专题讲座等方式传播“以业定教”的理念，扩大“以业定教”辐射半径；学员还纷纷将“以业定教”理念带出国门，走向世界。学员成丹在美国短期访学期间，武宏在日本交流学习期间，韩晓艳在英国培训学习期间，都不忘与职业教育同行交流分享“以业定教”理念，推广“以业定教”做法，彰显上海职业教育人的风采。

谢永业英语名师培育工作室、洪李萍会计名师培育工作室等纷纷聚焦课堂，多次联合上海学科中心组、各中职学校专业教师以及外省市专业教师开展联合教学研讨活动，进行跨地域同课异构、示范课交流等，获得了与会者的好评，在专业领域内影响力不断提升。

董文良美术名师培育工作室学员汇报中都提及了在主持人的安排或支持下，自己积极进行辐射引领的经历。许彦杰老师与金咏梅老师积极开设“课堂走进艺术宫”课程，杜贇老师参与上海大世界非遗展及核雕课程，杜天一老师开展曹王禅寺的爱心教学活动，朱佳韵老师进行短期带教活动等，学员两年间共计获报道 5 次。

任玉芬德育名师培育工作室学员在主持人带领下，走进中华艺术宫，带着各自学校的学生，组建学生采访团、写作团、讲解团、摄影团，向中小学生宣讲上海及中华传统文化，展示了中职生的风采，践行教委普职融通办学理念，受到社会多方的关注和认可。

三、专家点评:精准到位,建言长远

考核专家认真听取了各名学员的汇报后进行了精准到位点评,也为学员们提出了长远发展的建议。

李立红创业教育名师培育工作室学员汇报后,专家的点评让学员们坚定了信心,明确了不足与发展方向。戴小芙专家提出创业教育具有跨界跨专业跨学科的鲜明特点,学员们能够通过工作室精心设计的四大模块任务,边学习边实践,在创业教育工作中得到了全面提升。3名学员在汇报中都能对今后的教师专业发展道路有所思考和规划,这一点得到了郑洁专家肯定,同时她建议学员们能把研究中职生创业能力和创业意识培养作为提升个人内涵发展的抓手。陈明宏专家则夸奖3名学员非常务实地完成了工作室安排的理论培训和实践活动,真正做到了理实一体。胡秀锦专家在对学员们更深、更专地完成跨界学习表示赞赏的同时,也对学员的汇报提出了应当更为聚焦,应当提炼更为精准、有一定高度的关键词,以增加汇报的内涵和质量。工作室还特邀浦东新区创业指导专家团成员、上海康桥先进制造技术创业园负责人赵慧娥老师作为考核专家,她毫不吝啬地赞美工作室3名学员都能有效地梳理和提炼碎片化的创业理论知识,然后系统地传授给学生们,这些都是创业园区所缺乏的。同时也表达了希望能够与工作室进一步合作,为创业园区的创业者带去系统的创业理论知识。

王冬丽药剂名师培育工作室学员两年来相互促进、提高,促进专业成长,使工作室成了"研究的平台、成长的阶梯、辐射的中心"。学员汇报完毕,六位评委一一予以点评,他们高度一致地评价了学员在2年来所取得的成果之丰,对学员们虚心学习的态度、刻苦钻研的精神大加赞扬;同时也指出了一些不足,比如特色亮点应突出汇报、提炼总结的高度还不够。专家的点评使学员明白了汇报应重点突出,要善于提炼。

冯国群旅游名师培育工作室学员汇报后,专家的点评让学员们茅塞顿开。市教委教研室职教部部长陈丽娟老师谈及了她对工作室学员汇报工作的感受,归纳了工作室扎根课堂、聚焦科研和关注信息技术三方面的特色,并对成员的汇报提出了加强提炼归纳、呈现增量变化、拓展工作领域等方面的建议;商贸旅游学校董老师发现了2名学员各自优势,互相取长补短,形成了各自不同的职教关注点,同时也提供了旅游专业教师成长的方向:争取专业地位;改进汇报形式;加强研究学生;紧跟行业变化;对接高职教育。华师大匡瑛教授认为工作室两年来的培育学员的成长明显,成长的意识和目标越来越清晰,由抱团取暖转向抱团奋进,工作状态呈现忙碌并快乐着,成员间共同策划、分享和努力,成为研究型、反思型教师,并希望学员能够多多走出去、多多加强宣传。

案例一

名师智慧引领　只为更好前行

2017年12月27日下午,胡玉娟中式面点名师培育工作室在上海市杨浦职业学校召开学员总结汇报考核活动。专家唐由庆老师、杨浦职业学校校长卞建鸿、副校长沈小毓、学员所在学校领导、工作室主持人胡玉娟老师、5 名学员参加了本次考核会议。

凝心聚力　志同道合

本次会议由胡玉娟老师主持。首先，5 名学员进行了学习总结和感悟分享。在总结里，学员们都提到了“团队的凝聚力”。真正形成团队凝聚力的是工作室成员的“志同道合”和“兴趣所向”。换言之，对中式面点教学研究的共同“兴趣”和“爱好”使我们不仅能走到一起，而且凝聚力向心力不断增强。胡玉娟名师培育工作室在学习中研究，在研究中培训，在培训中提升。每次培训过后，胡老师都及时把全部培训内容上传到工作室微信群，组织学员们在工作室内部进行网络交流。从信息化教学培训，到听评课培训，再到下企业培训，胡玉娟老师将工匠精神、先进的教育理念、教育思想植根于每个工作室成员的心中。

名师引领　硕果累累

在汇报中，5 名学员详细梳理了两年的专业成长经历，向导师、专家和领导汇报两年的学习成果。两年里，在胡老师的带领下，2 名老师顺利评上高级职称，1 名老师评上中级职称。其中，陈萍老师指导学生获全国职业院校技能大赛中西式面点项目一等奖，被授予全国职业院校技能大赛金牌指导老师荣誉称号；王葳娜老师获全国职业院校信息化教学大赛二等奖、上海市“星光计划”第六届职业院校技能大赛中式面点制作二等奖；许万里老师参加第二届上海基础教育青年教师爱岗敬业教学技能大赛获一等奖，被评为“上海市教学能手”、指导学生获上海市“星光计划”第六届职业院校技能大赛中式面点制作三等奖，今年 10 月份，许老师受山东省教育厅的邀请，担任山东省职业院校技能大赛专家评委工作；刘广宏老师指导学生参加全国职业院校技能大赛，被评为“优秀指导老师”。在教科研方面，陈萍老师的论文《在中职课程教学中融入美术元素的实践与思考》经上海市中学教师高级职务任职资格委员会鉴定为 B 级，许万里老师的论文《中式面点实训教学与信息技术有效整合的实践探索》在中级职称评审中鉴定为 A 级，同年，主编了中国轻工业出版社出版的《江南创意菜点设计与制作》一书；王晓老师的论文《满汉全席志愿者服务特色班集体建设实践探索》收录于《立德树人，爱满天下》论文集。在胡老师的带领下，学员们向导师、所在学校领导以及现场专家交出了两年的答卷。

立足当下　砥砺前行

专家唐由庆对名师工作室的考核活动进行了专业指导。他指出，杨浦职校的烹饪专业在上海非常有影响力，形成了明显优势，胡老师为专业发展做出了巨大的贡献。在胡玉娟名师培育工作室的努力下，专业辐射示范已经达到相当的广度，但是在研究的深度方面还需提升。只有既教得好书，又有特色鲜明的教育理念和思想，才能走得更远。他鼓励各工作室的主持人和学员，立足当下，注重总结凝练，在自己的学科领域闯出一片天地。

有一种学习，你没有参与，就不知道豁然开朗；有一种平台，你没有投入，就不会知道精彩纷呈；有一种苦累，你没有体会，就不会知道痛并快乐着，有一种信仰，你没有执着，就不知道任重道远，这就是胡玉娟名师培育工作室的成长之路。为期两年的工作室学习虽然结束了，但工作室所有的努力都不会停止，胡玉娟名师工作室的全体成员将继续互相学习、共同提高、凝心聚力、砥砺前行！

(胡玉娟中式面点名师培育工作室供稿)

在装备中心的统一安排下，在各工作室主持人的精心组织实施下，在与会专家的大力支持下，学员结业汇报暨考核工作圆满完成。名师培育工作室是造就上海未来名师的摇篮，祝福学员们以两年培育为起点，在未来名师成长道路上披荆斩棘，不断突破，为上海职教事业的发展作出应有的贡献！

栉风沐雨砥砺行　春华秋实满庭芳

——上海市中等职业教育名师培育工作室结业汇报暨考核活动专报(十七)

上海市教委教育技术装备中心

为考核两年来上海市中等职业教育名师培育工作室主持人针对学员成长在梳理需求、聚焦发展、整合资源、搭建平台、促进成长等方面的主要做法、工作成效和存在的不足,推动名师培育工作室加强自身建设,提高工作水平,市教委教育技术装备中心于2018年4月开展了工作室结业汇报暨考核活动。

为组织好考核工作,装备中心精心拟定考核方案,采取工作室主持人汇报、工作室资料查阅、专家独立打分的形式。47个名师培育工作室以5个协作组为单位进行汇报。市教委职教处领导、教育教学专家、职教研究专家等组成专家考评组,采取现场背靠背独立打分的形式进行考评。同时,邀请主持人所在学校校长作为观察员现场观摩指导。

工作室主持人认真梳理总结,在规定时间内借助PPT、微视频、沙画、采访回答等多种形式,全面呈现两年来所想、所做、所悟、所得,向专家及观察员展示了工作室目标、主要做法和取得的成果等。专家考评组认真聆听汇报,悉心查看主持人手册、学员手册、成果集等材料,每组考核结束时,专家就工作室特色亮点、2年成果等情况进行集中点评,同时,工作人员汇总专家打分,现场出具优秀、合格、整改3个等级的考核结果。最终,朱建柳、王培坚等11名工作室主持人考核优秀,张帆、陈珺等36位工作室主持人考核合格。

一、主持人汇报:匠心德韵,培育名师

1. 开展多元活动,工作室亮点鲜明

在汇报时,主持人们感触良多,深切表达了对名师培育工作室平台的感激之情,一致认为这两年收获太多,无论是主持人还是学员都在不停地进步,工作室互帮互学、积极创新,团队呈现出了极强的凝聚力和生命力。主要得益于市教委搭建的相互学习、共

同进步的创新型工作室平台、工作室协作组既相互学习又相互竞争的机制、装备中心的跟踪指导和广大学校的大力支持。

两年来，主持人聚焦学员发展，立足课堂教学能力提升、培育教育教学风格、形成教育教学思想，精心设计读书交流、听评课、开公开课、下企业调研与实践等多元化活动，学员在主持人的示范、引领和带领下积极参与活动，拓宽视野、不断弥补短板，站得更高、看得更远、想得更深，成长更快，学习成果丰硕，令人感叹。各工作室学员在各种培育活动中学到了经验，得到了收获引领，切实提升了他们的教学能力、专业技能操作等能力，提高了他们的自信心和工作热忱。

苏巍体育名师培育工作室秉承“同叙体育名师成长之路，共探体育教育发展内涵”之理念，围绕“理论研讨、课堂教学、体育科研、实操实践”核心模块化培养模式共开展活动 60 次，一步步踏踏实实地诠释了在导师的带领下，工作室如何成为“名师小基地，成长大舞台”。

范瑞琪平面媒体印制技术名师培育工作室以“依托工作室，引领高技能人才培养”为核心理念，通过构建培养模式、规划成长、参观学习、课题研究、诊断指导和 DV 研究等形式引领学员成才，育人为本，极大地提升了专业品牌影响力。

黄斌华网络技术名师培育工作室以“共同学习、共同践行、共同研究、共同成长”为目标，利用组织观摩、专业建设实践交流、公开课研磨交流、专业内容建设等活动方式来引导学员学习先进教学理念、提升教科研能力、加强专业技能和了解前沿专业技术。

李立红创业教育名师培育工作室以学员需求为导向，制订个性化方案，创建“3＋1＋1”(3 名创业指导师、1 个资源平台、1 个精品课程)培育模式，积极开展培育活动，共享创业教育资源，大量实践走访企业，共完成创业者多个案例，孕育出独特的创业教育双通道人才培养模式。

周红机电技术应用名师培育工作室以“精培细划、广学互助、共进齐升”为理念，个性化扬优势、共性化共提升，通过“学习新理念、研课磨课、跟岗实践、个性带教、引领专业”系列活动提升学员专业素养、实践教学能力，弥补短板优势，起到示范辐射作用。

张帆电子技术应用名师培育工作室以个性化培育学员为目标，采用多样化活动，如微课制作项目实训、企业参观、参观演播室、项目开展等形式引领学员学会做事的方法、促进学员快速成长，并形成了“虚拟仿真仪器在电子技术应用中的使用、微课在信息化教学中的应用、世界技能大赛‘电子技术’项目学习”等亮点。

张斌数控技术应用名师培育工作室凝聚团队智慧，打造教学“利器”，以工匠精神作引领，建章立制、做好规划，注重学员特点，多次开展个性化培育活动，如听课评课、开讲座、上公开课等，尽心把工作室打造成一个“研究的平台、成长的阶梯、辐射的中心”。

朱玉萍工程造价名师培育工作室以搭建平台促提升、示范引领共发展为工作目标，该工作室制订计划、搭建平台，通过加强学习、组织校际公开研讨课、考察学习等形式让每名学员始终明确自己的发展目标，助推学员的专业提升与发展。

周婕公共艺术名师培育工作室“四美”特色，即培育成果的收获之美、培育理念的精神之美、培育实施的践行之美、培育特色的创新之美。该工作室根据学员特点，以开设学员公开课、聆听专家讲座、参国家级比赛等方式开展个性培养，加强学员专业融合渗透。

陈珺烹饪名师培育工作室以“未来西点名师成长的摇篮”为培育目标，从学员的实际需求出发、制订培养计划，以工匠精神为引领，开展不同种类与形式的各色活动如微课、制作视频等 40 余次，为学员全方位的提升奠定扎实基础，打造未来工匠之师。

陈志红国际商务名师培育工作室以“借助平台、聚焦课改、共同成长”为理念，通过带团队、抓项目、做展示、出成果的活动形式，激发团队热情，加强团队合作，丰富教学实践历练，把工作室建成为“教学研究的平台、教师成长的阶梯、教改辐射的中心”。

胡玉娟中式面点名师培育工作室以“专注技能、铸就大师传承之梦”为目标，准确定位，精准培养，采用引进行业大师指导、组织教师企业实践活动、参加职业技能培训等多元活动，有效提升教师带赛和教学能力，成果斐然。

韩如伟制冷和空调设备运行与维修名师培育工作室以精心组织、精选项目、精细指导为带教理念，精准培育培养骨干教师。为拓展学员专业视野、提升职教理念，工作室利用平台优势，拓宽学习渠道，以项目为载体，提高学员素养，树立典型标杆，注重媒体宣传，凸显出以服务为动力，以培训促教改，反哺专业建设的鲜明亮点。

2. 助力成长，学员硕果累累

两年的名师培育之路，工作室主持人整合了校内与校外、行业与企业等多方面的资源，开展了各种形式多样、内涵丰富的工作室培育实践活动来引领学员成长。

董文良美术类名师培育工作室的学员都是专业能力较强的教学骨干，工作室培育目标是使他们成为一个具有课程设计、课程研发能力的教师，经过主持人和专家团队为学员量身制订发展计划，两年后，目标达成，5 名学员还取得各类教学成果奖项市级以上 28 项、完成市级课题 6 项、开设市级公开课 13 节等优异成绩。

金莉萍电子商务名师培育工作室以“共学、同做、乐享”为理念，主持人引导学员学理论、学技能、学名师，指导学员做标准、做项目、做科研，集结各类资源提升专业理论技能。学员们都获得了丰硕成果：电子商务高级证书 4 张、教学能力提升证书 4 张、实践项目 2 个、移动商务技能竞赛荣获上海市一、二、三等奖等。

李玉美发与形象设计名师培育工作室聚焦课堂，一手抓专业教学，一手抓教学教研，多维度，多角度培养学员，使学员全方位个性化成长。两年来学员们教研水平、专业水准上都有很大提高，如学员胡思云发表了 4 篇论文，2017 获得上海市“星光计划”第七届职业院校技能大赛新娘化妆＋盘发造型项目团体一等奖等。

孙建辉高星级酒店运营与管理名师工作室学员们在导师的带领下，学习带教学生的技巧，参与教材编写和课程建设，提高教科研能力。通过形式多样的学习活动，学员们开阔了视野，增长了见识，超载而归，收获满满，获得了“金牌指导老师”“优秀指导老师”“先进工作者”等光荣称号，同时发表多篇论文。

蒋黎文服装设计名师培育工作室主持人以“雨花石的成长”为题目进行汇报，主持人针对学员个性化特征，建“成长档案”，为学员提供个性化培养菜单，尽力培养学员课堂教学能力，培养个人特色，并获得丰富成果，如学员邱春艳获得市级信息化课堂教学大赛二等奖，方闻获“我是非遗传习人”团体一等奖、个人二等奖等。

裘燕南金融名师培育工作室搭建平台、分享资源，为学员的成长提供土壤，学员们走出各自学校的小范围，视野变宽了。工作室开启了传统金融与互联网金融的对话，学员们在丰沃的土壤里结出了丰厚的果实，撰写 4 篇论文，“金融产品推介”“奖励式众筹”2 节公开课获上海市第七届教法评优三等奖，编写 4 本教材等。

宋利明机电专业名师培育工作室针对 5 名学员各自专业基础和发展规划，定做培养计划，引领学员们不断提炼教学风格，提高教学水平。两年来学员们无论从教学水平、还是教学成果上都有了极大的提高，其中学员薛君获得了上海市中等职业学校第七教师教学法改革交流评优活动中荣获二等奖、朱彩萍获得 2017 年上海市园丁奖等。

姚圣煊焙烤食品名师培育工作室两年来探索并形成“两课两操两活动”的培育模式(“一课”是邀请教学名师和行业专家授课，开展职业教学的培养；“二课”是立足岗位的授课实践，提高执教技能)。学员们提升了职业技能、执教能力、育德能力和科研能力，其中学员沈春燕成功晋升西式面点师高级技师、陈小蒙成为西式面点师技师等。

谢富敏国际商务名师培育工作室以教学能力提升为核心、实践科研为助力，着力培育学员的职业幸福感。学员们在导师的带领下充满正能量的开展教学理论的研究、进行各种教科研实践活动，发表论文 5 篇、编写教材 8 本、完成上海市教委等科研课题 4 项等优异成绩。

卢红数控技术应用名师培育工作室秉持“求真、务实、向善”的风格，形成“勤思、乐学、笃行”的室风，积极探索、精准规划学员个人发展。两年里，工作室成绩斐然，包括课题研究 2 个、市级评优课 2 次、教材开发 6 本、课程资源建设项目 2 个，学员王文强 2017 年被评为嘉定区教育系统第二届学科新星等。

李关华电子技术名师培育工作室的带教核心为“言传身教，匠心传承”，引领学员通过工作室平台来开阔眼界、学习新技术，提高自己的专业技能、收获多种成绩，如学员汪振中自主设计了多项电子产品、朱艳梅在上海市第七届教学法评优荣获三等奖等。

王鸿食品生物工艺名师培育工作室管理规范，多途径开展活动，提升教研水平，两年来，工作室的学员们在各自学校骨干表率作用凸显。学员薛丽芝在这两年中带领她的团队获得“2017 年金山区园丁奖称号”等近 10 项荣誉，学员龚漱玉 2017 年获得上海市“星光计划”第七届信息化教学大赛二等奖等荣誉。

马桂秋汽车运用与维修名师培育工作室研究每名学员的特点、制订不同带教方案、执行共性与个性化带教，求得共同发展。两年来主持人带领学员一起完成了市级、区级和院校级各种不同课题，提升了学员的教科研能力。开发出新能源汽车专业核心课程“电动汽车结构与控制基础”教学资源、完成了教材编写、试题库资源建设等成果。

3. 磨砺前行，主持人争创佳绩

两年的名师培育之路，工作室主持人秉承责任心、使命感和紧迫感，驱动学员成长，一直给予无私奉献地帮助、毫无保留地指导、精益求精的磨砺和春雨润物的影响。学员们在导师的引领下视野变得开阔了、眼界变得高了、发展路径变得清晰了、成果变得多了。

主持人从不同渠道寻找支持学员发展的资源，不断磨砺着学员，学员的上进心促使着导师自己不断学习不断进步，这种互动的生命力使得主持人和学员快速成长，碰撞出丰富的成果，主持人也纷纷争创佳绩，更上一层楼。

颜苏勤心理健康名师培育工作室主持人在“在聚焦中磨砺、在磨砺中发展”为主题的汇报中表示“工作室在教委的领导支持下，是出成果最快的两年。”她自身严以律己，在教学和科研中扎扎实实、精益求精，并取得了令人瞩目的成绩，2017 年被评为上海市教书育人楷模(提名)奖等。

万军数控技术应用名师培育工作室主持人汇报到，工作室一直秉承“学员本位、发展导向，构建数控专业优秀教师成长平台”的理念，两年来主持人的专业影响进一步增强，示范引领作用不仅仅局限在本校，进一步扩大至其他学校和专业，承担了包括“双证融通培养模式试点”“示范性品牌专业建设”等多个市级试点项目等。

王伟旗计算机网络技术名师培育工作室的培育特点是“见远，行更远”，两年来，组织开展多种教研活动，将集体活动和网上交流研修相结合，边学习、边研究、边实践、边辐射，在带教的同时取得了优异的成绩，完成了两个市级课题、一个实用新型专利证书、荣获 2017 年上海市教学成果(职业教育)“二等奖”等。

陈明宏职业教育教学专项研究名师培育工作室主持人以富有诗意的“等闲识得东风面，万紫千红总是春”为主题展开汇报，工作室活动不搞盆景艺术，不做表面文章，扎扎实实，学员稳步成长，主持人斩获了不少成果，主持完成课程《中职校“以业定教”课程开发的实践研究》、荣获宝山区连续两届拔尖人才的称号等。

廖敏职业生涯规划名师培育工作室主持人汇报说，经过两年多的共同探索与努力，主持人帮助学员拥有独立思想，使其不断增长眼界与学识，探索出一条目标引领、成就激励、做学一体的培育模式，并取得了 2017 年创新创效创业大赛特等奖，获得 2016 年普陀区十佳教师荣誉称号，主编了教材《职业指导》等成果。

任玉芬德育名师培育工作室追求大气用心、细腻求真，主持人针对学员的个人期许，设计培养发展计划，多次进行班主任管理案例诊断会诊的讨论会，为学员提供保障平台。主持人在思维方式上、学术探讨上等也有了长足的进步，2017 年获上海职校新闻人物的荣誉称号、2016 年课题论文《用体验式学习方法扭转学生虚假写作行为》获教育成果、2017 年发表论文《名师工作室功能开发初探》等。

袁晖江德育(科研)名师培育工作室以“聚焦发展、个性带教为德育科研名师奠基”为主题思想，坚持匠心德韵理念，共同完成幸福教育项目研究。主持人《中职人文素养

培养体系建构与实施》等教学成果获得的上海市一等奖，发表了多篇论文，成绩得到了领导专家同行的充分肯定。

宋彩虹学前教育名师培育工作室注重实践历练，主持人带领学员走南闯北，开阔视野，让学员们多实践多体验，“做中学”是工作室培育学员的主要手段。通过两年的努力，工作室的培育工作初见成效。主持人更开放、更包容，更有使命感，取得了主持开发“上海市国际水平学前教育(中高职贯通)专业教学标准”等多种优异成绩。

李文权数控技术应用名师培育工作室精心选择学员，组建工作室队伍，紧紧抓住课堂教学，引导学员研究、反思课堂，在学员不断提升自身专业技能水平的同时，主持人也取得了不俗的成绩，如参与国家级竞赛，担任裁判工作、主持一项市级课题、2017 年获得机械行业职业技能竞赛技术专家等。

胡桂军机电设备安装与维修名师培育工作室对学员培育的两年时光里，成果培育与辐射平台建设效果显著，论文、技术报告、学术专著、教材等成果丰硕，使名师工作室变成一个良好的成果培育基地。主持人获得上海市黄炎培职业教育奖杰出教师奖、“教育部中等职业学校‘港口机械运行与维护’专业教学标准制订”三等奖等成绩。

茹秋生机电技术应用名师培育工作室以“展望未来、培育成长永远在路上”为理念，两年的培育工作，主持人和学员建立了深厚的友谊，学员们专业技能和教学水平得到较大幅度的提升，主持人也硕果累累，获得全国职业院校技能大赛数控机床装调与技术改造赛项一等奖和优秀指导教师奖等。

张桂芳烹饪名师培养工作室的汇报主题是“匠心育人、匠艺传承”，主持人说：“烹饪专业教师毋庸置疑必须以“专业”见长，作为学科领头羊，必须要师德高、专业精。”在两年的培育过程中，主持人不仅这么要求学员，更是这么要求自己，获得全国餐饮职业教育评选活动优秀教师奖、中国餐饮 30 年系列表彰杰出贡献奖等荣誉表彰。

王培坚数字影音制作名师培育工作室采用“专家引领明方向，聚焦课堂育名师”的理念，以成立、把脉、运行、特色、成果为脉络，多层次、立体化设计了多种带教活动 50 多次并结出丰硕的果实。主持人获得全国职业院校数字影音后期制作一等奖、上海市从兴趣驱动到责任驱动的教学模式探索教学成果奖一等奖等荣誉奖项。

4. 潜移默化，示范辐射影响广

主持人两年期间做了大量牵线搭桥、提供平台、辐射引领的工作，无私的进行资源共享开放，努力把各工作室建设成名师成长的园地、经验对话的平台、教育科研的基地。多个工作室课堂教学等示范全市，科研成果等辐射全国，进一步地扩大了工作室的知名度和明星效应。

王冬丽药剂名师培育工作室的培育宗旨是“筑平台、以研促教，从专业走向高端”，主持人利用医药中心组等平台对全市进行示范，共开展 5 节公开课，为全市医药类教师进行了课堂教学的示范；作为全国食品药品职业教育教学指导委员会职业标准工委员会秘书长、中国医药教育协会副秘书长，主持引领学员一起参与教育部职业教育药剂、

药品经营与管理专业教学资源库建设项目,积极发挥示范辐射作用。《医药商品购销员》国家职业标准制(修订)终审已经完成,将成为其他41个医药类国家职业标准制订参考的模板和示范,受多方赞赏肯定。

洪李萍会计名师培育工作室主持人以"筑梦、砥砺、成长"为题进行汇报,工作室为学员成"名"搭建平台、助力成长。2年内组织多次省市及沪穗徽苏等跨省市级的同课异构大型教学观摩研讨活动,同行啧啧称赞,快速打响了知名度,工作室在专业领域内影响力不断提升。

谢永业中职英语名师培育工作室主持人本着合作提升专业能力的原则,两年来工作室联合北京、广州、南京、杭州等地区的专家同行开展一系列辐射度广泛的跨省市课堂教学与研究活动,工作室在本市和长三角地区,乃至全国具有极其重要的示范引领影响。

左适够汽车整车与配件销售名师培育工作室在教育教学工作实践中践行"用竞赛来检验培养成果"的理念,在实战中提高教育教学能力,并将培育成果影响辐射到学校和所在区、市,积极推进职业教育的国际化培养,如工作室将继续帮助市级学校将专业国际化培养落地,协助各方进行IMI考评师培训在内的各项推进活动等。

冯国群旅游服务与管理名师培育工作室多层次、多方位地拓展专业素养,利用多元化渠道不断提升工作影响力,2017年,《中国职业技术教育》刊登工作室建设经验,2年内赴苏州旅游与财经高等职业技术学校、安徽省黄山旅游学院、杉达大学旅游学院进行交流学习,为全国旅游专业名师工作室建设提供了丰富的经验借鉴。

王忠园林园艺名师培育工作室本着"研究、提升、培育、创新"的工作理念,以"聚焦教改,全方位提升学员专业能力"的思路将工作室建成交流思想、专业提升的学习共同体。先后为闵行职教联盟、华东师范大学、上海市农林职业技术学院等单位开设了职业教育教学或专业讲座、培训,大力提升了工作室的社会影响力。

章晓兰材料/环保名师培育工作室以"课题研究引领,项目驱动成长"为核心,主持人团队着力开展教育教学改革的实践活动,研讨并解决材料、环境监测专业教学中的实际问题,多次进入社区进行科普讲座,服务社区居民;多次进入幼儿园、中小学宣传环保理念和项目,提升了民众对职业教育的认识,受到社会多方的关注和认可。

朱建柳汽车技术服务与营销专业名师培育工作室以"聚焦需求、精准指导、关注课堂、助力成长"为理念,主持人讲述了名师培育效应辐射范围广,取得了丰硕的成果,彰显了上海职业教育人的风采,组织工作室学员赴新疆喀什地区巴楚县、莎车县等地参加2018年上海—喀什职业教育联盟汽修专业建设暨上汽通用汽车AYEC项目推进实施师资送教培训活动,培养案例于2017年12月份刊登在《解放日报》,扩大了社会影响力。

二、专家点评:效果显著,再接再厉

专家考评组认真听取了各工作室主持人的汇报后高度一致地肯定了市教委装备中

心的协调和跟踪指导工作，表扬了工作室两年来获取的丰硕成果，对工作室认真踏实的态度、刻苦研发的精神大加赞扬，并进行了精准、恳切的点评指导，也为工作室提出了长远发展的策略。

原上海市教育工会常务副主席王向群老师在参加考评后表示，名师培育工作室是代际相传、人才辈出的有效形式，可以利用现有的名师引领一批青年教师更好更快成长。同时，她就如何更加有效、更加精准地培育名师进行了指导。

原市教委职业教育处调研员戴小芙老师多次参加名师培育工作室活动，在参加工作室考核后，高度评价名师培育工作室，认为工作室成绩已经得到了社会认可，经过多渠道培养，工作室学员整体素质有了大幅提高，名师们的风采在多方媒体的报道下得到了展示，起到了示范作用，希望名师们在实践教学、科研能力等方面在将来进一步提升自己。

上海市教委教研室原副主任林德芳多次参加名师培育工作室活动，在参加工作室考核后，深有感触地说到，看到这么多优秀的教师站出来带教青年教师一起成长，作为已经退休的老教研员颇感欣慰，同时，表示名师工作室的成绩将来可以载入史册。他认为名师培育工作室通过学员个性的分析，竞争化的培养，学员得到了个性化发展，后续应进一步强化学员的个性化课堂教学风格，挖掘特点，早日成为个性化的名师。

原市教委教研室职教部主任、职业教育专家骆德溢老师多次参加名师培育工作室活动，尤其是参加多次工作室考核后，对于名师培育工作室工作予以高度评价，他认为名师培育工作室把专业相近的教师组织起来，是开展专业、高效教研的最大的突破和创新，是重大突破，是一个很大贡献。同时，骆老师感叹名师培育平台珍贵、两年时间短、成果多、培育效果显著，希望名师们在后续挖掘出更多的特色亮点。

原上海市交通学校校长鲍贤俊作为工作室主持人所在的校长听完汇报后很有感触，评价名师培育工作室项目：要求严、起点高、活动实、成效好，表现优。同时表示，作为拥有 4 名名师培育工作室主持人的学校校长，对于他们的辛苦付出和取得的丰硕成果感到自豪和光荣。并殷切提出了后续在顶层设计上要对学员更有精准判断、对学员培养要有名师标准，突出协作组平台作用的更大期望。

职教专家华师大匡瑛副教授，作为职教理论专家，在两年时间内全程参与跟踪指导工作室工作，尤其在参加工作室考核后表示，上海职教的名师培育工作室在全国具有很强的代表性、典型性、创新性和引领性，认为两年来学员成长明显，成员间有凝聚力、肯分享、肯努力，她希望工作室主持人能更多地关注学员的个性化培养、多方面挖掘每名学员的特点。

主持人所在学校的校长作为观察员出席，他们虽然没有参与打分，但全程认真聆听、仔细观摩，为主持人的自我加压、甘做人梯、辛苦付出、示范引领、丰硕成果感到由衷高兴和自豪，同时表示，希望市教委能够继续搭建这样的平台，让更多的名师有发挥作用的平台、成长的平台，让更多的年轻教师更好更快成长，为上海职业教育改革发展培养领军人才，确保上海职业教育继续在全国起到示范引领作用。

在装备中心的统一安排下，在与会专家的大力支持下，工作室结业汇报暨考核工作圆满完成。两年来,工作室凝心聚力,携手前行,共同成长,工作室结业考核的结束意味着两年试点工作告一段落,但对于工作室主持人和学员来说,职教之路还很漫长,暂时的结束是为了更好的扬风起航,希望他们不忘初心,继续砥砺前行,绘制出职教发展新蓝图。

(2018 年 5 月 23 日)

未来名师在这里成长

——上海市中等职业教育名师培育工作室探路优秀教师培养专报(十八)

上海市教委教育技术装备中心

教师是国家大厦的基石,教师素养关乎国家未来。历史的使命赋予每名教师,伟大的时代呼唤更多优秀教师。优秀教师是师德的表率、育人的楷模、教学的专家、科研的能手,是学生喜爱、家长放心、同行佩服、社会尊重的教育工作者。是什么造就了未来名师?怎样才能涌现出更多的优秀教师?这是一个值得关注的时代课题。

职业教育的发展离不开一支优秀的教师队伍。为加快优秀教师发展,探索优秀人才成长机制,培养具有教育思想和教学风格的专业领军人才和优秀教师,在上海市教委职教处指导下,上海市教委教育技术装备中心整体规划、系统设计名师培育工作,2015年启动上海市中等职业教育名师培育工作室项目。

名师培育工作室是以名师为品牌和引领,吸引同一专业(学科)教师而组成的教学与科研等能力培育组织,旨在名师引领、实践反思、团队合作,加快优秀教师的发展,探索优秀人才成长机制,培养具有教育思想和教学风格的专业领军人才和优秀教师。目前,共有47个以主持人姓名命名的上海市中等职业教育名师培育工作室正在进行试点,实际招收学员176名,涵盖加工制造、信息技术、财经商贸、医药卫生、农林牧渔、体育健身等13个专业大类。

为确保名师培育工作室扎实高效开展工作,市教委教育技术装备中心本着梳理需求、聚焦发展、整合资源、搭建平台、促进成长的理念,基于学员实际和发展诉求,为每名学员私人定制个性化带教方案和学员发展规划,并以专业大类为抓手,组建5个协作组,同时聘请5名职教专家一对一全程跟踪指导,搭建交流学习、资源共享平台,提高交流的针对性。各协作组分别明确了召集人,制订协作组活动计划,建立相关工作室主持人QQ群、微信群,依托上海市中等职业学校教师专业发展网,开发名师培育工作室移动端,搭建名师培育工作室交流协作、资源共享、成果展示的线上载体。各协作组通过共同评课、头脑风暴、专题研讨、个性诊断等不同形式,进行思想碰撞,利用本组的专业优势实施辐射,相互启发,取长补短。

两年来,名师培育工作室立足课堂、围绕专业、聚焦教学,开展了一系列内涵丰富、形式新颖的培育活动,搭建起资源共享、多向辐射、促进成长、培育个性的教师成长平台,已有相当一部分学员们在专业教学、技能大赛、教育科研等诸多职教领域崭露头角,表现出良好的发展潜质,成为学校学科带头人重点培养对象,据不完全统计,两年内,名师培育工作室主持人和学员累计获得区级及以上奖项600余项,发明专利6个,一批具有潜力的年轻教师脱颖而出,为打造上海职教师资人才高地,进一步提升上海职业教育水平提供了充足的人才储备。

一、量身定制,个性化培训有实效

静坐上大课、集体听报告是人力资源培训的重要形式之一,但并不是唯一形式。大一统的培训模式显然不能适应来自不同学科不同专业背景教师的多元化学习需求,因人而异地按需提供"贴肉"又切实有效的个性化培训才是师训发展的必然趋势。

名师培育工作室主持人对学员情况进行了全面分析和准确诊断,对学员需求的梳理力求精准到位,充分考虑到每名学员的自身基础、特点、专长和需求,结合专业特点和发展方向,为每名学员量身定制个性化、针对性的带教方案、学员发展规划和带教活动计划,并汇编成册,工作室主持人、学员人手一套,实施精准培养,促进其个性化成长(图1)。

图1 基于需求、私人定制的名师培育工作室带教方案、学员发展规划、学员手册

在实施培育过程中,名师培育工作室聚焦学员发展,扬优势,补短板,设定"最近发展区",通过为年轻教师提供了名师引领、系统培养、专业发展的机会,增强其探索创新意识,激发其潜能,助推其更快成长为优秀教师。

朱玉萍工程造价名师培育工作室采取"个性+共性"模式培育学员。共性活动是指

借助协作组学习平台，开展课题、论文、微课、慕课建设等讲座活动。个性活动以工作室为单位，以学科为载体，以课程改革为主线，通过讲座、讲课、研讨和典型案例，解决课程教学(计量计价)中遇到的实际问题，帮助学员提升课堂教学能力和育人综合能力。“共性与个性结合”构建了工程造价工作室完整的学习体系，有效提升了工作室团队学员的教学理论水平和教研能力。

姚圣煊工作室利用每周一次的“大师进校园”活动，邀请焙烤行业大师根据3名学员的不同基础和特点，进行针对性指导。3名学员在专业技能上迅速成长，短短半年时间内，学会了十余种高级焙烤产品的制作。

名师培育工作室是未来名师提升自身素养、提炼教学特色的加油站。学员们纷纷感慨，虽然工作室的定期活动、阶段考评使自己变得更加忙碌，更有压力，但却大大开拓了自己视野，更新了教学理念，激发了自己不断提升和超越自我的潜能。自己一定会珍惜机会，抓住名师引领的契机，珍视优质的专业资源，依托有力的专业支持，主动进行智慧充电和实践反思，全力以赴迎接一切挑战，为实现自己的职教理想迈出坚实的步伐。

二、立足课堂，解决实战问题

有人说，名师来源于实战经验，因为真正的名师是在学校里、课堂上摔打出来的。没错，课堂教学是每名教师的立身之本，教学质量高低决胜在课堂，教师的素养魅力彰显在课堂，一名优秀教师要在三尺讲台上叱咤风云，就必须不断追求教学业务水平的卓越发展。

名师培育工作室主持人均具有较高的专业话语权，将课堂作为师资培训的主阵地，立足课堂，聚焦教学，开展说课、观课、评课等教研活动，通过“说、听、评、磨”等不同环节，对学员的课堂教学进行细致地分析指导。

协作组发挥集体智慧和资源优势，结合专业特点，联合专业(学科)中心组、兄弟院校，聚焦课堂教学，资源共享，课程共享，专家共享，组织开展集体说课比赛、公开课展示交流、专家讲座等系列活动，起到了很好的示范辐射效应。

谢永业英语名师培育工作室探索真实化英语课堂教学案例研究，以独立研究与合作探索相结合的形式，从课堂教学的细节入手，探索“教学预设和课堂生成”之间关系，研究提高常态课堂教学有效性的策略和方法，增强了学员“理论落地，聚集课堂”的意识(图2)。

陈志红、谢富敏、洪李萍、裘燕南4个名师培育工作室都是商贸类专业工作室，发挥专业相近的优势，联合开展学员说课评比，明确说课内容要求和评价标准(课标理解、学情分析、教学策略、过程设计、教师素养)，按照评课规范要求学员。同时，鼓励说课形式多样化，鼓励创新，充分展示教师教学理论水平和实际教学能力(图3)。

图 2　谢永业英语名师培育工作室聚焦差异化教学微专题，组织开展京沪杭穗四地教学研讨会，为学员搭建成长平台

图 3　陈志红、谢富敏、洪李萍、裘燕南名师培育工作室联合组织学员说课评课展示活动，着力提高学员教学能力

第二协作组聚焦“中职生的职业素养”展开“头脑风暴”大讨论。教师、学生、企业三方代表分组研讨形成观点，交流、碰撞、融合，“头脑风暴”精彩呈现。整个活动立足职业素养，达成育人共识，凝聚育人合力，服务学生成长。

王忠园林园艺名师培育工作室，工作室、市教委农业中心教研组、闵行区专业中心组、市园林专业委员会四方联动，全程指导学员授课，并对学员的市级公开课进行现场点评(图 5)。

图 4　万军数控技术应用名师培育工作室与企业劳模工作室签约，跨界合作育人

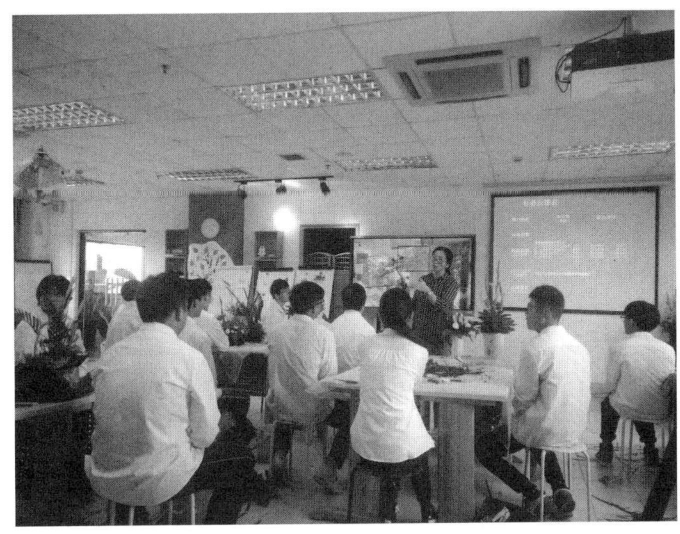

图 5　王忠园林园艺名师培育工作室学员市级公开课，磨砺提高教学能力

名师培育工作室通过开展企业调研、教学研讨、专题研究等一系列活动，帮助学员们在繁忙的教学工作之余，增加知识储备，开展科研探究，进行教研反思，实现理论更新，帮助学员更为自信、更具热情地走进课堂，走上讲台，开启更多更新的教学实践和探索。

教育科研是名师的发展之本。名师培育工作室是教研与教学的结合体，是教学改革的实验田。很多工作室整合教育优质资源，开展教育教学研究，通过根植于教学实践的课题研究，围绕当前中职教育的热点、难点，聚焦教育教学实践中的具体问题，开展行动研究，帮助一线教师在工作中发现问题、分析问题、解决问题，增强教师的科研意识，促成学员由经验型教师向科研型教师转变。

陈明宏职业教育教学专项研究名师培育工作室紧紧围绕“一个课题、一个实验、一本专著”展开培育工作(图 6)。一个课题即“中职校‘以业定教’课程开发的实践研究”；

图 6　陈明宏职业教育教学专项研究名师培育工作室两年试点学员考核，成果多元呈现

一个实验即围绕课题进行试验班级的实践；一本专著即就课题研究完成一本专著。工作室导师学员“齐下水”，任务实，压力大。正是课题研究，实现了对职业教育课程的深度理解。

袁晖江德育(科研)名师培育工作室以科研为抓手和主线，以“根植职教事业，秉承工匠精神”为主题，为每名学员确定研究方向(图 7)。每周二，4 名学员在主持人的带领下开展活动，既有一对一的个性化辅导，又有团队头脑风暴，在反复研讨，精心打磨中，学员科研意识显著增强，科研能力明显提升。袁老师及专家团队还深入每名学员学校现场推进，跟踪指导，实现德育科研“接地气，见实效”。

图 7　袁晖江德育(科研)名师培育工作室学员的中职学校旗袍文化研究课题成果汇报

李立红创业教育名师培育工作室，聚焦创业教育，在两年时间内，3 名学员累计指导了 23 个学生创业项目，参加各级各类比赛，共获得全国二等奖 1 项，上海市一等奖 3 项、二等奖 3 项、三等奖 5 项，浦东新区一等奖 1 项、二等奖 1 项、三等奖 2 项和优秀组织奖。章晓兰材料/环保名师培育工作室主持人及学员指导学生参加创新创效创业大赛，历时一个暑假，参赛项目"上海固废宝保温砂浆有限公司"获得上海市一等奖，全国二等奖。

三、搭建平台，跨界交流零障碍

教师成长不能圈养，必须跳出教育圈，深入实践领域，广泛地跨界交流。各工作室充分利用校企合作平台，加强与企业的合作，组织学员"走出去"，到企业参观学习，与企业技术和管理人员进行零距离交流，同时，尝试将部分企业合作项目引入到学员培育的过程中，指导学员参与部分项目的开发与研究工作，帮助学员更新知识储备，掌握最新技能，学习先进的职业文化、职教理念和教学经验，了解企业需要，反思改进日常教学。

第五协作组以"共享・跨界・融合"为理念，充分挖掘资源优势，搭建平台，聚焦名师素养研讨，企业考察调研，跨省交流，专业前沿科技培训学习，实现了共建平台，资源共享。

图 8　任玉芬德育名师培育工作室将德育主题活动"我自豪，我表达"搬进中华艺术宫，讲解红色经典故事，解读上海城市精神

朱建柳汽车技术服务与营销名师培育工作室组织学员参加 2017IMI 年度会议和项目专项研讨及实践分享活动，来自全国十多家 IMI 中心成员单位参加此次大会。工作室学员认真聆听有关专家的"英国现代学徒制与实践"主题演讲，学习 IMI 项目人才培养模式、教学理念、方法等，深化课堂教学改革与实践。

王冬丽药剂名师培育工作室根据《医药商品购销员国家职业标准》开发要求，在带领学员走访医药经营、生产企业后，联合全国 5 所医药类中高职院校设计全国调研问卷，开发职业标准。

周婕公共艺术名师培育工作室安排了"走进普教"（与宜川中学艺教老师教研）、"深入职教”(本市职教艺教老师教研)、“跨省交流”(与成都市职教所合作开展联合教研)系列培训学习。通过跨界学习,促进文化共融,丰富学员的成长经历。

名师培育工作室介绍(一):

雨花石的成长

蒋黎文:服装设计名师培育工作室主持人

有人说:教育如水。至智至理,是水的润物无形。我希望自己在名师培育工作室主持人这个角色中,成为那个倾注溪流的人,把学员冲刷成臻于完美的雨花石。

一年半的相处,我们像朋友,像同事,像姐妹一样,成为了事业上的鼓励者,专业上的同行者,生活上的倾听者。其中,我最得意以“师傅”这个亲切的称呼自居,又以“导师”这个身份时刻鞭策自己。我爱这个既包含工匠意味又富于时代新意的称呼,也珍惜这个教育界里的特殊称呼。

我想,工作室虽然有较完整的培养计划和培养内容,学员也能获得较完整的专业知识,但如果培养出的学员千人一面,这并不意味着工作室的成功,根据个人特色进行个别化指导非常重要。说起青浦王凤老师,当对她进行彻底的“量体”之后,我果断地为她“定制”了一份专项研究菜单。恰逢东华大学出版社邀请我参与他们十三五中职服装专业规划教材编写的工作时,我帮王凤老师竞聘到了《服饰手工艺基础》的教材编写任务,并且寻求外力,帮助她搭建了一支由我校优秀教师和杭州服装职业技术学校优秀服装专业教师组成的编写团队,这半年时间她紧紧围绕教材编写工作,不断深入课堂教学研究,明确了自己成长的发展目标,制订了详细的个人发展计划,从教材开发到公开课到课题形成,稳步发展成长,经历了“选定项目”到“拿出成果”的过程,把导师引领型的学习任务转化为个人成长需求,积极实践,勤于记录,提炼经验,积累感悟,发展能力,她自己也感觉到通过对教材内容的梳理,专业课堂教学活起来了。

每每看到满满当当的收获,只有我才最了解成绩背后浸透着名师培育工作室学员的辛苦和努力,他们在执着和追求中成长,在成长中收获。正如一首诗中的句子:“你默默奋斗过的辛苦,总有一天你会微笑着说成故事,化为你生命的滋养和财富。”祝福你们,我的学员。无数优秀教师的成长历程都充分证明:只有善于主动发展自己的人,才能实现自我的生命价值,今天的付出必将是明天的收获。而我,只是为他们点方向、立标杆、树信心,我愿意继续无声、无形、无私于润物,将天然石块洗练成臻于完美的雨花石。

名师培育工作室介绍(二):

整合资源　培育良师

李立红:创业教育名师培育工作室主持人

2014 年 9 月李克强总理在达沃斯论坛上正式发出了“大众创业、万众创新”的号

召。中职校创新创业教育踩着时代的步伐顺势而进。兼具创业教育教师和人社局创业指导专家双重身份的李立红老师主持的创业教育名师培育工作室就在这样的大背景下创建起来，在工作室的成立、运营、发展等过程中，主持人充分整合资源，发挥引领辐射功能，一步一步帮助学员们在创业教育领域撑起自己的一片天空。

工作室成立初期，从工作室的申报创立、学员遴选和需求诊断、个性化培育方案的制订到工作室的日常运作，主持人充分调用了创业服务专家、创业企业专家和教育教学专家等人力资源组成专家小组，顺利招募了3名来自上海市中等专业学校，具有一定潜质的学员。学员面试当天，专家小组从课程教学、创业指导、创业实践和创业支持等方面对学员的综合潜力进行了全面考量，针对每名学员的特点，确定了在工作室学习的目标、未来发展的定位和个性化培育规划。

学校创业教育的最大难点在于学生的实践机会少，教师的实践指导能力弱。李立红老师不仅在坚持了12年的创业指导公益活动中积累了丰富的实践指导实战经验，而且在与上海市创业指导专家团和浦东新区就促中心创业指导科的合作中获得了这两大团队的全力支持，为学员们获取了更多元的创业指导实践机会，学员们跟着主持人多次参与园区考察、政策讲坛、创业沙龙、项目大家谈、路演评审、企业诊断等多项创业实践活动，创业指导能力提升显著。在两年时间内，3名学员累计指导了23个学生创业项目，参加各级各类比赛，共获得全国二等奖1项，上海市一等奖3项、二等奖3项、三等奖5项，浦东新区一等奖1项、二等奖1项、三等奖2项和优秀组织奖。3名老师均获得了上海市人社局创业指导师高级职业资格证书和美国田纳西大学认证 Marketplace Live 创业师资证书。

名师培育不仅要考虑学员的自身需求，而且要充分结合学员的校本需求，走出“copy 不走样”的格局，才能避免“水土不服”，发挥实实在在的作用，因此，帮助学员在个人提升的基础上，服务于输出学校的整体发展和专业建设是工作室的重要任务之一。主持人带领着学员们在全面获取工作室内外部资源的基础上，尝试校本化的模式复制，在各自的输出学校，结合校本实际积极开展不同形式创新创业教育推进。钱维娜老师活学活用，把在工作室参与的创业实践活动推广到输出学校，组织老师和学生共同开展模拟商业活动，取得良好的效果，学校将该项活动的实录发布到上海职教在线。张晨琰老师将人社局创业项目大家谈大型公益活动引进到输出学校，吸引了社会各界的创业者、高校双创教育师生们的热烈响应，这也是该项活动首次进入中职校园。李晶老师在学校填补了创业教育领域的空白，在上海市环境学校各级领导的大力支持下，创立了“乐创社”学生创业社团，开讲了第一堂创业讲座，组建了第一支创业比赛参赛队伍，完成了第一次创业大赛指导，参加上海市“挑战杯”中职生创业大赛的3个项目全部晋级决赛并获奖，一举拿下了上海市一、二、三等奖，实现了巨大突破。

名师培育工作室，绘制职教发展新蓝图

——上海市中等职业教育名师培育工作室解放日报专版(十九)

上海市教委教育技术装备中心

近年来，中等职业学校的优秀教师、名教师如雨后春笋不断涌现。为加强上海市中等职业学校优秀教师队伍建设，不断完善优秀教师管理和培养机制，根据《上海市中等职业教育名师培育工作室创建工作实施意见》(征求意见稿)，上海市中等职业教育名师培育工作室项目于 2015 年正式启动。在全市中职学校 47 个以主持人姓名命名的工作室进行试点，实际招收学员 180 名。

名师工作室立足课堂、围绕专业、聚焦教学，开展了一系列内涵丰富、形式新颖的培育活动，搭建起资源共享、多向辐射、促进成长、培育个性的教师成长平台，共涵盖加工制造、信息技术、财经商贸、医药卫生、农林牧渔、体育健身等 13 个专业大类。

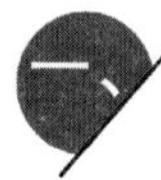

一、立足课堂，聚焦教学

教学质量的高低，决胜在课堂；教师的素养魅力，彰显在课堂。各工作室不约而同将课堂作为师资培养的主阵地，通过“说、听、评、磨”等不同环节，对学员的课堂教学进行细致地分析指导。

各工作室聚焦课堂教学，两年里不断地组织学员开展课堂教学的研讨，并通过市级公开课发挥示范辐射作用。47 个工作室先后组织学员开展了市级公开课，活跃了中职教育教学研讨与交流的氛围，获得了参加听课评课的各方人士的好评。

名师培育工作室结合工作室主持人自身优势，以及能够整合的专家资源、社会资源、企业资源等，可谓是“八仙过海，各显神通”，既有共性的聚焦课堂的教学法研究与实践，也有专业研究等特色活动。

张帆电子技术应用名师培育工作室、李关华电子技术名师培育工作室、范瑞琪平面媒体印制技术名师培育工作室、黄斌华和王伟旗计算机网络技术名师培育工作室，充分利用协作组平台积聚、资源整合优势，以个性化培育学员为目标，采用多样化活动，如微课制作项目实训、企业参观、体验演播室、项目开展等形式引领学员学会做事方法、促进学员快速成长，并形成了“微课在信息化教学中的应用、世界技能大赛‘电子技术’项目学习”等亮点。

李玉美发与形象设计名师培育工作室聚焦课堂，一手抓专业教学，一手抓教学教

研，多维度、多角度培养学员，使学员全方位个性化成长。李文权数控技术应用名师培育工作室精心选择学员，组建工作室队伍，紧紧抓住课堂教学，引导学员研究、反思课堂。

苏巍体育、廖敏职业生涯规划、颜苏勤心理健康和宋彩虹学前教育名师培育工作室主持人在协作组平台上，秉承“同叙名师成长之路，共探教育发展内涵”之理念，围绕“理论研讨、课堂教学、专项科研、实操实践”核心模块化培养模式开展活动，一步步踏踏实实地诠释了在导师的带领下，工作室如何成为“名师小基地，成长大舞台”。

各工作室充分利用各种研讨活动，立足学员教学课程的特性，开展学情分析、教材内容分析、教学方法选择的研讨，引导学员从教学导入、教学重点确立和教学难点突破进行研究，各抒己见，相互启发，取长补短。

二、成效显著，硕果累累

各工作室聚焦课堂教学，两年里不断地组织学员开展课堂教学的研讨，并通过开展市级公开课发挥示范辐射作用。47 个工作室先后组织学员开展市级公开课，活跃了中职教育教学研讨与交流的氛围，获得了参加听课评课的各方人士的好评。两年间，也收获了累累硕果。

韩如伟制冷和空调设备运行与维修、茹秋生机电技术应用、张斌数控技术应用、卢红数控技术应用、李文权数控技术应用等名师培育工作室在共同的协作组平台上，资源共享，两年来完成了不少较高质量的课程资源建设，同时开发多本校本教材，公开发表教科研论文，成功申请并被授权实用新型专利；胡桂军机电设备安装与维修、周红机电技术应用、宋利明机电技术应用、左适够汽车整车与配件营销和马桂秋汽车运用与维修名师培育工作室，发挥专业相近的优势，导师携手指导学生参加技能竞赛获得了理想的成绩，参加教学大赛获得了优异成绩。

冯国群旅游服务与管理、孙建辉高星级饭店运营与管理、金莉萍电子商务、胡玉娟中式面点、陈珺烹饪和张桂芳烹饪专业名师培育工作室专业相近、沟通便捷、针对性强，既有协作组层面的合作，更有工作室的特色培育活动，多名学员获得“优秀指导老师”“先进工作者”等个人荣誉、多名学员顺利通过高一级职称的评定、有学员成为学校的专业骨干教师、更有学员引领学校整个教研组斩获了区“巾帼文明岗”“文明班组”等光荣称号。

王培坚数字影音名师培育工作室学员阮毅说：“在名师培育工作室学习的两年，是成长最快的两年。”她创新教育方法，借鉴“创客空间”概念，不断钻研教法。她 2012 年参加全国信息大赛获二等奖，2015 年因失误无缘大奖到参加工作室重拾信心再战，2017 年终获一等奖，这一路的执著与奋斗，让她丰富了经验，提升了自我。她在工作室支持下参加澳洲资格证培训，全英文的培训没有难倒她，她说：“一切为了学生，我可以勇往直前。”

董文良美术、王鸿食品生物工艺、章晓兰材料名师培育工作室主持人尤其注重以赛促教，帮助指导学员本人或学员辅导学生积极参加各级专业竞赛。学员们表示，这些成果的取得得益于工作室主持人的指导和同伴之间的互通有无。学员展示的学习成果之丰硕令专家惊叹不已。

三、专家点评，专业引领

为考核两年来上海市中等职业教育名师培育工作室主持人针对学员成长在梳理需求、聚焦发展、整合资源、搭建平台、促进成长等方面的主要做法、工作成效和存在的不足，推动名师培育工作室加强自身建设，提高工作水平，在市教委职教处领导指导下，市教委教育技术装备中心开展了工作室结业汇报暨考核活动。

专家考评组认真听取了各工作室主持人的汇报后一致高度赞誉这项开创性工作，肯定了市教委教育技术装备中心的协调和跟踪指导工作，表扬了工作室两年来获取的丰硕成果，对工作室认真踏实的态度、刻苦研发的精神大加赞扬，并进行了精准、恳切的点评指导，也为工作室提出了长远发展的策略。

原市教委职教处调研员戴小芙曾经多次参加名师培育工作室活动，尤其在参加工作室考核后，深有感触地说到，经过几年的努力，职业教育名师培育工作显现出示范引领的实际效果。名师培育工作室具有两个鲜明特点：一是 47 个职业教育名师培育工作室，覆盖了职业学校的大类专业和主要学科，在教育科研、专业教学标准的开发、网络课程建设、教学法改革等方面积极实践，全面推动了职业教育的专业和学科的教学改革与教学质量的提升；二是一批以中青年教师为主体的职业教育优秀的“双师型”教师队伍正在形成，培育工作的力度和广度是前所未有的，为职业教育的持续发展提供了重要的支撑。

原市教委教研室职教部主任、职业教育专家骆德溢老师曾多次参加名师培育工作室活动，尤其是在参加多次工作室考核后，对于名师培育工作室工作予以高度评价，他认为名师培育工作室把专业相近的教师组织起来，是开展专业、高效教研的最大突破和创新，是一个很大贡献。同时，骆老师感叹名师培育平台珍贵、两年时间短、成果多、培育效果显著，希望名师们在后续挖掘出更多的特色亮点。

职教专家华师大匡瑛副教授，作为职教理论专家，在两年时间内全程参与跟踪指导工作室工作，尤其在参加工作室考核后表示，上海职教的名师培育工作室在全国具有很强的代表性、典型性、创新性和引领性，他认为两年来学员成长明显，成员间有凝聚力，肯分享、肯努力，她希望工作室主持人能更多地关注学员的个性化培养、多方面挖掘每名学员的特点。

主持人所在学校的校长作为观察员出席，他们虽然没有参与打分，但全程认真聆听、仔细观摩，为主持人的自我加压、甘做人梯、辛苦付出、示范引领、丰硕成果感到由衷高兴和自豪，同时表示，希望市教委能够继续搭建这样的平台，让更多的名师有发挥作

用的平台、成长的平台，让更多的年轻教师更好更快成长，为上海职业教育改革发展培养领军人才，确保上海职业教育继续在全国起到示范引领作用。

两年来，在市教委职教处指导下，在市教委教育技术装备中心的统一安排下，在专家的大力支持下，工作室凝心聚力、携手前行、共同成长，工作室结业考核的结束意味着两年试点工作告一段落，但对于工作室主持人和学员来说，职教之路还很漫长，暂时的结束是为了更好的扬风起航，不忘初心，砥砺前行，绘制出职教发展新蓝图。

上海市中等职业教育名师培育工作室专项研究报告

——上海市职业教育名师培育工作室专版(二十)

上海市教委教育技术装备中心

职业教育的发展离不开一支优秀的教师队伍。为加快优秀教师发展,探索优秀人才成长机制,培养具有教育思想和教学风格的专业领军人才和优秀教师,2015 年开始,在上海市教委职教处指导下,上海市教委教育技术装备中心整体规划、系统设计名师培育工作,启动了为期两年的“上海市中等职业教育名师培育工作室”项目。目前,工作室已完成了两年的培育工作,为深入了解上海中职名师培育工作室两年来的工作成效,发现还存在的问题与不足,并探索今后上海中职名师培养的发展路径和方向,为下一步中职名师培育工作提供制度建议和参考,受上海市教委和上海市教委教育技术装备中心委托,项目组开展了全面调研工作,并形成以下项目报告。

一、项目调研背景

名师培育工作室是以名师为品牌和引领,吸引同一专业(学科)教师而组成的教学与科研等能力培育组织,旨在名师引领、实践反思、团队合作,加快优秀教师的发展,探索优秀人才成长机制,培养具有教育思想和教学风格的专业领军人才和优秀教师。两年中,共有 47 个以主持人姓名命名的上海市中等职业教育名师培育工作室进行了试点,实际招收学员 176 名,涵盖加工制造、信息技术、财经商贸、医药卫生、农林牧渔、体育健身等 13 个专业大类。

为确保名师培育工作室扎实高效开展工作,市教委教育技术装备中心本着梳理需求、聚焦发展、整合资源、搭建平台、促进成长的理念,基于学员实际和发展诉求,为每名学员私人定制个性化带教方案和学员发展规划,并以专业大类为抓手,将 47 个工作室划分为 5 个协作组,同时聘请五位职教专家一对一全程跟踪指导,搭建交流学习、资源共享平台,提高交流的针对性。各协作组分别明确了召集人,制订协作组活动计划,建立相关工作室主持人 QQ 群、微信群,依托上海市中等职业学校教师专业发展网,开发名师培育工作室移动端,搭建名师培育工作室交流协作、资源共享、成果展示的线上载体。各协作组通过共同评课、头脑风暴、专题研讨、个性诊断等不同形式,进行思想碰撞,利用本组的专业优势实施辐射,相互启发,取长补短。

两年来，名师培育工作室立足课堂、围绕专业、聚焦教学，开展了一系列内涵丰富、形式新颖的培育活动，搭建起资源共享、多向辐射、促进成长、培育个性的教师成长平台，已有相当一部分学员在专业教学、技能大赛、教育科研等诸多职教领域崭露头角，表现出良好的发展潜质，成为学校学科带头人重点培养对象，据不完全统计，两年内，名师培育工作室主持人和学员累计获得区级及以上奖项600余项，发明专利6个，一批具有潜力的年轻教师脱颖而出，为打造上海职教师资人才高地，进一步提升上海职业教育水平提供了充足的人才储备。

为充分反映中职名师培育工作的成效和问题，项目组进行了全面的问卷调查和深入的个案访谈，具体情况如下。

二、调查问卷分析

调查对象为上海市中职教育名师培育工作室（以下简称工作室）学校负责人、主持人以及学员，调查方法为问卷调查法，采用网络发放问卷的方式。共发出学校负责人问卷70份，主持人问卷47份，学员问卷176份。最终回收学校负责人有效问卷35份，无效问卷2份，回收率52.9%；回收主持人有效问卷46份，回收率97.9%；回收学员有效问卷174份，回收率98.9%。下面为此次调查的数据统计及分析结果。

（一）学校负责人问卷分析

学校负责人指的是中职学校校长、副校长、校党委书记以及副书记。每一所学校工作室主持人和学员拥有的情况不同，根据回收的有效问卷数据统计，参与调查的35所学校负责人所在学校均有工作室。其中，既有主持人，又有学员的学校有19所，占54.3%；有主持人，没有学员的学校有2所，占5.7%；没有主持人，但有学员的学校有14所，占40.0%；不存在两者都没有的情况。

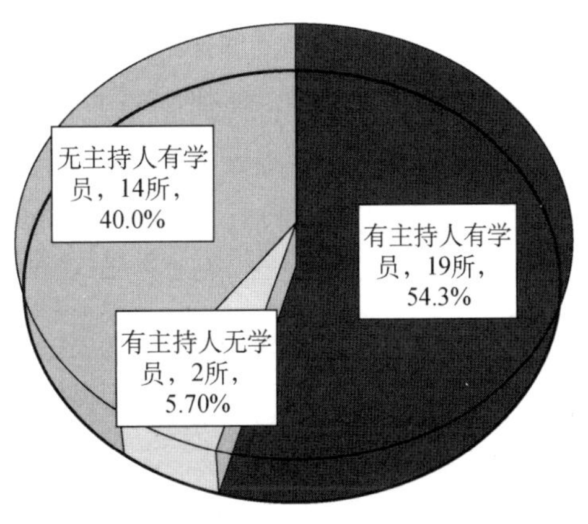

图1　学校工作室主持人和学员基本情况

根据以上情况，项目组分别对不同类型的学校负责人设置了问卷。问卷的主题基本上是一样的，只是在个别地方略有差异。调查显示，35位学校负责人对市级中职名师培育工作室均比较了解，无论是对于工作室主持人还是对于学员，35位学校负责人都给予了积极正面的评价，即认为工作室主持人以及学员得到了进步。从未来发展来看，35位学校负责人一致认为非常有必要性持续推进名师培育工作室建设，其中34位学校负责人都推荐过本校优秀教师申报工作室主持人或学员。

从学校对中职名师培育工作室给予支持的情况来看，调查结果显示，有主持人有学员的学校不仅很好地为中职名师培育工作室提供场地设备、经费支持、教师时间和人力支持,而且还提供额外方面的支持,比如,信息技术学校、海湾职校,定期就这项工作进行研究;全力支持工作室进行省市际交流,推广分享与辐射工作室成果;帮着协调寻求各个派出学校支持,保障派出老师对这项工作的认识,使培养工作形成两校合力,提高教师培养实效等。无主持人仅有学员的学校在为中职名师培育工作室提供场地设备、经费支持方面表现较为欠佳。具体情况如表 1 所示。

表 1　学校在中职名师培育工作室上给予支持的调查

选项 \ 小计 \ 类型	有主持人有学员学校	有主持人无学员学校	无主持人有学员学校
① 场地设备	19(100.0%)	2(100.0%)	6(42.9%)
② 经费支持	17(89.5%)	2(100.0%)	3(21.4%)
③ 教师时间支持	17(89.5%)	2(100.0%)	14(100.0%)
④ 人力支持	17(89.5%)	2(100.0%)	10(71.4%)
⑤ 其他	6(31.5%)	1(50.0%)	2(14.3%) (配合开展公开课)
总　计	19	2	14

从学校负责人对工作室模式的认可情况来看,无论哪种类型学校的负责人,他们对工作室给学校所带来的积极作用是积极肯定的。比如,工作室模式不仅能够提升学校和专业的社会影响力,加强同专业校级之间的交流,还能带动学校其他青年教师的成长;不仅能够提升主持人工作积极性和主动性,还能提高学员的教科研能力。除此之外,工作室模式对学校其他老师也能起到一定的积极影响,以及提高学生的综合素质能力。具体情况如表 2 所示。

表 2　学校负责人认为工作室模式给学校带来积极作用的调查

选项 \ 小计 \ 类型	有主持人有学员的学校负责人	有主持人无学员的学校负责人	无主持人有学员的学校负责人
① 提升学校、专业的社会影响力	18(94.7%)	2(100%)	无此选项
② 加强同专业的校级交流	19(100%)	2(100%)	12(85.7%)
③ 提升主持人工作积极性和主动性	18(94.7%)	2(100%)	无此选项
④ 提升了学员的教科研能力	19(100%)	无此选项	13(92.9%)
⑤ 带动学校其他青年教师成长	18(94.7%)	无此选项	8(57.1%)
⑥ 其他:学生综合素质、对学校其他老师也起到积极影响	3(15.8%)	1(50%)	0
总　计	19	2	14

从学校负责人认为工作室模式存在问题情况来看，由数据可知，名师培育工作室存在的问题主要包括“与外省市沟通交流不够”“宣传、推广力度不够”“名师培养制度不够健全”“主持人、学员发展路径不清晰”等方面，尤其以“与外省市沟通交流不够”“宣传、推广力度不够”问题最为严重。具体得分情况如表 3 所示。

表 3　　学校负责人认为工作室模式存在问题的调查

选项 \ 得分 \ 类型	有主持人有学员的学校负责人	有主持人无学员的学校负责人	无主持人有学员的学校负责人
① 主持人带教外校教师，影响本校专业教学和精力投入	0.21	0.5	无此选项
② 占用了学校过多的资源	0.11	0	无此选项
③ 学校核心竞争力受到影响	0.05	0	无此选项
④ 学员的时间和精力得不到保障	0.32	0	0.36
⑤ 本校支持力度不够	0.05	无此选项	无此选项
⑥ 学员所在学校支持力度不够	0.21	无此选项	无此选项
⑦ 组织管理不够严密、计划性不强	0.11	0	0.14
⑧ 宣传、推广力度不够	0.53	0.5	0.93
⑨ 主持人、学员发展路径不清晰	0.32	0.5	0.57
⑩ 与外省市沟通交流不够	0.79	1	1.07
⑪ 名师培养制度不够健全	0.53	0.5	0.29
⑫ 其他问题	0	0	0.07

说明：鉴于问题可能存在多种情况，而每种情况又可有不同程度的差别。故而把该题设计成一个矩阵量表题。每个选项设置有 4 个分数值，0 代表没有这方面问题，1 代表有一点这方面问题，2 代表这方面问题较大，3 代表这方面问题很大。分数值越大，说明问题越大。以每个选项的平均分计为该选项的得分值。

从学校负责人对名师培育工作室的建议情况来看，大部分负责人认为应该加强名师培育工作室的宣传工作，积极推广。不仅如此，还要提供更多的制度保障，整合更多的有效资源。同时，加强与外省市的沟通交流，制订有清晰的名师成长序列和路径来促进工作室的发展。另外，也可选择加大学校对名师培育工作室的支持力量，如表 4 所示。

表 4　　学校负责人给名师培育工作室的建议情况

选项＼类型（小计）	有主持人有学员的学校负责人	有主持人无学员的学校负责人	无主持人有学员的学校负责人
① 加强宣传,积极推广	17(89.5%)	2(100%)	12(85.7%)
② 提供更多的制度保障	19(100%)	2(100%)	11(78.6%)
③ 整合更多有效资源	17(89.5%)	2(100%)	13(92.9%)
④ 有清晰的名师成长的序列和路径	13(68.4%)	2(100%)	11(78.6%)
⑤ 学校加大支持力度	9(47.4%)	2(100%)	10(71.4%)
⑥ 加强与外省市的沟通交流	15(78.9%)	2(100%)	11(78.6%)
⑦ 其他建议	1(5.3%)	1(50%)	0(0%)
总　计	19	2	14

(二) 工作室主持人问卷分析

为更好地了解上海中职名师培育工作室现实状况,分析总结上海市中职名师培育工作室的成效,有必要对名师培育工作室主持人进行调查。

1) 主持人基本信息

针对主持人的问卷共发放 47 份,回收 46 份,回收率 97.9%。46 份问卷中,男性、女性人数分别为 18 人和 28 人,以女性居多,占 60.9%。在教龄上,教龄 15 年以上占总人数近 90%,可知主持人多是由有着丰富教学经验的人担任的。而且,有着近 98%的高级职称比例也验证了主持人正是教学经验丰富的人。在学历方面,主持人本科学历占54.4%,略比硕士及以上学历多一点。从学校职务上看,主持人多为普通教师或者学校中层干部。具体情况如表 5 所示。

表 5　　主持人基本信息统计

属性	性别		教龄			学历		职称		职务		
类别	男	女	5～10 年	10～15 年	15 年以上	本科	硕士及以上	中级	高级	普通教师	中层干部	校级领导
人数	18	28	2	3	41	25	21	1	45	24	14	8
比例	39.1%	60.9%	4.4%	6.5%	89.1%	54.4%	45.7%	2.3%	97.8%	52.2%	30.4%	17.4%

2) 主持人组织活动频率以 2 周一次居多,如果有机会,有 93.4%的主持人愿意继续担任主持人。

根据调查,大多数主持人会在 2 周以内组织一次活动;有 17.4%的主持人一周组织

一次活动;有13%的主持人则一个月组织一次活动(表6)。关于是否愿意继续担任主持人的问题,有43人(93.48%)表示愿意,只有3人(6.52%)表示不愿意(表7)。

表6　　主持人组织活动频率统计

选项	小计	比例
① 1周	8	17.4%
② 2周	32	69.6%
③ 1个月	6	13.0%

表7　　主持是否愿意继续担任主持人的情况

选项	小计	比例
① 是	43	93.48%
② 否	3	6.52%

3) 主持人带教的方式方法呈现多样化和个性化特点

80%以上的主持人都使用过"制订带教方案和学员发展规划""开公开课,听课、评课、磨课""组织工作室之间的交流研讨""组织开展专家讲座""开展课题研究""指导学员自主学习""组织企业参访、学习""组织市内院校交流""组织外省市院校交流"(表8)。其中"开公开课,听课、评课、磨课"和"制订带教方案和学员发展规划"被认为是最有效的带教方式。然后按顺序依次是"组织工作室之间的交流研讨""开展课题研究""组织开展专家讲座""编写教材""指导学员自主学习""组织企业参访、学习""组织市内院校交流""组织外省市院校交流""组织开展经典阅读"(表9)。

根据调查对象的补充,"其他"一栏,还有以下的方式方法:"参加市教育综改项目(双证融通,中本贯通,学分银行),开发专业标准,课标等""论文撰写、晋升职称、专业建设""课程资源建设、技能提升培训""开发教学资源,带领本校青年骨干教师,参加教学比武等""开展拓展专业能力特色活动""参加全国大赛""联合医药中心组开展教育教学研究""微课制作""带赛、教学资源开发""与企业共同探讨技术与教研""与企业劳模工作室结对""精神引领""参加学科竞赛、鼓励考证""系统学习学前行业和职教法规文件,跨界学习""带领学员开发精品课程、观摩创业项目评审和创业企业上门诊断""高度聚焦课堂的系列化案例研究;课程资源立体化开发;基于影视剧元素的课程实施""组织和行业联合专业活动""信息化教材编写的研讨交流""专利开发""开展主题教育活动"等。总之,视角不同,方式方法也不同,有的结合专业特色,有的结合互联网,有的结合课程。

表 8　　主持人带教的方式方法调查

选　项	小计	比　例	排序
① 制订带教方案和学员发展规划	46	100%	1
② 组织企业参访、学习	41	89.13%	5
③ 组织开展专家讲座	44	95.65%	3
④ 组织开展经典阅读	30	65.22%	8
⑤ 开公开课,听课、评课、磨课	46	100%	1
⑥ 组织工作室之间的交流研讨	45	97.83%	2
⑦ 组织市内院校交流	40	86.96%	6
⑧ 组织外省市院校交流	37	80.43%	7
⑨ 指导学员自主学习	43	93.48%	4
⑩ 开展课题研究	44	95.65%	3
⑪ 编写教材	43	93.48%	4
⑫ 其他	25	54.35%	9

表 9　　主持人认为带教的最有效方式方法

选　项	小计	比　例	排序
① 制订带教方案和学员发展规划	39	84.78%	2
② 组织企业参访、学习	27	58.7%	6
③ 组织开展专家讲座	31	67.39%	5
④ 组织开展经典阅读	14	30.43%	11
⑤ 开公开课,听课、评课、磨课	46	100%	1
⑥ 组织工作室之间的交流研讨	34	73.91%	4
⑦ 组织市内院校交流	16	34.78%	9
⑧ 组织外省市院校交流	24	52.17%	8
⑨ 指导学员自主学习	25	54.35%	7

（续表）

选　项	小计	比　例	排序
⑩ 开展课题研究	38	82.61%	3
⑪ 编写教材	31	67.39%	5
⑫ 其他	15	32.61%	10

说明：在选项“其他”中，又有“专业建设”“课程资源建设、技能提升培训”“参加全国大赛”“项目活动”“校企融合、走访行业企业调研”“以赛促教”“和企业联合开展相关专业活动”“研讨会，实践活动”等。

4）工作室工作对主持人自身也产生了积极影响，其中“带教能力提升”最为显著

调查显示，主持人在“编写书籍、课题研究、论文撰写能力提高”“协作组之间横向沟通交流，跨界学习收获大”“教学能力提升”“个人社会影响力提升”“承担学校更多的岗位责任”方面的提升也非常大（表10）。

表10　　工作室对主持人的成长以及帮助情况

选　　项	平均综合得分	排序
④ 带教能力提升	5.78	1
② 编写书籍、课题研究、论文撰写能力提高	3.83	2
⑥ 协作组之间横向沟通交流，跨界学习收获大	3.8	3
③ 教学能力提升	3.74	4
⑤ 个人社会影响力提升	3.7	5
⑥ 承担学校更多的岗位责任	2.3	6
⑦ 其他	0.65	7

说明：在选项“其他”中，调查对象认为积极作用还有促进“个人成长”“个人带赛能力”“教育更多思考，工作更有激情”“推动所在专业内涵建设水平提升”“组织领导力提升”等方面。

5）有89.1%的主持人期待“拓展个人视野”

调研显示，46人中，选择“开拓个人视野”的人最多，有41人，占89.13%。而选择“拓展企业资源”“为学员搭建更多平台”“提高带教能力”“提高个人专业、行业及社会影响力”的人数基本相当，都处在32～33之间。由此可知，主持人基本上期待能够在这些方面得到提升（表11）。

表11　　工作室对主持人的成长以及帮助情况

选　项	小计	比　例
① 开拓个人视野	41	89.13%
② 拓展企业资源	33	71.74%

（续表）

选 项	小计	比 例
③ 为学员搭建更多平台	33	71.74%
④ 提高带教能力	32	69.57%
⑤ 提高个人专业、行业及社会影响力	33	71.74%
⑥ 其他	6	13.04%

说明：选项“其他”方面，有人补充有“提高文化素养”以及“希望得到更多的方法指导”。

6）主持人认为工作室对学员的教学能力提升最为显著

调查显示，主持人认为工作室对学员产生了以下几方面的积极作用，分别是“学员教学能力提升”“学员科研能力提升”“学员发挥了辐射作用和影响力”“学员参加技能大赛成长较快”“学员管理教能力提升”以及“其他”（表12）。

表12　　主持人认为工作室对学员成长产生的作用情况

选 项	平均综合得分
② 学员教学能力提升	5.28
① 学员科研能力提升	4.72
④ 学员发挥了辐射作用和影响力	3.2
⑤ 学员参加技能大赛成长较快	3.09
③ 学员管理教能力提升	2.15
⑥ 其他	0.33

说明：选项“其他”方面有“专业建设能力提升”“做事更有激情”“个人职业生涯规划路径更加清晰”“态度改变，胸怀教育”。

7）主持人普遍认为工作室仍存在着“学员的时间和精力得不到保障”“与外省市沟通交流不够”等问题

如表13所示，选项“学员的时间和精力得不到保障”“与外省市沟通交流不够”平均得分最大，分别是1.37，1.17，表明这方面存在的问题很严重，需要高度重视；选项“学员所在学校支持力度不够”“名师培养制度不够健全”“个人带教水平尚有待提高”“宣传、推广力度不够”平均得分分别是0.54，0.78，0.78，0.93，介于0.5和1.0之间，表明这方面的问题要引起注意，加以完善；选项“主持人、学员发展路径不清晰”“本人所在学校支持力度不够”“组织管理不够严密、计划性不强”平均得分分别是0.28，0.33，0.39，低于0.5，表明这三个方面的问题很小。

表 13　　主持人认为工作室存在问题情况

题目\选项	0	1	2	3	均分
① 个人带教水平尚有待提高	11(23.91%)	34(73.91%)	1(2.17%)	0(0%)	0.78
② 学员的时间和精力得不到保障	5(10.87%)	24(52.17%)	12(26.09%)	5(10.87%)	1.37
③ 本人所在学校支持力度不够	36(78.26%)	6(13.04%)	3(6.52%)	1(2.17%)	0.33
④ 学员所在学校支持力度不够	30(65.22%)	8(17.39%)	7(15.22%)	1(2.17%)	0.54
⑤ 组织管理不够严密、计划性不强	29(63.04%)	16(34.78%)	1(2.17%)	0(0%)	0.39
⑥ 宣传、推广力度不够	10(21.74%)	29(63.04%)	7(15.22%)	0(0%)	0.93
⑦ 主持人、学员发展路径不清晰	34(73.91%)	11(23.91%)	1(2.17%)	0(0%)	0.28
⑧ 与外省市沟通交流不够	12(26.09%)	18(39.13%)	12(26.09%)	4(8.7%)	1.17
⑨ 名师培养制度不够健全	17(36.96%)	23(50%)	5(10.87%)	1(2.17%)	0.78
⑩ 其他	32(69.57%)	10(21.74%)	3(6.52%)	1(2.17%)	0.41

说明：此题可能存在多种情况，每种情况又可有不同程度的差别。故而把该题设计成一个矩阵量表题。每个选项设置有 4 个分数值，0 代表没有这方面问题，1 代表有一点这方面问题，2 代表这方面问题较大，3 代表这方面问题很大。分数值越大，说明问题越大。

8) 超过 90%的主持人建议腰围名师培养提供更多的制度保障和有效资源

调研显示，主持人建议名师培育工作：一是提供更多的制度保障；二是整合更多有效资源；三是加强与外省市沟通交流；四是制订清晰的名师成长序列和路径；五是加强宣传，积极推广(表 14)。

表 14　　主持人对名师培养的建议情况

选　项	小计	比　例	排序
① 加强宣传，积极推广	34	73.91%	5
② 提供更多的制度保障	44	95.65%	1
③ 整合更多有效资源	43	93.48%	2
④ 有清晰的名师成长的序列和路径	38	82.61%	4
⑤ 学校加大支持力度	32	69.57%	6
⑥ 加强与外省市沟通交流	41	89.13%	3
⑦ 其他建议	4	8.7%	7

(三) 学员问卷分析

1) 学员基本信息

针对学员的调查，共发放问卷 176 份，回收 174 份，回收率 98.9%。在这 174 份问卷中,男性、女性人数分别为 55 人和 119 人,仍以女性居多,占 68.9%,男性只占 31.6%。在教龄上,教龄 15 年以上有 48 人,占总人数 28.2%,最多的是教龄在 5～15 年的学员,有 108 人,占 62.1%。在学历方面,学员以本科学历为主,占比近 61%,其次是硕士及以上学历,只有一名学员是大专学历。从学校职务上看,大多数学员都是普通教师,少部分为中层干部。另外,从职称上看,大多数学员都是中级职称,占总人数的 60.4%,其次是高级职称,这部分学员占 28.7%,只有少部分学员是初级职称,如表 15 所示。

表 15　　学员基本信息统计

属性	性别		教龄			学历			职称			职务	
类别	男	女	5 年以下	5～15 年	15 年以上	大专	本科	硕士及以上	初级	中级	高级	普通教师	中层干部
人数	55	119	6	108	49	1	106	67	19	105	50	128	46
比例	31.6%	68.4%	9.8%	62.1%	28.2%	0.6%	60.9%	38.5%	10.9%	60.4%	28.7%	73.6%	26.4%

2) 所有学员一致认为自己所在工作室的氛围非常融洽,如有机会,有 98%的学员表示愿意推荐学校老师参与到工作室之中来

调研显示,工作室自开展以来,环境氛围方面是令人满意的。有 98%的学员表示愿意推荐本校有关老师成为工作室学员,这说明工作室受到学员的广泛认可。只有 2%的学员不愿意,不愿意推荐的学员分别来自周红名师工作室、卢红数控技术应用名师培育工作室以及裘燕南金融名师培育工作室。

3) 学员进入工作室的目标以提升课堂教学能力、开阔视野、提升专业技能等为主,且在两年内基本实现预期目标,有近 40%的学员超额实现目标

关于学员进入工作室的目标问题,大多数人(70%及以上)主要是为了提升课堂教学能力;开阔视野;提升专业技能水平;学习新的教育理念;提升综合素养,以及提升科研能力。少部分人(55%及以下)则是为了建立更多的人际关系;提升信息化教学水平;提升管理能力,或者是其他方面的需求(表 16)。

表 16　　学员进入工作室的目标

选　项	小计	比　例	排序
① 提升课堂教学能力	153	87.93%	1
② 提升专业技能水平	141	81.03%	3
③ 提升信息化教学水平	86	49.43%	8
④ 提升科研能力	125	71.84%	6

（续表）

选　项	小计	比　例	排序
⑤ 提升管理能力	60	34.48%	9
⑥ 提升综合素养	128	73.56%	5
⑦ 开阔视野	143	82.18%	2
⑧ 建立更多的人际关系	94	54.02%	7
⑨ 学习新的教育理念	140	80.46%	4
⑩ 其他	2	1.15%	10

从调查结果来看，学员的目标几乎都能够实现。其中，有近 40%的学员的目标能够超额实现，有 30%的学员的目标能够完全实现，基本实现者也有 30%(表 17)。

表 17　　学员进入工作室的目标实现情况

选　项	小计		比例
① 超额实现	67		38.51%
② 完全实现	53		30.46%
③ 基本实现	53		30.46%
④ 没有实现	1		0.57%

4) 学员参与了多种工作室活动，其中 70%以上的学员认为“参加听评课”“企业参访、学习”“进行公开课展示”“听专家讲座”是效果比较好

学员自加入工作室后，多多少少都会参与工作室组织的一些活动。那么，学员参加活动情况如何呢？根据调查结果(表 18)来看，以下活动都是学员们经常参加的：听专家讲座；参加听评课；进行公开课展示；参与课题研究等教科研活动；参加市内院校交流；企业参访、学习；参与教材编写；开展经典阅读；参加外省市院校交流。

除此之外，有些学员也会参加其他类型的活动，比如：资源库建设，网络课程建设；教学竞赛、专业技能提升；项目实践；“手拉手——课堂走进艺术宫”课程公开课；参与论文撰写等学术研究；专业技能竞赛指导；软件应用学习、课程建设；在工作室指导下进行专业相关项目组织设计；微课学习与制作，技能大赛；参加世界大赛集训观摩；国赛，职业体验日；教学资源库开发，市级专业教学标准修订，企业成果转化；企业实践活动，实现社会辐射；国家职业标准的修订；研发申请专利；开发物联网教学实践设备及开发相应的普及教材；开发教具；上海市民文化修身活动；专业培训；实训室建设、虚拟实训软

件开发、带教青年教师、带教学生参赛；研究生论文辅导和答辩；教学比赛，等等。

表 18　　学员进入工作室参加活动情况

选　项	小计	比　例	排序
① 到企业参访、学习	146	83.91%	6
② 听专家讲座	173	99.43%	1
③ 进行公开课展示	160	91.95%	3
④ 开展经典阅读	132	75.86%	7
⑤ 参加听评课	167	95.98%	2
⑥ 参加市内院校交流	150	86.21%	5
⑦ 参加外省市院校交流	118	67.82%	8
⑧ 参与课题研究等教科研活动	151	86.78%	4
⑨ 参与教材编写	146	83.91%	6
⑩ 其他	34	19.54%	9

根据调查结果显示，70%以上的学员认为“参加听评课”“企业参访、学习”“进行公开课展示”“听专家讲座”是效果比较好的，其余低于 70%的活动类型有效性按顺序依次是“参与课题研究等教科研活动”“参加市内院校交流”“参与教材编写”“参加外省市院校交流”“开展经典阅读”“其他活动”(表 19)。

表 19　　学员认为活动有效性情况

选　项	小计	比　例	排序
① 到企业参访、学习	135	77.59%	2
② 听专家讲座	126	72.41%	4
③ 进行公开课展示	132	75.86%	3
④ 开展经典阅读	54	31.03%	8
⑤ 参加听评课	150	86.21%	1
⑥ 参加市内院校交流	106	60.92%	7
⑦ 参加外省市院校交流	105	60.34%	6
⑧ 参与课题研究等教科研活动	121	69.54%	5
⑨ 参与教材编写	105	60.34%	6
⑩ 其他	8	4.6%	9

5) 经过两年的培育,学员收获丰富,有21.8%的人发生了岗位变动,承担了更为重要的职责和任务

首先是关于学员收获情况的调查。根据调查结果显示,学员的收获很多,但以下几方面的收获更加突出,按顺序依次是"开阔视野,拓展知识面""了解专业前沿,增强专业能力""提升综合素养""更新教育理念""提高教学能力和管理能力""激发自己不断提升和超越自我的潜能"以及"发挥辐射作用,带动其他教师共同成长"(表20)。

表20　　学员经过工作室两年培育后的收获情况

选　项	小计	比　例
① 更新了教育理念	146	83.91%
② 开阔了视野,拓展了知识面	164	94.25%
③ 了解专业前沿,增强了专业能力	153	87.93%
④ 提高了教学能力和管理能力	143	82.18%
⑤ 激发了自己不断提升和超越自我的潜能	141	81.03%
⑥ 综合素养得到提升	147	84.48%
⑦ 发挥辐射作用,带动其他教师共同成长	108	62.07%
⑧ 其他	3	1.72%

然后是关于学员在经过两年培育后学校职务变动的情况。调查结果(表21)显示,有21.8%的人职务得到了晋升,75.3%人职务维持不变。其他情况也有,比如说学员从学校德育管理岗位转到教学岗位,或是调入到新的单位。

表21　　学员经过工作室两年培育后的职务变动情况

选　项	小计	比　例
① 晋升	38	21.84%
② 维持不变	131	75.29%
③ 其他	5	2.87%

6) 工作室对学员帮助很大,有96%的学员将工作室所学运用到实际工作中

绝大多数(近96%)的学员表示能够运用在工作室学到的知识,并且"运用很好,产生了积极影响",只有极少的人表示"运用情况一般"(表22)。由此可见,工作室对学员的帮助是相当大的。

表 22　　学员在工作室所学知识的运用情况

选　项	小计	比　例
① 运用很好,产生了积极影响	167	95.98%
② 一般	7	4.02%
③ 基本没用上	0	0%

7) 从未来发展来看,有80%以上的学员希望能够"提升教学能力""提升课程改革能力"以及"有进一步成长的阶梯"

关于学员期待提升成长方面的调查,数据显示,80%以上的学员希望能够"提升教学能力""提升课程改革能力"以及"有进一步成长的阶梯",有一半以上的学员希望能够"提升管理能力""建立一定的人际关系"(表23)。也有学员在"其他"方面有所期待,比如"专业技能""科研能力"。

表 23　　学员期待提升成长情况

选　项	小计	比　例
① 管理能力提升	91	52.3%
② 教学能力提升	156	89.66%
③ 课程改革能力提升	142	81.61%
④ 建立一定的人际关系	103	59.2%
⑤ 有进一步成长的阶梯	145	83.33%
⑥ 其他	3	1.72%

8) 几乎所有学员均对名师培育工作室持认同态度

调研显示,174名学员均给了每个选项很高的分数,每个选项的均分都在2.7以上,说明大多数学员对名师培育工作室持认同态度(表24)。

表 24　　学员对待工作室的态度

题目\选项	0	1	2	3	均分
① 工作室模式总体较好	2(1.15%)	3(1.72%)	32(18.39%)	137(78.74%)	2.75
② 导师提供个性化指导,学习针对性强	1(0.57%)	8(4.6%)	29(16.67%)	136(78.16%)	2.72
③ 同伴相互学习,效果提升明显	1(0.57%)	7(4.02%)	23(13.22%)	143(82.18%)	2.77
④ 活动多元多样,成效明显	3(1.72%)	3(1.72%)	32(18.39%)	136(78.16%)	2.73

（续表）

题目\选项	0	1	2	3	均分
⑤ 为青年教师成长搭建了平台	3(1.72%)	1(0.57%)	31(17.82%)	139(79.89%)	2.76
⑥ 助推了课堂教学改革	3(1.72%)	4(2.3%)	36(20.69%)	131(75.29%)	2.7
⑦ 推进了信息和资源共享	2(1.15%)	4(2.3%)	31(17.82%)	137(78.74%)	2.74

9）学员认为“与外省市沟通交流不够”“活动太多，自己的时间和精力不够”“宣传、推广力度不够”“名师培养制度不够健全”是工作室存在的主要问题(表25)

调研显示，“与外省市沟通交流不够”“活动太多，自己的时间和精力不够”“ 宣传、推广力度不够”“名师培养制度不够健全”四个选项的得分比较高，说明这些问题还比较严重。尤其“与外省市沟通交流不够”的问题最严重，需要得到高度重视，并改进完善。

表25　　学员认为工作室存在问题的情况

题目\选项	0	1	2	3	均分
① 活动太多，自己的时间和精力不够	102(58.62%)	54(31.03%)	13(7.47%)	5(2.87%)	0.55
② 本人所在学校支持力度不够	145(83.33%)	19(10.92%)	7(4.02%)	3(1.72%)	0.24
③ 工作室所在学校支持力度不够	156(89.66%)	12(6.9%)	5(2.87%)	1(0.57%)	0.14
④ 组织管理不够严密、计划性不强	150(86.21%)	19(10.92%)	2(1.15%)	3(1.72%)	0.18
⑤ 宣传、推广力度不够	107(61.49%)	54(31.03%)	6(3.45%)	7(4.02%)	0.5
⑥ 学员发展路径不清晰	138(79.31%)	27(15.52%)	7(4.02%)	2(1.15%)	0.27
⑦ 与外省市沟通交流不够	103(59.2%)	39(22.41%)	23(13.22%)	9(5.17%)	0.64
⑧ 名师培养制度不够健全	124(71.26%)	32(18.39%)	10(5.75%)	8(4.6%)	0.44
⑨ 其他问题	155(89.08%)	11(6.32%)	6(3.45%)	2(1.15%)	0.17

10）学员希望在名师培育方面，今后能够进一步整合资源，提供更多制度保障

根据对学员的调查结果得知，名师培育工作室下一步可着重推进以下几个方面的工作：一是整合更多有效资源；二是提供更多的制度保障；三是加强与外省市沟通交流；四是加强宣传，积极推广。这些建议分别有且超过70%以上的学员提出，具有较强的代表性(表26)。这跟对名师工作室主持人的调查结果是差不多的，能切实反映名师工作室存在的主要问题。

除以上建议外，还有很多学员建议“制订清晰的名师成长序列和路径”和“加大学校支持力度”。其他方面，还有的人建议“多开阔视野”。诚然，建议归建议，具体措施还要结合具体实际情况进行具体分析。

表 26　　学员对名师培育工作的建议情况

选　项	小计	比　例
① 加强宣传,积极推广	124	71.26%
② 提供更多的制度保障	136	78.16%
③ 整合更多有效资源	156	89.66%
④ 有清晰的名师成长的序列和路径	114	65.52%
⑤ 学校加大支持力度	90	51.72%
⑥ 加强与外省市沟通交流	133	76.44%
⑦ 其他建议	3	1.72%

三、全面调查及个案访谈结果分析

为深入了解名师培育工作室建设成效和问题,课题组全面分析了 47 名主持人和 176 名学员的图片、视频、文字等总结资料,又分别对 10 名主持人和 30 名学员进行了个案深度访谈。通过全面调研和深度访谈,我们有针对性的了解了当前工作室的实施情况、存在的问题以及各方对工作室今后进行制度设计的意见,获得了许多有益的信息和建议。

(一) 关于工作室工作成效

综观全面调研材料及 10 名主持人和 30 名学员的访谈记录,发现主持人和学员在工作室成效方面均谈到了以下四点:

一是助推工作室学员个体成长。各工作室学员通过两年来在工作室的学习与实践,在各方面都取得了较为明显的进步。如王忠园林园艺名师培育工作室与市教委农业中心教研组、闵行区专业中心组、市园林专业委员会四方联动,全程指导学员授课,并对学员的市级公开课进行现场点评,4 名学员均表示在课堂教学能力方面收获很大,成长很快。姚圣煊焙烤名师培育工作室利用每周一次的"大师进校园"活动,邀请焙烤行业大师根据 3 名学员的不同基础和特点,进行针对性指导,3 名学员均表示在专业技能上迅速成长,短短半年时间内,学会了十余种高级焙烤产品的制作。陈明宏职业教育教学专项研究名师培育工作室紧紧围绕"一个课题、一个实验、一本专著"展开培育工作,帮助 5 名学员在工作中发现问题、分析问题、解决问题,增强学员的科研意识,5 名学员均表示自己的研究能力有了很大的提升。

二是助推主持人更好发挥示范引领作用。主持人立足工作室,面向学员所在专业

与学校，并辐射至其他学校教师及专业，并进一步在行业企业中产生影响。如周婕公共艺术名师培育工作室安排了“走进普教”（与宜川中学艺教老师教研）、“深入职教”（本市职教艺教老师教研）、“跨省交流”（与成都市职教所合作开展联合教研）系列培训学习，通过跨界学习，扩大了工作室的影响。李立红创业教育名师培育工作室主持人带领着学员们在全面获取工作室内外部资源的基础上，尝试校本化的模式复制，在各自的输出学校，结合校本实际积极开展不同形式创新创业教育推进，在创业教育领域产生了较好的影响；王冬丽药剂名师培育工作室根据《医药商品购销员》国家职业标准开发要求，在带领学员走访医药经营、生产企业后，联合全国5所医药类中高职院校设计全国调研问卷，参与开发职业标准，形成了工作室引领作用；朱建柳汽车技术服务与营销名师培育工作室组织学员参加2017IMI年度会议和项目专项研讨及实践分享活动，来自全国十多家IMI中心成员单位参加此次大会，进一步扩大了工作室的影响力。

三是助推学校、专业、教师与产业多方教育教学资源共享。如第二协作组的6个工作室聚焦“中职生的职业素养”展开“头脑风暴”大讨论，教师、学生、企业三方代表分组研讨形成观点，交流、碰撞、融合，“头脑风暴”精彩呈现。整个活动立足职业素养，达成育人共识，凝聚育人合力，服务学生成长；第五协作组12个工作室以“共享・跨界・融合”为理念，充分挖掘资源优势，搭建平台，聚焦名师素养研讨，企业考察调研，跨省交流，专业前沿科技培训学习，实现了共建平台，资源共享。第四协作组11个工作室虽然分属不同专业，但集中奔赴广东、四川等地考察相关职业院校，并与当地校长、教师、学生和企业方进行互动交流，取得很好成效。朱玉萍工程造价名师培育工作室采取“个性＋共性”模式培育学员，共性活动是指借助协作组学习平台，开展课题、论文、微课、慕课建设等讲座活动。个性活动以工作室为单位，以学科为载体，以课程改革为主线，深入企业，通过讲座、讲课、研讨和典型案例，解决课程教学（计量计价）中遇到的企业实际问题，实现了企业资源与学校资源的共享。

四是助推职业教育专业和教学改革。如陈志红、谢富敏、洪李萍、裘燕南4个名师培育工作室都是商贸类专业工作室，他们发挥专业相近的优势，联合开展学员说课评比，明确说课内容要求和评价标准（课标理解、学情分析、教学策略、过程设计、教师素养），按照评课规范要求学员。同时，鼓励说课形式多样化，鼓励创新，充分展示教师教学理论水平和实际教学能力，在一定程度上促进了商贸类专业教学的优化发展；谢永业英语名师培育工作室探索真实化英语课堂教学案例研究，以独立研究与合作探索相结合的形式，从课堂教学的细节入手，探索“教学预设和课堂生成”之间关系，研究提高常态课堂教学有效性的策略和方法，增强了学员“理论落地，聚集课堂”的意识。王培坚数字影音制作技术名师培育工作室从学员能力的薄弱环节入手，聘请顶尖的行业专家开展电视摄像、影视照明、影视创意、录音技艺、调色技术等专业培训，创设了不同的现场教学情境，其中有知名的灯光师、调色师、录音师、摄像师、编导、艺术总监等，丰富了专业课堂教学内容，完善了学员知识体系和实际操作能力，助推学校的课程改革和专业建设。

（二）关于工作室学员的成长

一是学员视野开阔，对职业教育的认识与理解更加深化。有受访主持人和学员都表示，通过工作室活动，学员一方面对当前职业教育所处的发展的新形势与新要求有了更加清晰与全面的认识，另一方面对职业教育教学改革的热点与难点问题有了切身的体会，从而对从事职业教育教学工作有了更大的认同，坚定了作为一名从事职业教育工作者的信心。如王冬丽药剂名师培育工作室通过搭建多个平台、四轮驱动等培育方式，开拓了学员眼界和思维，对职业教育、课程教学理念有了新的理解和认识。

二是理论与实践能力的提升。有受访主持人表示，中职校教师的理论知识扎实，但实践能力与行业前沿有一定的距离，很多工作室针对这一问题进行了专门的培训和训练。如王培坚名师培育工作室针对数字影音制作知识面宽、专业性强、发展迅速的特点，聘请顶尖行业专家，开展了电视摄像、影视创意、影视照明、录音技艺、调色技术、虚拟现实等专业培训，学员们实践技能得到极大提高。

三是教育教学水平的提高。多数主持人和学员都提到，通过工作室组织的听评课、磨课和公开课等活动，教师们丰富了课堂教学的内容和职业素养教育的内涵，提高了课堂教育教学的质量。

四是科研能力有提升。如主持人袁晖江老师指出，通过工作室学习，学员在科研规范性、科研方法与能力、德育活动设计、教学设计能力等方面都有较大进步，个别学员辐射影响力大大提升。

（三）关于最有效果的活动

调研显示，各个工作室均开展了形式多样、内容丰富的活动，很多主持人和学员都表示，从全面提升教师能力与素质而言，每一次的活动都带给学员以感悟和提高，可以说每一次的活动都是有价值的。就活动形式来讲，主持人和学员都提出，主要有两种形式较好，一种形式是涉及朋辈交流与学习的活动，如在主持人组织下的工作室学员间的相互学习与研讨活动，这让学员从其他学员的学习实践中汲取有益的借鉴，另一种形式是工作室间的联合实践活动，这也是让不同的学员相互探讨学习的有益活动。就最有效果的活动来讲，主要归纳为以下两类：

一是有明确主题的现场推进活动，如袁晖江工作室的主持人和学员均表示，每年一次的“匠心德韵”工作汇报活动，针对每名学员特点的成长分析、总结与反思，在准备过程中做到了抽丝剥茧，回忆初心，总结成长，反思不足，是一次非常好的个人成长。王培坚工作室开展的“当代中职生职业素养头脑风暴”活动，邀请企业管理者、学生代表、教师代表三方共同参与，畅所欲言，各抒己见，这个活动影响面广，对教师和学生的观念转变有非常大的促进作用。

二是有阶段目标的综合设计活动。如公开课活动，几乎每位受访主持人都提到，通过开设市级公开课，从备课、磨课、上课、说课到评课，大家共同参与，通过现场或网络进

行研讨，每一个细节都经过学员的精心打磨，对于学员有效利用信息技术、提升教育教学理念、巩固和创新教学方法极为有利。再如有针对性的组织学员赴行业企业观摩、实践学习。如王忠工作室通过组织考察，让学员学习到了园林园艺新技术、新工艺和新动态，学员对于园林园艺行业的趋势、动态、新技术、新理念有了更为明晰的理解；万军工作室赴工业博览会参观，现场了解最新的技术发展，赴企业实地了解企业的生产与组织等，在扩大学员视野的同时，也增进了学员对生产实际如何与教学产生联系的思考。还有就是组织高端培训，比如颜苏琴工作室组织的沙游系列高端培训，受访学员表示，"这种培训不仅仅是让我们掌握了沙盘游戏这门心理治疗技术，更是让我们懂得心理辅导基本功的重要性，真正理解陪伴、同理、包容、等待的意义"。

(四) 关于问题和不足

关于问题和不足，受访者和学员重点谈到了以下几个问题：

一是工作室初期规划的针对性、目的性和系统性不足。主持人黄斌华老师、袁晖江老师等指出，由于最初规划缺乏经验和指导，主持人和学员的计划安排往往都存在很多不足和缺漏，如果在前期规划上做得更精细些，活动考虑得将会更高效。

二是工作室两年的培育时间短，主持人万军老师、王忠老师等都谈到，两年的时间对于名师成长来说太短暂了，在专业新技术的培育上往往只能断点式学习，难以形成体系。很多学员也表示，由于时间短，主持人与学员间的沟通与交流仍显不够，而且主持人以及学员们各自都有着较多的工作任务且精力有限，在大多数情况下大家共同沟通和交流的时间总是显得较为仓促，每一次的实践活动总是意犹未尽。

三是学员所在学校的支持力度仍显不足。很多学员都是学校的一线骨干教师，承担着繁重的授课和学校工作任务，往往难以抽出时间和精力进行工作室学习。虽然在制度设计上对学校有约束，但实际情况往往是给学员和主持人增加了很大的压力。

四是主持人对学员的跟踪与反馈不够。学员之间差距较大，需求多样，虽然主持人也力求做到针对性培养，但由于校际间距离较远，主持人往往对外校学员的跟踪和回访较少，从而对客观评价工作室实践活动对学员成长的影响带来困难，不利于主持人改进与完善带教的方式及内容。

五是主持人专业资源不足。如主持人冯国群老师指出，由于所在单位的专业建设缺乏深厚的资源，导致工作室活动的丰富性不足。主持人袁晖江老师指出，学员还比较缺乏展示和交流的平台，特别是与外省市学校、不同类型学校间的交流都比较欠缺。主持人王冬丽老师也指出在工作室的宣传力度上还不够。

(五) 关于需要提供的支持

一是工作安排。受访者希望管理部门和学校能够协调好名师培养工作与学校工作的关系，保证工作室的活动时间：一方面希望主持人的工作在学校计算为工作量，保证工作时间与适当待遇，不能变成主持人个人的事情；另一方面，给予主持人和学员在学习时间上的保障。

二是经费使用。工作室经费下达使用时间与培育时间尽量匹配(经费结项在 11 月下旬),并适当增加劳务费比例。

三是提供平台。希望管理部门和学校提供更多的学员交流平台,支持工作室的外出考察学习。

四是对外宣传。希望管理部门和学校加大对名师培育工作的宣传力度,以吸引更多的优秀教师能够参与其中,对学校师资队伍建设的推动作用会更大。

四、总结与思考

两年来,47 个名师培育工作室以名师为核心,聚焦 176 名中青年骨干教师发展需求,通过多元化、个性化的培养形式,培育了一批视野开阔的优秀专业教师团队,推动了这些教师更高水平的专业发展,较好地实现了"梳理需求、聚焦发展、整合资源、搭建平台、促进成长"的建设目标。但是,名师的培育是一个系统和长期的工程,从上海中等职业教育的未来发展来看,名师培育的工作还需要持续不断的深入下去。

(一) 工作室主要成效

1. 认同度高

工作室两年的工作,得到了相关各方的好评。几乎所有受访的学校校长都表示,工作室模式不仅提升了学校和专业的社会影响力,提高了主持人和学员的教科研能力,还加强了同专业校际之间的交流,带动了学校其他青年教师的成长。如上海城市科技学校张巨浪校长说:"名师培育工作室以共享、融合、跨界为理念,体现了高端引领,并且辐射了新进教师规范化培训,辐射了行业、企业、专业的融合,提升了成员的眼界。"上海科技管理学校王玉章校长盛赞各工作室成果丰硕,他说:"名师培育工作室打造了一个好平台,提供了一种新的师傅带徒弟的培养模式,造就了一批模范人物,培育了一批未来名师。"主持人调查也显示,主持人在两年时间里,在"促进个人成长""提升个人社会影响力提升""承担学校更多的岗位责任""提升个人带赛能力""对教育有更多思考,工作更有激情""推动所在专业内涵建设水平提升""组织领导力提升"等方面都有很大收获;学员表示进入工作室的目标都得到了较好地实现,其中有近 40%的学员超额实现了自己的预期目标,有 90%以上的学员对工作室学习模式表示高度认同。

2. 主持人和学员成长迅速

两年的名师工作室活动,使工作室主持人和学员都收获很大,主持人在带教能力、组织管理能力、发挥示范辐射作用等方面都有了长足的进步,学员在开阔视野、更新教育理念、拓展知识面,增强专业能力,提升综合素养,提高教学能力和管理能力,激发自己不断提升和超越自我的潜能,发挥辐射作用,带动其他教师共同成长等方面也表现非常突出。据装备中心不完全统计,仅在工作室成立后的一年半时间内,主持人与学员获

区级及以上获奖(荣誉)共587项,其中获国家级及以上奖项(荣誉)152项,获市级奖项(荣誉)356项,获区级奖项(荣誉)118项,人均达到2.6项。2017年,名师培育工作室主持人陈珺老师获得全国第五届黄炎培职业教育奖中"杰出教师奖",胡桂军、陈志红、谢永业、李立红、章晓兰等老师荣获"首届上海市黄炎培职业教育奖"中的"杰出教师奖",他们竭诚奉献,既培养、成就他人,也培养、成就自己,扩大了自身在专业(学科)方面的影响力和社会认可度。

在总结汇报中,各名师培育工作室学员回顾了自己申请加入工作室的初心,回顾了主持人为他们提供的培育活动,有读书交流、听评课、开公开课、企业调研与实践、专家讲座、国际高峰论坛等,认为这些活动切实提升了他们的理论水平、教学能力、专业技能操作能力及教科研能力等,突破了职业倦怠期和工作瓶颈,提高了他们的自信力和工作热忱。如苏巍体育名师培育工作室的学员徐士宏说:"在申报参加工作室时我已有13年教龄,但参加名师培育工作室的这两年就抵上了前面13年所有的培训。我在郊区,以前到市区参加活动不容易,但这两年我参加了30多次各类活动,我是如饥似渴地学习,成长在路上……"宋彩虹学前教育名师培育工作室学员张艳娟说:"我感觉自己变了,视野变了,心态变了,方法变了。工作中不再抱怨任务沉重,而是懂得去承担,去从专业的学校的角度去考虑问题,开始敬畏课堂了。"王培坚数字影音名师培育工作室学员阮毅创新教育方法,借鉴"创客空间"概念,不断钻研教法,2017年获得全国信息大赛获一等奖,她说:"在名师培育工作室学习的两年,是成长最快的两年……"

3. 助推专业改革,有效实现了资源共享与辐射

研究发现,47个工作室在推进专业发展和教学改革方面都取得了很好的成效。47个中职名师培育工作室,涵盖了加工制造、信息技术、财经商贸、医药卫生、农林牧渔、体育健身等13个专业大类,包括主持人和学员共223名教师,充分发挥专业建设与发展的智囊团和课程改革实验室作用,以校企合作的形式,积极开展课程开发、教材开发及教学方法改革等工作,不断提高教学水平和质量,增强专业辐射能力。如裘燕南金融名师培育工作室学员在主持人带领下合力开发《互联网金融基础》教材,实现该领域教材零的突破,开发财经素养系列课程《财子修炼记》,用专业知识为更多的学生服务,让更多的群体受益;洪李萍会计名师培育工作室团队根据教学需要,联合开发教学沙盘,发明4项教学沙盘实用新型专利,并组织学员和广东、江苏、安徽等外省市兄弟院校教师开展"同课异构"活动,通过比较提升了教师教学设计水平,推进了专业教学资源的共享与辐射;谢永业英语名师培育工作室等纷纷聚焦课堂,多次联合上海学科中心组、各中职学校专业教师以及外省市专业教师开展联合教学研讨活动,进行跨地域同课异构、示范课交流等,获得了与会者的好评,在专业领域内影响力不断提升,这样的案例还有很多很多。

4. 形成了比较好的工作模式和方法

一是在管理层面,注重顶层设计,打造了一个适应名师成长的发展平台。在工作之初,师资培训中心对项目进行了整体规划,从制度建设和团队建设两方面入手,将管理工作进行分解细化,引导和推进培育工作由全面集中向精准定位、由整体提升向个性发展、由培训向培养、由共性向个性等方面转型。第一,制订相关管理办法,研究拟订《上海市中等职业教育名师培育工作室管理暂行办法(征求意见稿)》,明确活动开展的指导思想和管理考核主体,从运行机制、运行状况、运行经费和运行绩效四个方面提出过程管理具体要求,确定了考核方式,为活动的实施和考核提供了依据;第二,拟定带教方案和学员发展规划,要求工作室主持人在梳理学员需求、聚焦发展方向、整合社会资源、设计针对性活动的基础上,分别拟定了《带教方案》《学员+发展规划》,以及《主持人带教手册》《学员手册》《协作组通讯录》,人手一份,便于相互学习交流借鉴;第三,组建五个协作组相互沟通交流,47 个工作室以专业大类为抓手,组建为五个协作组,提高交流的针对性,各协作组分别明确了召集人,制订了协作组活动计划,建立了相关工作室主持人 QQ 群、微信群,依托上海市中等职业学校教师专业发展网,开发了名师培育工作室移动端;第四,组建工作团队和专家团队全程参与指导,根据《上海市中等职业教育名师培育工作室工作方案》,工作团队由师资培训中心工作人员、名师培育工作室协作组长以及远程集团、上海教育电视台等单位人员组成,分别负责活动策划、管理考核、成果展示、媒体宣传等工作,专家团队由中职名校长、华东师范大学教授、上海市教育科学研究院研究员等一批具有相当知名度和丰富管理经验的职教专家组成,负责对协作组和工作室进行全程跟踪,提供理论支持、过程指导;第五,是注重过程管理和阶段评估,师资培训中心拟定评价指标体系,组织专家在两年中组织了两次大型阶段性学员评估和工作室评估,并坚持对工作室工作的月度督导,每个工作室要撰写工作月报,师资培训中心每个月撰写工作专报,做到了工作室工作的上通下达,为工作室取得成效提供了良好的制度和工作保障。

二是在操作层面,实现了由"共性培养"到"个性化培育"的培训模式转型。47 个工作室专业特点不同,主持人教学风格各异,带教方式多样,但有一点是相同的,就是关注到学员的个性化、多样化需求。首先,在培育之初,主持人通过对学员情况进行了全面分析和准确诊断,充分考虑到每名学员的自身基础、特点、专长和需求,结合专业特点和发展方向,为每名学员量身定制了个性化、针对性的带教方案、学员发展规划和带教活动计划,并汇编成册,工作室主持人、学员人手一套,实施精准培养,促进其个性化成长;其次,在实施培育过程中,名师培育工作室聚焦学员发展,扬优势,补短板,采取多种形式,或立足课堂、聚焦教学,或科研引领、课题驱动,或聚焦热点、创设主题,或跨界学习、开阔眼界,或专家把脉,个性诊断,设定"最近发展区",通过为年轻教师提供名师引领、系统培养、专业发展的机会,增强其探索创新意识,激发其潜能,助推其更快成长为优秀教师;最后,在培育期结束时,由各工作室为主,请行业、教学、科研专家参与,组织开展了学员考评,学员回顾了学习历程,总结了学习成效,并与预期学习目标进行了对比,对每名学员今后发展都提出了针对性的建议,学员表示收获非常大,工作室以协作组为单位,进行了工作室考核汇报,主持人所在学校校长、协作组专家、行业专家全程参与,既宣传了主持人工作,又扩大了工作室影响,这种"个性化培育"模式成效非常显著。

三是在学习层面，形成了以“学员主体＋导师引领＋专家指导＋平台协作”的多元学习模式。两年中，名师培育工作室注重发挥现有职教名师的作用，在主持人引领下，以学员为主体，发挥专家指导作用，采取协作组的合作形式，打造师徒学习共同体，变一人独行的教师学习成长模式为导师引领的团队同行学习模式。第一，强化阅读，有65％以上的工作室开展了阅读活动，借此提升理论素养和精神境界；第二，聚焦课堂，提升学员育人水平和教学设计能力，全部47个工作室都开展了说课、磨课、公开课活动；第三，关注教研，提升学员学术水平和教育科研能力，有95％以上的工作室开展了教研提升活动，包括积极撰写论文、合力开发教材和课程标准、开发微课等课程资源等；第四，潜心培训，提升专业水平和突破创新能力，有95％以上的工作室开展了培训活动，包括请行业大师、教学名师讲座，参加行业主题研修班、参加全英文的相关专业职业资格培训班等等；第五，走访交流，企业实践，提升行业认知和岗位操作能力，有95％以上的工作室开展了这类活动；第六，服务社会，提升专业示范和引领辐射能力，有80％以上的工作室开展了此类活动。另外，还有很多工作是开展了具有鲜明专业特点的培育活动，如“联合医药中心组开展教育教学研究”“与企业劳模工作室结对”“系统学习学前行业和职教法规文件，跨界学习”“带领学员开发精品课程、观摩创业项目评审和创业企业上门诊断”“高度聚焦课堂的系列化案例研究”“基于影视剧元素的课程实施”“组织和行业联合专业活动”等，极大地丰富了工作室活动形式，形成了多元、立体的工作室学习模式。

5. 对名师及名师素养进行了初步探索

在工作室工作推进过程中，师资培训中心和各名师培育工作室都对“什么是名师”“名师的要素”“如何成为名师”等问题进行了更深层面的思考和探索。不同的地区和不同的人对名师的理解和界定也有所不同，如南宁市对“中等职业教育名师”的界定，即在教师行业中被广泛认可的高素质高水平的教师。名师是具备良好的职业道德、具备很强的育人能力、教学能力、科研能力，并在教育界获得荣誉称号的教师。有人提出一个教师是否为名师，判断的标准主要是：①一套有学术地位的教育理论系统；②一套与教育理论系统相适应的教育专业技术；③教育理论与技术的效能获得证实与认可；④教育专业知识具有不可或缺的社会功能；⑤具备忘我主义；⑥具备客观的服务态度，服务公正不偏。还有人提出，名师必备的素养结构应包括高尚的人格素养、科学的教育信念、优化的知识结构、卓越的能力水平。在两年的名师培育过程中，各工作室初步形成了统一的认识，即名师一定是在社会上有一定知名度的、得到同行广泛认可的教师。要成为名师，必须具有优良的师德修养，先进的教育理念、高超的学术水平、厚实的专业素养，开阔的国际视野和较强的国际交往能力，具有教育研究和教育创新能力，在专业领域内，在市内乃至国内有一定的影响。同时，职业学校名师除了具备以上一般名师的素质以外，还应在行业企业有重要地位，在行业领域有话语权和引领作用。这为今后进一步探索名师培养提供了实践基础。

(二) 期待进一步解决的问题

本次调研反映出来的名师培养方面的问题主要集中在以下五个方面:

一是培育平台和制度设计的延续性问题。不少工作室主持人和学员都提出,名师的培养需要一个过程,一代代名师是需要传承的,两年的培育时间太短了,名师培育工作室目前有学员 180 人,占上海中职师资比例不高,名师培育应像滚雪球一样,受益面应宽一些。希望能够在顶层制度设计中,形成名师培养的体系化和阶梯化,从名师工作室主持人的选拔、学员的选拔到名师培养的方式、方法等,都要有长远的规划和设计。

二是名师工作室主持人的培育问题。作为首次以个人命名的中职名师培育工作室,很多主持人都是第一次担任这项工作,没有现成的经验可以借鉴,所以在第一年的工作方案和设计中都或多或少的出现了盲目和不尽人意的地方。如何对主持人进行培训,在视野、全局观念、带教方法、表达能力等主持人不可或缺的方面给予引导和提升,是今后名师培育工作必须关注的话题。

三是主持人和学员双方的时间和精力保障问题。主持人和学员都是各学校的骨干,承担着繁重的教学和管理任务,另外,部分主持人和学员学校相对较远,这些都对主持人和学员的培育工作带来了很大挑战。如何更好地为支持人和学员提供支持和帮助,是今后名师培育工作的一个重要关注点。

四是名师及名师工作的宣传推广问题。教育是一个长周期工作,名师培育工作室能激发更多的老师参加到完善自我的队伍中来,目前的宣传工作已经做了一些,但还不够,如何让名师培育工作成为上海中职教育的品牌,让这种默默耕耘、成果丰硕的育人形式建立品牌效应,还需要进一步加大总结和宣传力度,大力弘扬在职业教育战线奋战的优秀教师的光辉形象,营造有利于职业教育发展的良好氛围。

五是名师培养的理论研究问题。名师培育工作是一个崭新的领域,需要在试点基础上,总结经验,并进一步加强理论研究,探索名师素养构成、名师培育路径,特别是与普教系统中的名师相对比,职业教育名师的特点究竟如何?从而总结出具有可推广、可复制的名师成长模式,为多出名师,出好名师服务。

(三) 思考与建议

(1) 在制度上,建议加强顶层设计,强化制度建设,进一步完善中职名师成长的平台。上海中职师资培养从新进教师规范化培训、各类骨干教师培训、名师培育工作室到"双名"工程、名师工作室,这种拾级而上的成长机制已初步建立,为教师发展搭好了成长的梯子与展示的舞台,但仍需要在制度上进行保障,特别是在人事制度、经费制度中确立中职名师的权利和地位。建议进行更为科学的一体化顶层设计,研究中职名师专业成长路线,增加名师工作室培养周期,构建名师培养模型,为名师成长提供阶梯和通道,使中职名师发展有途径,成长有目标。

(2) 在体系上,建议明确名师工作室在中职师资队伍建设体系中的地位,与普教名

师培养工程、名师工作室对接，将中职名师培养纳入市级名师培养或名师培养系统，为工作室授牌、发放聘书，真正从名师培养工作上做到普职渗透、融通。

(3) 在机制上，建议进一步明确主持人的遴选标准和学员的入门标准，建立名师工作室长效评价机制，为主持人提供国际化、多元化的培训，明确学校责权，为主持人和学员双方的时间和精力提供保障，以便学校能更支持主持人带教和学员学习工作。

(4) 在研究上，建议在总结试点工作基础上，积极开展课题研究，努力探索名师成长的途径、培养机制，为后续工作的开展提供理论支持与依据。

(5) 在操作上，建议完善监测评估体系，简化操作流程，防止过多无效信息的收集和整理，建立名师工作室长效评价机制。

(6) 在宣传推广上，建议总结培育试点工作经验，进一步加强宣传。在宣传方面，挖掘优秀的主持人和学员，形成典型案例，利用各种媒体平台，讲好职教名师故事，扩大社会宣传，营造全社会关心、支持职业教育的良好氛围。